Nina Stögmüller, Robert Versic
Märchenhafte Kraftplätze

D1735642

Impressum

Bibliografische Information der Deutschen Nationalbibliothek
Die Deutsche Nationalbibliothek verzeichnet diese Publikation
in der Deutschen Nationalbibliografie; detaillierte bibliografische
Daten sind im Internet über http://dnb.d-nb.de abrufbar.

© 2018 Verlag Anton Pustet
5020 Salzburg, Bergstraße 12
Sämtliche Rechte vorbehalten.

Lektorat: Dorothea Forster
Grafik und Produktion: Nadine Kaschnig-Löbel
Fotografien: Robert Versic
florale Grafiken: lisla/shutterstock.com
Kartenmaterial: Arge-Kartografie
gedruckt in der EU

ISBN 978-3-7025-0884-5

auch als eBook erhältlich
eISBN 987-3-7025-8044-5

www.pustet.at

Die in diesem Buch beschriebenen Wanderungen wurden von den Autoren nach bestem Wissen recherchiert und erstellt. Inhaltliche Fehler können dennoch nie ganz ausgeschlossen werden. Es wird seitens Autoren und Verlag keinerlei Verantwortung und Haftung für mögliche Unstimmigkeiten übernommen. Die Verwendung dieses Wanderführers erfolgt ausschließlich auf eigenes Risiko und eigene Gefahr.

Nina Stögmüller . Robert Versic

Märchenhafte Kraftplätze

Wandern im Mühlviertel

VERLAG ANTON PUSTET

Inhalt

Vorwort **6**
Einleitung **10**

Bezirk Freistadt

1 Feldaisttal und Felsensteinerkreuz 14
   Der ewige Stein 22

2 Haiderberg und Weltuntergangssteine 24
   Franzl und Greti 33

3 Hedwigsbründl und Opferstein 34
   Der lustige Geselle 40

4 Jankas-Kirche 42
   Der gute Moosmann 49

5 Jankusmauer 50
   Wie der Baum auf den Felsen fand 56

6 Kaltenberg und Kammererberg 58
   Die drei Bethen am heiligen Berg 66

7 Klammleitenbachtal und Hansenberg 68
   Die Jungfrau am Stein 77

8 Maria Bründl und Braunberg 80
   Das Augenwasser 86

9 St. Michael und Hussenstein 88
   Der Feenhügel 96

10 Thurytal und St. Peter 98
   Die Friedhofslinde 105

Bezirk Perg

11 Rechberger Schwammerling 108
   Er liebt mich, er liebt mich nicht … 115

12 St. Thomas am Blasenstein
   und Zigeunermauern 118
   Der Durchschlupfstein 124

13 Stillensteinklamm und Marienstein 126
   Der stille Mann 132

14 Wolfsschlucht, Mondstein und Frauenstein 134
   Der Frauenstein 142

Bezirk Rohrbach

15 Bärenstein 146
    Die Nixe im Teich 151
    Die Unsichtbaren 154
16 Heilig-Wasser-Kapelle 158
    Die Wunschquelle 164
17 Plöckenstein 166
    Der Stein der Weisen 172
18 Stoanaweg und Kühstein 176
    Die Hochzeit am Kürstein 181
19 Waldkreuzkapelle Maria Rast 184
    Die heilige Rast 190
20 Wendenstein 192
    Die Wenderin 198

Bezirk Urfahr-Umgebung

21 Heidenstein und 10-Mühlen-Weg 204
    Der gestohlene Krug 212
22 Kopfwehstein und Lichtenberg 214
    Von einer, die auszog, die Kopfschmerzen zu heilen 221
23 Pesenbachtal und Kerzenstein 224
    Die Elfeninsel 231
    Der Besuch bei den Feen und Nymphen 234
    Eine Nacht am Kerzenstein 236
24 Roadlberg und Teufelsstein 238
    Der fröhliche Stein 244
25 Sternstein 246
    Die Zwerge vom Pilzstein 252
    Die Schlange vom Sternstein 254

Wissenswertes rund um die Kraftplätze 256
Literaturverzeichnis 260

Der Schwierigkeitsgrad der Wanderungen ist zu Beginn der jeweiligen Tour mit ●○○ (leicht), ●●○ (mittel), ●●● (anspruchsvoll) angegeben.

Vorwort

Liebe Leserinnen und Leser!

Wir möchten Ihnen mit unserem Märchen-Wanderbuch Kraftplätze im Mühlviertel näherbringen und Sie gleichzeitig auf eine innere Entdeckungsreise führen. Jeder Kraftplatz hat eine besondere Qualität und natürlich spürt jeder Mensch diese Kraftfelder und Energien anders. Und auch wenn man nichts bewusst wahrnimmt, ist das in Ordnung – die Naturkräfte sind trotzdem da und tun gut.

Nach rund einem Jahr intensiver Kraftplatz-Besuche möchten wir festhalten: Wir sind begeistert! Vielleicht können wir Sie mit unserer Begeisterung für die Natur, die kraftvollen Plätze und das Wandern im Mühlviertel ein wenig anstecken. Es ist wirklich sagenhaft, wie viele derartige Orte das Mühlviertel zu bieten hat! Eine Auswahl zu treffen war spannend, und so haben wir versucht, die wichtigsten, schönsten und kraftvollsten Plätze in diesem Buch zusammenzuführen.

Im Rahmen der Wanderungen habe ich mich intensiv mit den Kraftplätzen beschäftigt und diese erspürt und genossen. Oftmals habe ich die Plätze erneut aufgesucht, um noch mehr Zeit dort zu verbringen. Meine Kraftplatzerfahrungen fanden des Öfteren an einem Freitagnachmittag statt. Gleich nach Büroschluss setzte ich mich ins Auto und fuhr ins nahe Mühlviertel. Kaum hatte ich mich an den Kraftplätzen niedergelassen, vergaß ich die Zeit und kam schnell zur Ruhe. Das Krafttanken gelingt, wenn man bereit dazu ist. Probieren Sie es aus! Das Wandern und das Verweilen an diesen besonderen Orten sind eine Wohltat für Körper, Geist und Seele und bringen Erholung und neue Kraft.

Oft dachte ich mir, das sei jetzt der schönste, beste, harmonischste, energiereichste, märchenhafteste … Platz, denn es war ein Ort schöner als der andere und doch keiner mit dem anderen vergleichbar. Jeder einzelne Kraftplatz ist eine ganz besondere Energiequelle, die darauf wartet entdeckt zu werden. Lassen Sie sich darauf ein, nehmen Sie sich Zeit und erwarten Sie das Wunder, das sich wohl bei jedem Menschen anders zeigt. Für mich war es immer wieder die wohltuende Erfahrung der Erholung und Entspannung, die ich mit nach Hause nehmen durfte und die ich seitdem in mir trage. Schöne Erinnerungen können uns ein Leben lang begleiten, sie werden nie zu viele. Je mehr wir davon erleben, desto besser! Die Erinnerungen an die Wanderungen und an die fabelhaften Plätze geben mir auch heute noch Kraft, wenn ich zurückdenke und mich dorthinträume, wo ich gewesen bin, ganz bei mir.

In der Natur warten vielerorts Plätze auf uns, die uns guttun und uns neue Kraft schöpfen lassen. Die einfachsten Dinge sind oft die hilfreichsten, und so wünsche ich auch Ihnen ebensolche Erfahrungen im Mühlviertel und ganz viel Kraft!

Ihre Nina Stögmüller

Liebe Wanderfreunde!

Mit diesem Buch möchten wir den Leserinnen und Lesern einen Wanderführer in die Hand geben, der sie zu einigen der schönsten und interessantesten Plätze in einer mit Naturschönheiten reich gesegneten Region Österreichs führt – dem Mühlviertel. Dennoch wird dieser Landstrich im Norden Oberösterreichs gerne unterschätzt – vielleicht erliegen viele Besucher gerade deshalb rasch seinem herben Charme.

Auch wenn die Kraftplätze des Mühlviertels, ihre Bedeutung, Geschichte und Besonderheiten, im Zentrum dieses Buches stehen, tragen die Wanderungen selbst viel zum Gesamterlebnis bei. Sie machen uns *schrittweise* mit dem Land und seinen Eigenheiten vertraut, ermöglichen ein sanftes, harmonisches Eintauchen in eine Landschaft abseits spektakulärer Superlative und schließlich ein ruhiges Annähern an die Kraftplätze. So lassen nicht nur Letztere den Wanderer Kraft und Freude schöpfen. Schon der gemächliche Rhythmus der Bewegung in einer in weiten Teilen immer noch urtümlichen Region mit ihren Wegkreuzen, Bildstöcken und Kapellen, mit ihren Trockenmauern, Steinbloß-Bauernhöfen und abgelegenen Weilern, mit ihren Lochsteinen, Granitfindlingen und bizarren Felstürmen, mit ihren Birkenhainen, lichten Mischwäldern und weitläufigen Nadelwäldern, mit ihren mäandernden Bächen, tiefen Klammen und einsamen Hochmooren, mit ihren Schlössern, verfallenen Ruinen und ruhigen Stiften hilft beim Finden jener inneren Ruhe, die im hektischen Alltagsgetriebe allzu oft verloren geht.

Der Reiz von Wanderungen in der Mühlviertler Landschaft erschließt sich zudem nicht nur während der warmen Jahreszeit. Im Spätherbst, wenn in tiefen Lagen die Tage in einem trüben Dämmerlicht vorüberziehen, zeigt sich das Mühlviertler Hochland oft von seiner sonnigen Seite. Auch im Winter, im Glitzern verschneiter Hochflächen in einer mit dem frosterstarrten Kleid des Raureifs geschmückten Natur besitzt diese Region eine eigene Anziehungskraft. Viele der präsentierten Touren hinterlassen daher auch in der scheinbar unwirtlichen Jahreszeit bleibende Eindrücke, die zu anderen Jahreszeiten vielleicht verborgen bleiben.

Ein Wort zur Auswahl der Routen

Wir haben uns bei der Auswahl der Kraftplätze und Wanderungen als Ziel gesetzt, die Leserinnen und Leser ein breites Spektrum an Gegenden und Naturschönheiten des Mühlviertels entdecken zu lassen.

Sämtliche Wanderungen sind als Rundtouren angelegt, um die Anreiselogistik möglichst einfach zu halten. In vielen Fällen orientieren sich die Wanderungen an bestehenden Touren der jeweiligen Gemeinden. Bei anderen wird jedoch, um die Leserinnen und Leser zu den aus unserer Sicht schönsten und interessantesten Plätzen zu führen, von vorgefertigten Wanderrouten abgewichen oder es werden mehrere bestehende Routen kombiniert. Auch in solchen Fällen werden jedoch fast immer vorhandene Markierungen zur Orientierung herangezogen. Die detaillierte Routen-Beschreibung sowie die bei der jeweiligen Tour abgedruckte Karte in Verbindung mit ein wenig Orientierungsgeschick sorgen auch bei diesen Wanderungen für ein gelungenes Wandererlebnis.

In die mittels Punkte-Kennzeichnung vorgenommene Einteilung der Wanderungen nach dem Grad der Anforderung fließen einerseits die Gehzeiten, Distanzen und Höhenmeter, andererseits die Wegbeschaffenheit mit ein. Sie soll als grobe Richtschnur zur Einschätzung der Schwierigkeit dienen.

Generell können alle Wanderwege außer im Hochwinter zu jeder Jahreszeit durchgeführt werden. Die Ausgangspunkte der Wanderungen sind fast durchgehend mit öffentlichen Verkehrsmitteln erreichbar. Abweichungen sind im Einzelfall angegeben. Kontaktdaten von Tourismus-Informationen, Einkehrmöglichkeiten und Sehenswürdigkeiten wurden sorgfältig recherchiert. Um möglichen Änderungen seit der Drucklegung vorzubeugen, empfiehlt es sich dennoch, vor einer Wanderung noch einmal den aktuellen Stand im Internet abzufragen.

Nun bleibt uns nur noch, Ihnen möglichst abwechslungsreiche und genussvolle Wanderungen und Kraftplatzerlebnisse zu wünschen – in der Hoffnung, dass Ihnen die Touren beim Erwandern mindestens so viel Freude bereiten wie den Autoren!

Ihr Robert Versic

Einleitung

Dieses Buch enthält nicht nur Beschreibungen von Wanderungen zu heimischen Kraftplätzen, sondern will durch die persönlichen Erfahrungen der Autoren der Leserin und dem Leser die Orte der Kraft näherbringen und Anregungen zur ganz persönlichen Kraftplatzsuche geben. Es bietet gleichzeitig auch märchenhaften Lesestoff. Die von den Kraftorten inspirierten Märchen können bereits vor der Wanderung oder vielleicht sogar direkt am jeweiligen Fleckchen Erde (vor)gelesen werden.

Unser Buch möchte bewegen, die Leserinnen und Leser gleichzeitig aber auch zur Ruhe kommen lassen. Es soll zum genussvollen Wandern einladen und bietet dazu ausführliche Wegbeschreibungen sowie viele praktische Tipps, um dieses Ziel zu erreichen. Zugleich werden aber auch Wege zur inneren Einkehr aufgezeigt.

Die Wanderungen sind natürlich alle selbst erprobt. Die Buchmacher – Märchenfee Nina Stögmüller und ihr Begleiter Robert Versic – waren dabei ein eingespieltes Team. Wanderprofi Robert Versic zeichnet für die Wegbeschreibungen und Fotos verantwortlich, die Märchenfee hat die Kraftplätze beschrieben, bestehende Sagen zusammengetragen und schließlich eigene, von den Plätzen inspirierte Märchen verfasst.

Nach rund einem Jahr der märchenhaften Wanderschaft ist so ein liebevolles Buch entstanden, das dazu einlädt, die beschriebenen Touren selbst zu entdecken und die Kraftplätze entweder in geselliger Runde oder alleine zu besuchen und kennenzulernen. Sich die Zeit zu geben, die es braucht, um wieder aufzutanken und die Kräfte der Natur zu spüren, kann eine Möglichkeit sein, diese Wanderungen besonders zu genießen.

Die beschriebenen Kraftplätze sind sehr unterschiedlicher Art. Allen gemeinsam ist die Eigenschaft, dass sie etwas Besonderes sind. Da gibt es die heiligen Steine, die Millionen Jahre alt sind und bereits vor Tausenden von Jahren Menschen als Kultplätze dienten. Viele dieser Felsformationen sind mit steinernen Schalen ausgestattet, deren Bedeutung und Herkunft bis heute noch Rätsel aufgeben. Spursteine wiederum wollen uns darauf hinweisen, dass hier jemand seine Spuren hinterlassen hat. Heilkräftige Quellen sind ebenso uralte Kraftorte, bei denen sich oft Heilungen vollzogen und die sich in der Folge zu Marienwallfahrtsorten entwickelten. An vielen der ursprünglich heidnischen Kraftorte wurden später christliche Kreuze, Kapellen oder sogar Kirchen errichtet. Und manchmal sind es ganze Täler und Landschaften, die einen Kraftort ergeben. Im Buch werden jeweils die wichtigsten Kraftplätze der einzelnen Touren näher beschrieben. Nicht auf alle kraftvollen Plätze konnte im Detail eingegangen werden – so bleibt Raum für eigene Entdeckungen.

Eine gerne praktizierte Möglichkeit, sich bei den Kraftplätzen zu bedanken und seine Wertschätzung auszudrücken, ist, kleine Geschenke mitzubringen. Diese können aus Blütenblättern, Blumen, Brotkrümeln oder anderen kleinen Gaben bestehen, welche die Natur gut aufnehmen kann.

Die Kraftplatzwanderungen sollen zeigen, wie wertvoll es ist, sich bewusst auf die Heilkraft der Natur einzulassen. Das Wald- und Wiesengrün auf Körper, Geist und Seele wirken zu lassen und so gestärkt in den Alltag zurückzukehren ist eine besondere Qualität, die man von jeder Wanderung mit nach Hause nehmen kann.

Durch einen ruhigeren Geist und einen erholsamen Schlaf wird man belohnt werden. Denn nichts dient dem seelischen und körperlichen Ausgleich mehr als Bewegung in der freien Natur. Und wenn es dann auch noch Kraftplätze sind, die uns mit positiver Energie versorgen, dann haben wir uns wirklich etwas Gutes getan!

Bezirk Freistadt

1   *Feldaisttal und Felsensteinerkreuz*

Charakter der Wanderung: Eine gut beschilderte Rundtour, die uns zu Beginn von Wartberg ob der Aist auf wildromantischen Wegen durch das bewaldete Tal der Feldaist führt. Im Anschluss geht es weiter zum Felsensteinerkreuz mit seinem Schalenstein und der Wald-Kapelle. In leichtem Auf und Ab wandern wir schließlich im zweiten Teil der Runde zumeist auf Feldwegen vorbei an kleinen Weilern durch die Kulturlandschaft nach Norden zu unserem Ausgangspunkt zurück.

Länge	14 km (ca. 3 Std. 30 Min. Gehzeit)
Steigung	240 hm
Markierung	*Felsensteinerkreuz (Wegnummer 3)*
Weg	Feld- und Wanderwege, Asphalt
Anfahrt	Mit dem PKW über die A7 und Pregarten oder via Mauthausen nach Wartberg ob der Aist. Parkmöglichkeit im Ortszentrum bei der Kirche.
Einkehr	• Gasthaus Kriehmühle (www.kriehmuehle.at) • Wiaz'Haus, daDinghofer (www.dinghofer.at)
Sehenswertes	• „Flehlucka" (Fliehloch) • Wenzelskirche
Information	Marktgemeindeamt Wartberg/Aist Hauptstraße 5, 4224 Wartberg ob der Aist Tel.: +43 (0)7236/3700-10 marktgemeindeamt@wartberg-aist.ooe.gv.at www.wartberg-aist.at

Wegbeschreibung

Vom Marktplatz vor der Pfarrkirche von Wartberg aus richten wir uns (wie auch während der gesamten Wanderung) nach der gelben Beschilderung *Felsensteinerkreuz (Wegnummer 3)*. Diese führt uns auf der Ausfahrtsstraße nordwärts in einer Rechtskurve aus dem Ortszentrum heraus. Vorbei an ein paar Häusern verlassen wir die Straße noch vor der Kreuzung mit der Bundesstraße nach rechts. Ein anfangs noch asphaltierter Weg leitet uns durch eine

Unterführung unterhalb der Bundesstraße und abwärts zum Waldrand, wo uns ein Waldweg in das **Feldaisttal** hinabbringt. Das Flusstal ist hier als Landschafts-Schutzgebiet ausgewiesen und bietet mit seinen teilweise steilen Uferfelsen, dem von Felsblöcken durchsetzten Flusslauf sowie seiner artenreichen Flora und Fauna eine herrliche und schattige Kulisse für den ersten Teil unserer Wanderung.

Wir erreichen den Fluss bei der **Klausmühle** und folgen diesem talwärts entlang eines Wanderpfads in leichtem Auf und Ab durch den Wald in Richtung Süden. Ein Stück weiter passieren wir die auf der anderen Talseite gelegenen steilen Felsabstürze des **Jungfernsprungs**, um die sich eine traurige Sage rankt. Danach geht es über den von Wurzeln durchsetzten Waldpfad weiter das Tal entlang, wobei wir uns an einer Weggabelung links halten. Über

16

den **Jahnsteg** wechseln wir schließlich auf die andere Talseite. Hier geht es die nun stellenweise ruhiger dahinfließende und von Sandbänken geprägte Feldaist entlang nach Südosten, bis vor uns das Gebäude der **Jausenstation Kriehmühle** auftaucht. Ein kurzes Stück dahinter passieren wir neuerlich eine Brücke und folgen dem Flusslauf auf einem breiten Pfad nun wieder auf der ursprünglichen Seite. Bald darauf lassen wir das Feldaisttal hinter uns und bewegen uns nun – im zweiten Teil der Wanderung – vorwiegend durch die hügelige Kulturlandschaft des Unteren Mühlviertels mit ihren Feldern, Wiesen, Wäldchen und Weilern.

Auf einer Straße wandern wir entlang einer Häuserzeile bis zu einer Kreuzung, an der wir uns rechts nach Süden wenden. Schon nach wenigen Metern biegen wir jedoch wieder nach links auf den Güterweg *Fölsensteiner* ab. Wir folgen diesem entlang einer weiteren Häuserzeile aufwärts zu einer Wiese und einer einzelnen Weide mit einem Marterl. Hier biegen wir rechts auf einen Feldweg ab, der uns südwärts in ein Wäldchen führt. Am Waldrand und noch ein zweites Mal im Wald nehmen wir bei Gabelungen jeweils die rechte Abzweigung und erreichen so nach rund 1 Std. 20 Min. Gehzeit die Wald-Kapelle am **Felsensteinerkreuz**, vor der ein Schalenstein auf den hier gelegenen Kraftplatz hinweist.

Nun folgen wir dem rechts der Kapelle leicht ansteigenden Pfad zum Waldrand und wandern diesen entlang ein kurzes Stück nach Osten. Bei einer etwas unklaren Beschilderung kurz vor einer kleinen Freifläche lassen wir den Waldrand hinter uns. Wir biegen hier rechts ab und gehen über einen Feldweg, vorbei an einem Hochsitz, auf ein Bauernhaus zu. Hinter diesem folgen wir – erst rechts, danach gleich links abbiegend – einem Feldrain weiter nach Süden. So gelangen wir bei einem Bauernhof neuerlich zu einem Güterweg, auf dem wir rechts abbiegen. Schon bei der ersten Kreuzung zweigen wir nach links ab und gehen in einem leicht ansteigenden Bogen auf den Waldrand zu. Zwischen den Bäumen führt uns hier ein Forstweg nach rechts in den Wald hoch. Hinter einer Biegung schwenken wir scharf nach rechts auf einen steilen Pfad ein, der uns weiter durch den Wald hinauf bis zur Siedlung Hochstraß an der Bundesstraße bringt. Dieser folgen wir kurz nach links, um sie dann zu überqueren.

Auf der anderen Seite geht es nun westwärts mit weitem Ausblick bis zu den Gipfeln der Alpen einen Feldweg entlang, der leicht fallend bis zum Weiler Altaist führt, den wir in einem ansteigenden Linksbogen durchqueren. Am Ortsende biegen wir in einer Kurve scharf nach rechts ab, um hinter den letzten Häusern nach links auf einen Waldpfad einzuschwenken. Dieser bringt uns einen Kamm hoch und anschließend wieder abfallend zu einem Güterweg, nachdem wir uns bei einer Gabelung links gehalten haben. Auf diesem geht es nach rechts aus dem Wald heraus, wo wir nach links auf einen Feldweg abbiegen und ihm bis zum Weiler Frensdorf folgen. Am westlichen Ortsende passieren wir einen Bahnübergang, um gleich dahinter über eine Schotterstraße entlang der Geleise nach Norden zu marschieren.

In Obergaisbach bringt uns eine Unterführung auf die andere Seite der Bahnstrecke. Den Ort sowie die anschließende Landstraße nordwärts querend kommen wir wieder zu einem Feldweg, der uns entlang einer lockeren Obstbaumreihe auf den nun schon sichtbaren Kirchturm von Wartberg zuführt. Hinter einer Senke steigt der Feldweg zu einer Siedlung hoch und wir passieren diese an der Westseite, um anschließend hinter den Häusern ostwärts zur Bundesstraße abzubiegen. Diese wird von uns überquert, damit wir die auf der anderen Straßenseite gelegenen Häuser auf deren Rückseite

Blick auf Wartberg ob der Aist

Wald-Kapelle am Felsensteinerkreuz

in einem kleinen Bogen entlang des Waldrands umrunden können. Nördlich der Häuser folgen wir dann einem Feldweg, der zuerst entlang des Waldrands, dann sich links haltend einen Wiesenhang hoch auf ein Bauernhaus zuläuft. Hinter diesem biegen wir zuerst auf den Güterweg nach rechts und kurz darauf zu einem letzten Anstieg nach links über einen Feldweg in Richtung der auf der Anhöhe gelegenen **Kalvarienberg-Kapelle** ab.

Am Kalvarienberg bieten mehrere Rastbänke eine gute Gelegenheit zu einer letzten Rast und die Möglichkeit, noch einmal den Blick über die fernen Berge, die umliegende Landschaft und das nun bereits sehr nahe Wartberg schweifen zu lassen. Dann nehmen wir den Pfad entlang der Kreuzwegstationen talwärts auf die Häuser von Wartberg zu und erreichen, nachdem wir die Bundesstraße ein letztes Mal überquert haben, auf der Straße ins Ortszentrum schließlich nach rund 3 Std. 30 Min. Gesamtgehzeit wieder unseren Ausgangspunkt.

Kraftplatzerfahrungen

Feldaisttal

Das Feldaisttal ist ein Märchen für sich. Stundenlang könnte ich mich hier hineinträumen in diese fabelhaften Steinformationen. Wir durchwandern das herrliche Tal und ich komme aus dem Staunen nicht mehr heraus. Hier ein Moosmännlein, da ein Felsengesicht. Dort eine steinerne Fruchtbarkeitsgöttin und dann wieder ein Drache, der sich im Stein versteckt, damit wir ihn nicht gleich entdecken. Der Fantasie sind hier keine Grenzen gesetzt. Ich könnte ein eigenes Märchenbuch füllen, so viele Geschichten fliegen mir hier zu. Die Felsformation mit dem Namen *Jungfernsprung* hat leider keine besonders märchenhafte Bewandtnis, denn von hier aus soll sich einst ein junges Edelfräulein zu Tode gestürzt haben, da sie ihren Adoptivbruder, in den sie Zeit ihres Lebens verliebt war, nicht heiraten durfte. Schauplatz der tragischen Sage war die Burg Neuaist, die einst auf einer Felsengruppe gegenüber der Kriehmühle gestanden haben soll.

Felsensteinerkreuz

Immer wieder beobachten wir bei unseren Kraftplatzwanderungen, dass ein Platz, der ein Kreuz im Namen trägt, nicht immer ein Kreuz an sich beschreibt, sondern oftmals eine Kapelle. Und immer war es so, dass zuerst das Kreuz da war, angebracht an einem für Menschen heiligen Ort, danach die Kapelle kam und der Name *Kreuz* erhalten blieb. So ist es auch beim Felsensteinerkreuz. Die heutige Kapelle ist rund 200 Jahre alt und gehört zum

Fölsensteiner-Anwesen. Der Bauer dieses Anwesens verunglückte einst tödlich beim Sturz von einem Kirschbaum, sein Bild hängt in der Kapelle. Es soll hier Heilungen gegeben haben und der Schalen- bzw. Spurstein vor der Kapelle ist für sein Augenheilwasser bekannt. Dieser Stein wurde später verteufelt und man gab ihm den Namen Teufelsstein, der sich jedoch nie durchsetzte.

Viele Menschen kamen hierher zur Wallfahrt. Im Mittelpunkt stand natürlich der uralte Stein. Die Fundstücke aus der näheren Umgebung lassen darauf schließen, dass die Gegend bereits in der Jungsteinzeit besiedelt war und der Schalenstein das Zentrum eines uralten Kultes darstellte. Es soll ein Kultplatz besonders für Frauen gewesen sein. Aushöhlungen im Stein und das ewige Wasser darin haben seit jeher große Anziehungskraft auf die Menschen ausgeübt. Da die Verteufelung nicht gelang, kam eine christliche Legende ins Spiel. Die Einbuchtungen im Spurstein sollen die Abdrücke der Gottesmutter Maria darstellen. Die heilige Maria sei auf diesem Fleckchen Erde einst einer Bäuerin erschienen, heißt es.

Als ich hier ankomme, spüre ich sofort die Herrlichkeit des Ortes. Der Platz strahlt eine heilige Ruhe aus und ergreift mich sehr schnell. Es ist mir, als ob uns der Stein willkommen heißen möchte mit seiner bescheidenen Größe und seinem ewigen Wasser. Die zahlreichen Bänke vor der Kapelle lassen darauf schließen, dass noch immer viele Menschen hierherkommen. Das Heilwasser im Schalenstein soll für die Augen gut sein. Vielen Heilwässern spricht man diese Eigenschaft zu. Warum immer die Augen? Vielleicht möchte uns dieses Wasser die Augen öffnen für die wahre Schönheit der Natur oder uns offen machen für den Blick nach innen. Es könnte auch damit zu tun haben, dass uns dieses Heilwasser dabei helfen möchte, unsere Sichtweise in bestimmten Angelegenheiten zu verändern.

Ich bringe gerne kleine Aufmerksamkeiten mit zu den Kraftorten, als Zeichen der Anerkennung und Wertschätzung. Meine heutigen Geschenke für die Natur bestehen aus Getreidekörnern, ich verstreue die Gaben und bitte den Stein, mir seine Geschichte zu erzählen.

Der ewige Stein

Es war einmal … ein Stein, der schon immer da war. Es war ein besonderer Stein, er hatte über die Jahrtausende große Heilkraft in sich vereint. Doch das wussten die Menschen noch nicht. Eines Tages ging ein altes Mütterlein durch den Wald. Weil es schon recht schlechte Augen hatte, stolperte es just über jenen Stein und stürzte. Beim Aufstehen stützte es sich am Stein ab und spürte dessen große Kraft. Als sie sich mit dem Wasser aus den Schalen das Gesicht wusch, da wurde ihr trüber Blick wieder klar und ihr Geist ganz hell. Schnell lief sie zu ihrer Sippe, um von dem Wunderstein zu berichten. Viele kamen jetzt, um den Stein zu besuchen, ihn zu berühren und sich mit seinem Wasser zu besprengen. Von weit pilgerten die Leute hierher und fanden oft Heilung im Innen und Außen. Unfassbar lange ging das so. Irgendjemand kam dann einmal auf die Idee, dass dieser Stein wohl ein Teufelsstein sein müsste, denn wie sollte ein gewöhnlicher Stein am Waldboden sonst solche Wunder vollbringen können? Doch die Leute ließen sich nicht abbringen von ihren Besuchen beim Stein. Da kam einer auf die Idee, den Stein zu zerstören. Doch das gelang nicht. Denn kurz vorher erzählte man sich die wundersame Geschichte einer Marienerscheinung, und dass es die heilige Muttergottes gewesen war, die ihre Abdrücke im Stein hinterlassen hatte. Jetzt war das Steinheiligtum gerettet und durfte weiter friedlich im Wald liegen bleiben. Eines Tages wurde der Stein dann von einem Kreuz begleitet, später von einer Kapelle. Die Menschen konnten hier weiterhin verweilen und um Heilung bitten. Alter Kult und neue Religion finden auch heute noch gemeinsam statt an jenem stillen Plätzchen im Wald und die Menschen dürfen immer noch an der Harmonie und Kraft des Ortes teilhaben.

Kalvarienberg

Kurz vor Ende unserer Kraftplatzwanderung passieren wir den Kalvarienberg und machen hier Rast. Ein wunderbarer Ort zum Krafttanken und ein heiliger Berg, der schon vor vielen tausend Jahren von Menschen aufgesucht wurde. Die alten Bäume singen ihre Lieder im Wind und laden zum Verweilen ein. Sinnsprüche auf Holztafeln geben Anregungen zum Nachdenken und Innehalten. Eine wirkliche Energietankstelle!

2 Haiderberg und Weltuntergangssteine

- **Charakter der Wanderung:** Eine fordernde 3-Gipfel-Tour rund um St. Leonhard mit einer abwechslungsreichen Wegführung, bei der Auf- und Abstiege einander abwechseln. Der erste Teil der Strecke verläuft auf dem Johannesweg. Mit der Bründl-Kapelle, den Opferschalen und den Weltuntergangssteinen warten recht unterschiedliche Kraftplätze auf den Wanderer. Die Runde kann aufgrund ihrer Länge auch auf zwei kürzere Touren aufgeteilt werden.

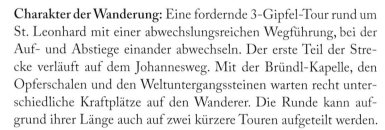

Länge	14 km (ca. 5 Std. Gehzeit)
Steigung	520 hm
Markierungen	*Panoramablickweg Haiderberg (Wegnummer 04);*
	Opferschalenweg (Wegnummer 02);
	Kulturwanderweg (Wegnummer 05)
Weg	Forststraßen, Wanderwege, Asphalt
Anfahrt	Mit dem PKW über die A7 bis Pregarten, von dort weiter über Gutau nach St. Leonhard. Parkmöglichkeit beim Gemeindeamt im Zentrum.
Einkehr	• Gasthof Schwarz (www.gasthof-schwarz.at)
	• Gasthaus Janko (www.gasthaus-janko.at)
Sehenswertes	• Färbermuseum Gutau
	(www.gutau.at/tourismus-freizeit/faerbermuseum.html)
	• Burgruine und Taverne zu Prandegg
	(www.prandegg.com; www.taverne-prandegg.at)
Information	Marktgemeindeamt, Hauptstraße 9
	4294 St. Leonhard bei Freistadt
	Tel.: +43 (0)7952/8255
	gemeinde@st-leonhard.ooe.gv.at, www.stleonhard.at

Wegbeschreibung

Vom Gemeindeamt aus (davor befindet sich eine Übersichtskarte mit verschiedenen Wandertouren im Gemeindegebiet) wenden wir uns in Richtung des Marktplatzes mit der Kirche von St. Leonhard. Beim Marktbrunnen folgen wir der gelben Beschilderung *Panoramablickweg Haiderberg (Wegnummer 04)* hangaufwärts nach Osten.

Diese Markierung wird uns – ebenso wie die Schilder des *Johanneswegs* – auf dem ersten Teil unserer Runde begleiten.

Nach wenigen Metern wenden wir uns nach links und an den letzten Häusern vorbei erreichen wir nach kurzer Zeit einen Feldweg, der uns schon nach wenigen Minuten zur **Bründl-Kapelle** führt. Diese wurde an der Stelle einer Heilquelle errichtet und hier befindet sich auch eine Station des Johanneswegs.

Hinter der Kapelle leitet uns der Feldweg weiter nach Osten zu einer Weggabelung. Es bietet sich die Möglichkeit zu einem kurzen Abstecher, indem wir noch ca. 50 Meter geradeaus weitergehen, um

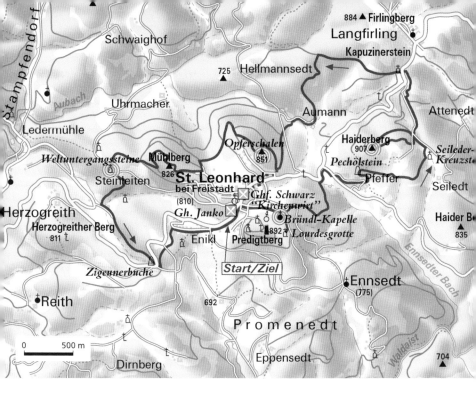

die 1975 am Waldrand in eine Felswand gebaute **Lourdesgrotte** zu besuchen.

Zurück bei der Weggabelung wenden wir uns nun auf dem Feldweg nach Nordosten in Richtung der Straße. Dieser folgen wir kurz nach rechts, um dann neuerlich linkerhand auf einen Feldweg einzuschwenken. Dieser leitet uns leicht fallend in einen Wald hinein. Hier biegt der Pfad bald nach links ab und wendet sich in einem leichten Bogen nach Norden. Kurz vor dem Erreichen einer Straße zweigt der Weg parallel zu dieser nach Nordosten ab und führt uns zu einer Straßenkreuzung. Vor uns sehen wir nun bereits sehr nahe die bewaldeten Hänge des Haiderbergs aufragen. Wir folgen der Straße ein kurzes Stück nach Südosten und biegen dann links auf den Güterweg *Pfeffer* ein. Sobald wir die ersten Häuser erreichen, führen uns die Schilder nach links hoch zum Waldrand, wo wir bald auf einen der größten **Pechölsteine** in der Region treffen.

Der Weg führt nun weiter nach rechts bergan durch den Wald auf die Ostseite des Haiderbergs. Dort erinnert am Ende eines kurzen Wiesenstücks das Seileder-Kreuzstöckl an ein tragisches Ereignis, das sich hier einst zugetragen hat. Wir folgen hinter dem Bildstock dem Pfad nach links hangaufwärts, um uns nach Erreichen einer Straße neuerlich nach links zu wenden. Bei der Kreuzung auf der Kammhöhe biegen wir dann erneut links ab.

Wir folgen dem Güterweg bis zur ersten Kurve und biegen dann rechts auf einen Weg ein, der uns in einem steilen Anstieg zum Wald hinaufführt. Über eine erste Kuppe geht der Waldpfad in eine kleine Senke, von der aus wir nach rund 1 Std. 30 Min. Gehzeit den Gipfel des **Haiderbergs** (907 m) erreichen. Neben einem modernen Gipfelkreuz und zwei Rastbänken erwartet uns hier oben ein weiter Blick nach St. Leonhard und ins westliche und südliche Umland bis hin zu den Alpen.

Zurück bei der Senke unterhalb des Gipfels wenden wir uns nun nach links und folgen dem abfallenden Waldweg in einem Bogen zurück zur bereits bekannten Straßenkreuzung auf der Kammhöhe. Hier gehen wir nun nach links in Richtung Norden und folgen erst der Straße, später einem parallel zur Straße verlaufenden Waldweg. In einer Kurve stoßen wir wieder auf die Straße, überqueren diese und wählen bei der hier befindlichen Kapelle die rechte der beiden abzweigenden Forststraßen. Die *Markierung 04* führt uns nun zuerst oberhalb eines Feldes, danach durch den Wald vorbei am Kapuzinerstein nach Westen. Bei einer großen Forststraßengabelung halten wir uns links und kommen so in einen wunderschönen lichten Föhrenwald, durch den uns der Pfad talwärts nach Süden leitet.

Über eine Wiese gelangen wir schließlich beim Bauernhaus Aumann auf eine asphaltierte Zufahrtsstraße, die wir aber schon beim nächsten Haus nach links in den Wald hinein wieder verlassen. Wir queren nochmals eine Straße, bevor der Weg geradeaus stetig ansteigend durch den Wald empor nach Süden bis zu den ersten Häusern von St. Leonhard zurückführt. Wer möchte, kann die Runde an dieser Stelle abkürzen und der *Beschilderung 04* folgend in kurzer Zeit zurück ins Ortszentrum wandern.

Andernfalls wenden wir uns noch vor dem ersten Haus nach rechts und folgen ab nun der Beschilderung *Opferschalenweg (Wegnummer 02)* zurück in den Wald. Die deutlich ansteigende Forststraße leitet uns in einem Bogen nach Nordwesten. Kurz vor Erreichen der Höhe zweigt ein schmaler Pfad scharf nach links zu den **Opferschalen** (851 m) ab. Hier erreichen wir nach weiteren 1 Std. 30 Min. Gehzeit ein paar Granittürme, die wir mit Hilfe von in den Fels gehauenen Trittstufen und einem Holzgeländer leicht erklimmen können. Oben erwarten uns neben der Aussicht mehrere mit Wasser gefüllte Schalen in der ansonsten ebenen Felsfläche.

Auf der anderen Seite des Felsaufbaus führt uns eine kurze Treppe zurück in den Wald, wo wir dem *Schild 02* hangabwärts zuerst in nordwestlicher, später in südwestlicher Richtung folgen. In einer Senke passieren wir einen Rastplatz an einem Bächlein, das ein kleines Wasserrad aus Metall zum Klappern bringt. Nach einem Gegenanstieg führt uns am Waldrand schließlich eine Forststraße hoch zu einer Siedlung. Hier gehen wir, bei der ersten Kreuzung

Opferschalen

rechts abbiegend, vorbei an den letzten Häusern auf einen Wiesenhang zu. Der Feldweg führt uns an einem weiteren Schalenstein vorbei hoch zu einem Rastplatz. Hier zweigt der Weg nach links steiler werdend in den Wald hinein ab und bringt uns bald zum Gipfel des **Mühlbergs** (826 m), dem dritten Gipfel unserer Runde. Auch hier können über eine Holzleiter und eine hölzerne Verbindungsbrücke zwei Granittürme erklommen werden.

Vom Gipfel aus führt der Weg in einem Bogen auf die Westseite des Bergs, wo wir schließlich auf eine Lichtung mit einer Rastbank treffen. Ab hier folgen wir für den Rest unserer Tour der Beschilderung *Kulturwanderweg (Wegnummer 05)* – zu Beginn in westlicher Richtung. Durch den Wald geht es in einem Bogen abwärts nach Süden bis zu einer Straße. Hier erwarten uns nach weiteren rund 1 Std. 15 Min. Gehzeit die **Weltuntergangssteine**, von denen es heißt, dass sie sich seit jeher langsam aufeinander zubewegen und bei ihrer Berührung der Weltuntergang bevorsteht. Vorerst können wir hier aber noch auf einer Bank eine entspannte Rast genießen.

Auf der anderen Straßenseite führt uns der Weg nun weiter einen Wiesenhang hinab und dann durch ein kurzes Waldstück bis zum Talgrund. Wir überqueren den hier fließenden Stampfenbach und wandern vorbei an einem Haus nach links das Bachtal und den Waldrand entlang hangaufwärts nach Südosten. In stetem Anstieg geht es weiter, bis wir auf die mächtige, 200 Jahre alte **Zigeunerbuche** treffen, unter der früher das fahrende Volk gerne sein Lager aufgeschlagen haben soll. Weiter geht es bis zur Straße, wo wir aber nicht der Markierung 05 nach rechts folgen. Stattdessen überqueren wir die Straße und gehen ein kurzes Stück den Güterweg entlang. So treffen wir bald erneut auf die *Markierungen 05, 06* und *Johannesweg*. Diesen folgen wir nach links in nördlicher Richtung in den Wald hinein auf St. Leonhard zu, bis wir schließlich die ersten Häuser erreichen. Über eine Siedlungsstraße geht es nun zurück zur Hauptstraße, auf der wir nach rund 5 Std. Gehzeit zu unserem Ausgangspunkt zurückkehren.

Kraftplatzerfahrungen

Bründl-Kapelle
Die Bründl-Kapelle wurde 1728 erbaut. Eine Muttergottesstatue wartet im Inneren auf die Besucher. Das Wasser konnte man früher noch direkt in der Kapelle entnehmen. Heute finden wir das Quellwasser außerhalb, gefasst in ein Steinbecken. Ein guter Ort, um zu rasten und still zu werden. Das klare Wasser macht einen klaren Geist.

Haiderberg
Der Name Haiderberg bezieht sich wohl auf ein bäuerliches Anwesen in der Nähe, den *Haider am Berg*. Jedoch war der Name Haider hier nie wirklich gebräuchlich. Es könnte insofern auch sein, dass sich der Name von *Heiden* ableitet und auf einen vorchristlichen Kultplatz hinweist, denn es gibt hier viele Opferschalen. Die Aussicht ist herrlich hier oben, man überblickt das Untere Mühlviertel bis zu den Alpen. Heute finden wir am 907 m hohen Haiderberg ein schönes Gipfelkreuz, das im Jahr 2014 im Rahmen der Aktion *Tu was, dann tut sich was* aus der Zusammenarbeit der Neuen Mittelschule St. Leonhard und der Lehrwerkstätte der voestalpine entstand. Wanderer haben die Möglichkeit, beim Bründl in St. Leonhard Kieselsteine mitzunehmen und diese hier oben am Haiderberg in der Einfassung des Gipfelkreuzes zu hinterlassen.

Opferschalen
Rund um St. Leonhard gibt es zahlreiche Schalensteine. Besonders die Opferschalen am Wimberg sind sehr bekannt. Auf dem obersten Felsplateau des Wimberggipfels befinden sich sowohl trockene als auch mit Wasser gefüllte Schalen. Warum in der Gegend so viele Schalensteine zu finden sind, konnte nie wirklich geklärt werden. Es gibt Vermutungen, dass sie den ersten Siedlern vor rund 6 000 Jahren als Stätten für Fruchtbarkeitskulte dienten und jede Sippe ihre eigenen Opferschalen hatte.

Gipfelkreuz auf dem Haiderberg

Weltuntergangssteine

Die Weltuntergangssteine in St. Leonhard sind dafür bekannt, dass sie das Ende der Welt anzeigen sollen. Nach der Überlieferung dreht sich die Welt nur so lange, bis besagte Steine zusammenfinden. Angeblich passte früher noch eine Heufuhre durch den heute schmalen Spalt, den man zu Fuß aber immer noch gut durchschreiten kann.

Ein magischer Ort, der zum Träumen und Innehalten einlädt. Die Energiequalität hat für mich nichts mit dem Weltuntergang zu tun – ganz im Gegenteil, der Platz fühlt sich sehr harmonisch an. Rastbänke laden zum Verweilen ein. Ich genieße den wunderbaren Ort und vergesse schnell die Welt rund um mich. Ich stelle in Gedanken eine Frage und notiere die Antwort, die mir hier in den Sinn kommt. Ich habe das Gefühl, dass hier die Intuition besonders gut funktioniert. Und es fühlt sich so an, als ob man an diesem Platz der Hektik des Alltags mit großem Abstand begegnen kann. Der Abstand zwischen den Steinen ist mein Symbol dafür. Hier kann man gut zur Ruhe kommen und vom Rest der Welt abrücken. Die nahe Straße stört nicht, auch die Leute, die vorbeikommen, bringen mich nicht aus der Ruhe. Ein geschützter Ort, der mich einhüllt in seine gute Kraft und mich ausgiebig davon tanken lässt.

Nach meinem längeren Aufenthalt auf einer Rastbank gehe ich durch den schmalen Gang zwischen den Steinen und fühle mich auch hier sehr wohl. Auf der Rückseite entdecke ich eine Nische mit einer Marienstatue, die in den Stein eingearbeitet ist. Eine Bäuerin hat die Statue nach einer Wallfahrt zum Pöstlingberg hierhergebracht. Die besorgte Mutter bat um eine gesunde Rückkehr der beiden Söhne aus dem Krieg. Leider starben die Burschen und kamen nicht mehr nach Hause. Für die Bäuerin ist wohl schon damals die Welt untergegangen. Der einzige Trost: Sie durfte trotzdem am Hof bleiben, obwohl sie keine Nachkommen mehr hatte. Auf dem Stein mit der Madonnen-Nische befindet sich eine Schale, die auf einen vorchristlichen Kult hinweist. Wieder sind Alt und Neu vereint. Auf dem zweiten Stein lässt sich eine Art Sitz erkennen. Man kann die Weltuntergangssteine nur mit Hilfe einer Leiter besteigen.

Franzl und Greti

Es war einmal … ein junger Bursch namens Franzl, der war so schwer verliebt in ein Mädl aus seinem Dorf, dass er an nichts anderes mehr denken konnte als an seine Angebetete. Die Greti zierte sich ein bisschen, weil sie noch nicht so genau wusste, wie sie sich entscheiden sollte, denn es bemühten sich gleich drei Burschen um sie. So ging der Franzl eines Tages zum Weltuntergangsstein und betete zur Heiligenstatue der Muttergottes. Das Herz war ihm schwer und als er da so saß und in sein Gebet vertieft war, da vergaß er plötzlich die Welt um sich und sie hätte wohl untergehen können, ohne dass er es gemerkt hätte. Frohen Mutes verließ er den magischen Ort und war guter Dinge. Auch die Greti pilgerte ein paar Tage später zu den zwei Steinen und bat um Rat, wer von den drei Burschen wohl der richtige für sie wäre. Auch dem Mädchen wurde an jenem Ort weitergeholfen und leichten Herzens ging die Greti nach Hause. In den Steinen wohnte nämlich eine Weisheit, die war schon so alt, dass man sie nicht mit Jahreszahlen benennen konnte. Und so gingen die Menschen auch früher zu den Steinen, um diese zu befragen und von der uralten Kraft und Weisheit zu profitieren. So stand also bald fest, dass sich die Greti für den Franzl entschieden hatte. Und als der Franzl seine Greti zum ersten Mal küsste, da war er ganz benommen vor Glück und sprang vor Freude in die Luft. Aber dann wurde er nachdenklich. Jetzt, wo sein Glück perfekt war, jetzt durfte die Welt auf keinen Fall mehr untergehen. Bis heute war ihm das egal gewesen, was die Leute dahergeredet hatten, von den Weltuntergangssteinen und dass sie einander immer näher kamen und wenn sie sich berührten … die Welt auf einen Schlag untergehen würde. Schnell lief der Bursche zu den Steinen und stemmte sich mit voller Kraft dazwischen. Und das machte er von nun an jeden Tag, denn er wollte sichergehen, dass er das Glück mit seiner geliebten Greti noch viele Jahrzehnte lang genießen durfte.

3   *Hedwigsbründl und Opferstein*

- **Charakter der Wanderung:** Eine durchgängig beschilderte Rundtour mit dem Kurort Bad Zell als Ausgangspunkt. Nach einem Abstecher zum Hedwigsbründl wandern wir langsam ansteigend zur Felsformation des Opfersteins in den Wäldern des Ellerbergs. Im Anschluss steigen wir hinab in das romantische Tal der Kleinen Naarn und wandern dieses entlang bis zur Raabmühle. Schließlich führt uns die Route vorbei an Schloss Zellhof über ländliche Höhenzüge zurück nach Bad Zell.

Länge	15,5 km (ca. 4 Std. Gehzeit)
Steigung	350 hm
Markierung	*Opferstein – Naarntal*
Weg	Asphalt, Feldwege, Forststraßen
Anfahrt	Mit dem PKW über Pregarten oder Perg nach Bad Zell. Parkmöglichkeit bei der Volksschule in der Nähe des Kurhotels Lebensquell Bad Zell.
Einkehr	• Färberwirt (www.faerberwirt-badzell.at)
	• Landgasthaus Raabmühle (www.raabmuehle.at)
	• Wirt in Zellhof (www.ghbauernfeind.at)
	• Lebensquell Bad Zell (www.lebensquell-badzell.at)
Sehenswertes	• Prangermandl am Marktplatz von Bad Zell
	• Burg Reichenstein (www.burg-reichenstein.at)
Information	Tourismusverband Bad Zell
	Lebensquellplatz 1, 4283 Bad Zell
	Tel.: +43 (0)7263/7516
	info@tourismus-badzell.at, tourismusverband.badzell.at

Wegbeschreibung

Wir beginnen unsere Wanderung mit einem Abstecher zur bekannten Kapelle **Cella Hedwigsbründl** unweit des Kurhotels Lebensquell Bad Zell. Dazu folgen wir den Hinweisschildern von der dem Ortskern zugewandten Seite des Hotels durch einen kleinen Park zu dessen Rückseite. Entlang der Straße erreichen wir so in

Cella Hedwigsbründl

rund 10 Min. die vor einigen Jahren neu errichtete und mit einem schön gestalteten Ziegelgewölbe ausgestattete Kapelle, die das Hedwigsbründl birgt.

Im Anschluss kehren wir zur Vorderseite des Hotels zurück und folgen ab nun auf unserer Runde den gelben Hinweisschildern *Opferstein – Naarntal*. Die Markierung leitet uns zu Beginn entlang eines Bachlaufs durch eine Unterführung der Bundesstraße und östlich des Ortskerns vorbei an einem Teich nach Nordosten. An der Ortsdurchfahrt angelangt wenden wir uns kurz nach rechts, um an der folgenden Kreuzung geradeaus einem ansteigenden Güterweg zu folgen. Dieser begleitet uns durch Felder bis zur Siedlung Galgenbühel. Hier geht es links an einer Kapelle und anschließend an den Häusern vorbei in ein Waldstück hinein. Schon kurz darauf kehren wir auf den Güterweg zurück und folgen diesem nach links, bis wir bei einem Bauernhaus neuerlich nach links auf einen Feldweg einschwenken. In einem Rechtsbogen geht es nun erst durch Wald, dann durch Felder. Wir überqueren den Güterweg noch einmal, steigen in ein weiteres Waldstück ab, nach Passieren eines Bachs wieder bergan und gelangen schließlich über Felder bei einem Bauernhaus wieder auf einen asphaltierten Güterweg.

Diesem folgen wir nach links in nördliche Richtung bis zu einer Kreuzung, wo wir die mittlere Abzweigung geradeaus bis zum Bauerngut Kogler nehmen. Hier zweigt ein aufsteigender Forstweg scharf nach links zum Waldrand ab und führt uns durch den Wald bis zur Kuppe auf einer Lichtung. Dort biegt ein schmaler Pfad nach rechts in den Wald ab und bringt uns nach wenigen Metern und rund 1 Std. 15 Min. Gehzeit zu den Felsformationen des **Opfersteins**. Auf deren höchster Spitze, die wir über eine Leiter erreichen können, befindet sich eine wassergefüllte Schale. Ringsum bieten mehrere Steinbänke Platz zum Verweilen.

Wir kehren nun zum Hauptweg zurück und folgen der gelben *Beschilderung Naarntal* über die Forststraße nach rechts weiter in östliche Richtung. Der Weg senkt sich jetzt – mit Blick auf das ferne St. Thomas am Blasenstein – wieder ab und bringt uns aus dem Wald heraus zum Weiler Fürling. Wir durchqueren diesen und über einen Feldweg steigen wir begleitet von einem schönen

Ausblick auf die von Feldern, Wiesen, Wäldern, Weilern und Gehöften geprägte Landschaft des Unteren Mühlviertels tiefer, bis wir auf einen Güterweg treffen. Rechts abbiegend wandern wir auf diesem Güterweg nach Süden. Bei Erreichen der **Mörwaldreiterkapelle** zweigen wir nach links ab und steigen noch ein kurzes Stück in Kehren über einen Feldweg zum Tal der Kleinen Naarn ab.

Den vor allem zu Beginn friedvoll durch das idyllische Talbecken mäandernden Bachlauf entlang marschieren wir talabwärts in Richtung Südwesten. Der anfangs noch unbefestigte Weg geht schließlich in einen asphaltierten Güterweg über und der *Beschilderung Bad Zell–Naarntal* nach gelangen wir kurz nach dem Überqueren der Bundesstraße zum **Gasthaus Raabmühle**. Hier ändert sich der Streckenverlauf erneut. Über einen Forstweg gleich nach der Mühle geht es nun nach rechts steil durch Wald, dann durch Wiesen westwärts hoch zu einem Bauernhaus. Hier leitet uns ein Güterweg wieder nach rechts durch einen Waldabschnitt zum Weiler Zellhof samt den Überresten des ehemaligen **Schloss Zellhof**.

Wir durchqueren den Ort, halten uns an der folgenden Gabelung rechts und bei den kurz darauf folgenden Häusern links. Über eine ansteigende Höhenstraße geht es nun westwärts zur prächtig gelegenen **Bauernberger-Kapelle**. Hinter dieser wenden wir uns auf einem Feldweg abwärts in Richtung auf das nun schon wieder recht nahe im Tal vor uns liegende Bad Zell. Noch einmal wechseln wir nach einer Kehre bei einem Bauernhaus nach rechts auf einen Güterweg, der uns nach rund 4 Std. Gesamtgehzeit zu unserem Ausgangspunkt zurückführt.

Hedwigsbründl

Das Hedwigsbründl in Bad Zell ist auch heute noch ein beliebter und stark frequentierter Ort. Sowohl Touristen als auch Einheimische trinken vom heilsamen Wasser und nehmen es gerne mit nach Hause. Von nah und fern kommen die Leute und füllen Kanister und Flaschen mit dem Heilwasser.

Der Ursprung der Heilquelle reicht bis ins Mittelalter und noch weit darüber hinaus. Da es im Lauf der Zeit immer mehr Heilungen gab, kamen auch mehr und mehr Leute, weshalb schließlich ein Badhaus erbaut wurde. Nach dem Dreißigjährigen Krieg erlebte das Hedwigsbründl einen besonders starken Zustrom und schließlich wurden Wallfahrten abgehalten. Eine große Kapelle wurde errichtet, jedoch bald wieder abgerissen. Das Bründl drohte nun in Vergessenheit zu geraten, aber die Einheimischen holten sich nach wie vor das Heilwasser. Durch die Eröffnung der Kuranstalt St. Hedwig in den 1970er-Jahren und die Erklärung des Bründls zur Heilquelle wurde der Ort wieder bekannter. Eine neu erbaute kleine Kapelle, die Cella genannt wird, ermöglicht es heute, das Wasser in schön gestalteten Räumlichkeiten zu genießen. Sitzgelegenheiten laden zum Verweilen ein.

In einer kleinen Ausstellung erfahren die Besucher Wissenswertes zur Geschichte des Bründls und begegnen der heiligen Hedwig und ihren Legenden: Hedwig machte sich einst von Schlesien zu Fuß auf, um eine Wallfahrt nach Rom zu unternehmen. Sie hatte gelobt, den Weg barfuß zu gehen, aber ihr Beichtvater trug ihr auf, Schuhe zu tragen. Hedwig fand nun einen Weg, beiden Ideen gerecht zu werden. So ging sie den Weg barfuß und trug ihre Schuhe in der Hand. In Zell soll sie gerastet haben und dabei entstand die Heilquelle, heißt es.

Eine weitere Legende erzählt uns eine andere Version der Geschichte: Hedwig soll demnach eiserne Schuhe getragen haben bei ihrer Wallfahrt nach Rom. Als ihr eisernes Schuhwerk Löcher bekam, sei schließlich die Quelle entsprungen, um die Schmerzen ihrer Füße zu lindern.

Die heilige Hedwig war vermutlich nie wirklich in Bad Zell, im Mittelalter war es aber üblich, durch die Erwähnung von Heiligen die Heilkraft des Wassers zu betonen. Das heilige Bründl in Bad Zell dürfte schon viel älter sein als das Christentum und wurde wohl bereits lange Zeit davor als Quellheiligtum verehrt. Die Cella ist täglich von 8 bis 20 Uhr für Besucher geöffnet. Hinweis: In unmittelbarer Nähe des modernen Neubaus befindet sich ein wunderschön erhaltener Pechölstein.

Opferstein

Der Opferstein wird im Volksmund mit dem Namen *Siebenmaüstoa* bezeichnet. Diese Benennung bezieht sich auf sieben aufeinanderliegende Steinmauern, im Volksmund *Maüstoa* genannt. Die Steine ergeben eine Felsformation von besonderer Gestalt. Es gibt auch einen mit Wasser gefüllten Schalenstein ganz oben am Opferstein. Der Opferstein ist mit Hilfe einer eisernen Leiter gut erreichbar. Ich raste hier und spüre die Qualität des Platzes, die mich zu einem Märchen inspiriert.

Der lustige Geselle

Es war einmal … ein freundlicher Bursch, der lebte in einem kleinen Dorf. Stets war er hilfsbereit und guter Laune und auch wenn er manchmal gar keinen Grund dazu hatte, fand ein Lächeln auf seine Lippen. Manche Leute im Dorf verstanden das nicht und schüttelten den Kopf: „Was hat denn der da immer zu grinsen, dieser Habenichts?" Nun ja, Geld hatte er nicht viel, dafür aber ein fröhliches Gemüt, und das ist oft viel mehr wert als alle Reichtümer der Welt. Und auch vom Gerede der Leute ließ er sich seine gute Laune nicht verderben. Eines Tages ging er frohen Mutes zum Bäcker, um eine Semmel zu kaufen. Für mehr reichte es heute nicht. In der Bäckerei traf er ein altes Mütterchen und bot ihr an, den schweren Korb nach Hause zu tragen. Die Alte freute sich über die Hilfsbereitschaft des Jungen und lud ihn in ihr Häuschen ein. Der Bursche bedankte sich für die Gastfreundschaft und willigte ein. „Weil du so ein guter Junge bist, verrate ich dir ein Geheimnis!", sagte die alte Frau und sprach weiter: „Im Wald da gibt es einen Platz, da liegen sieben Felsen übereinandergeschichtet und warten auf fröhliche Menschen wie dich! Bring ihnen sieben

Gänseblümchen als Geschenk und warte, was passiert!" Der Bursche war nicht fad und tat, was ihm die Alte aufgetragen hatte. Er glaubte an sein Glück und an die vielen Möglichkeiten, die das Leben zu bieten hatte. Noch am selben Tag pflückte er sieben Gänseblümchen und wanderte damit zu der Steinformation. Bei den Riesenfelsen angekommen legte er die Blumen ab und wartete gespannt, was geschehen würde. Doch bald schon schlief er ein und wachte erst wieder auf, als es bereits dämmerte. Schnell machte er sich auf den Nachhauseweg und dachte bei sich, dass sich die Alte wohl einen Scherz mit ihm erlaubt hatte. Als er zu Hause ankam und die Mutter in der Stube antraf, begrüßte er sie wie immer herzlich. Aber diese machte heute keine Anstalten, mit ihm zu reden. „Mutter, bist du böse mit mir?" Wieder keine Antwort. „Seltsam", wunderte sich der junge Mann. Im selben Moment entdeckte er, dass er eine steingraue Kappe auf dem Kopf trug. Als er sie abnahm, erschrak die Mutter, weil ihr Sohn so plötzlich vor ihr stand. Die Steingeister hatten dem Burschen eine Tarnkappe geschenkt, und diese sollte ihm noch viele nützliche Dienste erweisen. Natürlich durfte er mit niemandem über diese Zaubermütze sprechen und auch die Mutter musste sich an dieses Gebot halten. Von nun an war das Leben des Burschen noch lustiger und fröhlicher, denn mit einer Tarnkappe kann man Dinge erfahren, die den anderen verborgen bleiben. Als eines Tages die Tochter des Bürgermeisters von Räubern entführt wurde, da war er es, der sie mit Hilfe seiner Tarnkappe wieder zurückbrachte. Unsichtbar schlich er sich in das Versteck der Räuber, nahm seine Tarnkappe ab und setzte sie dem Mädchen auf. Dann nahm er es auf seine Schultern, sodass sie beide nicht zu sehen waren. So gelang die Flucht aus der Räuberhöhle. Die Tochter des Bürgermeisters verliebte sich in ihren mutigen Retter und bald wurde Hochzeit gehalten. Und so war der einstige Habenichts doch noch zu Geld und Ansehen gekommen. Und wenn er nicht gestorben ist, dann hat er noch heute gute Laune und steckt seine Frau und seine Kinder jeden Tag damit an.

4 Jankas-Kirche

● **Charakter der Wanderung:** Eine leichte Rundwanderung nahe
○ Windhaag bei Freistadt an der Grenze zu Tschechien, die über
○ weite Strecken auf Forststraßen verläuft. Mit dem Edlbauer-Felsen
und der Jankas-Kirche bietet die Tour gleich zwei markante Felstürme inmitten der Wälder des nördlichen Mühlviertels.

Länge	11 km (ca. 3 Std. Gehzeit)
Steigung	310 hm
Markierung	*Plochwald-Rundwanderweg (Wegnummer W 1)*
Weg	Forststraßen, Feldwege, Asphalt, Wanderwege
Anfahrt	Mit dem PKW über die S10 nach Freistadt, von dort weiter ins nordöstlich davon gelegene Windhaag bei Freistadt. Parkmöglichkeit vor dem Gemeindeamt im Zentrum.
Einkehr	• Gasthaus Sengstschmid (www.gasthaus-sengstschmid.at) • Gasthäuser Wieser und Anzinger
Sehenswertes	• Green Belt Center Windhaag – Informations- und Ausstellungszentrum zum Grünen Band Europa (www.greenbeltcenter.eu) • Freilichtmuseen Hofwieshammer, Venezianersäge und Zimmermannshaus • Kirche Zettwing/Cetviny in Südböhmen
Information	Tourismuskern, Markt 1, 4263 Windhaag bei Freistadt Tel.: +43 (0)7943/6111 gemeinde@windhaag-freistadt.ooe.gv.at www.windhaag-freistadt.ooe.gv.at

Wegbeschreibung

Wir beginnen unsere Wanderung, die dem *Plochwald-Rundwan-
derweg* folgt, am Platz vor der Pfarrkirche von Windhaag bei
Freistadt. Von hier aus wenden wir uns links – vorbei am Gasthaus
Sengstschmid – nach Südosten. Schon wenige Meter weiter überqueren wir einen Bach und gehen nun links von diesem die Straße

Winterlandschaft nahe
der Jankas-Kirche

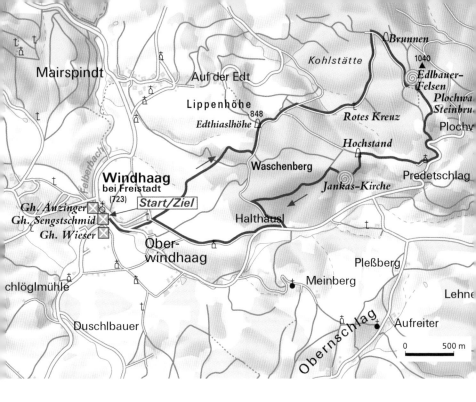

entlang. Bei einer Straßengabelung leitet uns die gelbe Beschilderung nach links in Richtung Nordosten. Vorbei an ein paar Einfamilienhäusern führt uns die Straße zu einer Kreuzung, an der sich ein großes Kreuz befindet. Hier folgen wir geradeaus dem *Hinweisschild Edlbauer-Felsen* bzw. der *Markierung W1*, die uns während der gesamten Runde begleiten wird.

Die Route führt zunächst geradeaus weiter, direkt entlang des Sportplatzes von Windhaag, danach in einem sanften Anstieg durch die Felder in einem Bogen hoch zum Waldrand. Im Wald halten wir uns bei einer Forstweggabelung links und passieren kurze Zeit später ein Stück Jungwald, bevor es geradeaus neuerlich in den Fichtenaltbestand hineingeht. Am Waldrand schwenkt der Weg dann nach rechts und führt uns nun steiler werdend immer noch im Wald einen Hang empor, bis wir schließlich auf eine asphaltierte Straße treffen. Auf dieser geht es nach links weiter in nördlicher Richtung, wo wir bald bei der Edthiaslhöhe den Blick zurück nach Windhaag genießen können. Die Straße beschreibt nun eine Kurve nach Osten und fällt leicht ab, bis uns die Markierung weg von der Straße über eine ansteigende Forststraße nach Südosten führt (*Markierung Rotes Kreuz*). Entlang dieses Wegabschnitts begleiten uns mehrere kunstvoll bearbeitete Granitsteine, die in großen Abständen links des Weges aufgestellt sind. Nach einer weiten Kurve taucht schließlich rechterhand mit dem **Roten Kreuz** ein Wegkreuz auf, das ebenfalls aus Granit geschaffen wurde.

Nun führt uns die Forststraße weiter nach Norden durch den Wald, bis uns die Markierung an einer Weggabelung in einer scharfen Rechtskurve nach Südosten schickt. Der Weg steigt nun wieder etwas an, wobei schon nach kurzer Zeit ein Brunnen Gelegenheit zu Erfrischung bietet. Sobald wir auf der Höhe angelangt sind, biegen wir – der *Markierung zum Edlbauer-Felsen* folgend – nach links ab. Hinter den Ruinen eines verfallenen Steinhauses geht's nach rechts und wir erreichen nach einem kurzen Anstieg und rund 1 Std. 30 Min. Gehzeit die Felstürme des **Edlbauer-Felsens** (1 009 m). An dessen Fuß weist ein Schild auf einen – allerdings sehr engen – Felsdurchschlupf hin. Auf der Rückseite des Felsaufbaus kann man mit Hilfe von Trittbügeln und etwas Klettergeschick zum höchsten Punkt der Felsformation gelangen.

Vom Edlbauer-Felsen aus zeigt uns die Markierung den weiteren Wegverlauf in südöstlicher Richtung an. Wir folgen der *rotweiß-roten Markierung* geradeaus und gelangen so wieder in einen etwas lichteren Baumbestand. Schon kurze Zeit später erreichen wir mit dem **Plochwald-Steinbruch** eine beeindruckende Felsmauer samt einem daruntergelegenen kleinen See. Hier biegen wir mit der Markierung nach rechts in südlicher Richtung ab und gelangen bald zum Waldrand. Wir sehen nun direkt vor uns den Weiler Predetschlag und eine Straße, auf die wir über den Feldweg zuhalten. Bei dieser wenden wir uns nach rechts und folgen ihr entlang zweier Kehren, bevor wir sie zwischen den Bauernhäusern bei einer kleinen Kapelle auch schon wieder nach rechts in westlicher Richtung verlassen.

Entlang eines Feldwegs geht es nun auf einem Höhenrücken mit schöner Aussicht auf Viehberg und die Kirche St. Michael weiter nach Westen auf einen bewaldeten Aufschwung zu, bis wir bei einem Hochstand neuerlich auf den Waldrand treffen. Beim Hochstand biegen wir scharf nach links in südlicher Richtung in den Wald hinein ab. Hier gabelt sich der Forstweg mehrmals, wobei wir uns jeweils links halten und schließlich in einem Rechtsschwenk den Hang entlang nach Südwesten wandern. Es folgt ein kurzer Gegenanstieg, und dann haben wir unser Tagesziel erreicht. Vor uns türmen sich nach weiteren rund 30 Min. Gehzeit die bemoosten Felsen der **Jankas-Kirche** auf. Unterhalb bieten Rastbänke und ein Tisch Gelegenheit für eine Pause. Für Wagemutige gibt es die Möglichkeit, nicht ganz leicht und teilweise ausgesetzt auf der Rückseite über mehrere Leitern die Felsabsätze zu erklimmen. In einem Bogen gelangen wir so – jeweils etwas gesichert durch eine Metallbrüstung – zur Spitze der Jankas-Kirche. Hier oben können wir neben dem weiten Ausblick auch einen Schalenstein bewundern.

Von der Jankas-Kirche aus führt uns die Markierung zuerst kurz, aber steil nach links den weiteren Hang empor nach Nordwesten. Dem Pfad, auf den wir bald treffen, folgen wir ebenfalls nach links und wenn wir ein neuerliches Wegzeichen erreicht haben, können wir uns darüber freuen, dass der Rest des Weges weitgehend frei von Anstiegen verlaufen wird. Der Forstweg führt ziemlich gerade in südwestlicher Richtung talwärts durch den Wald, bis er schließlich wieder auf eine asphaltierte Straße trifft. Dieser folgen wir nach links aus dem Wald heraus, wo wir beim Halthäusl auf die Kreuzung mit einer Durchzugsstraße treffen. Wir folgen dieser nach rechts in Richtung Westen und biegen schon bei der ersten Kurve rechts auf einen Feldweg ab. In der Ferne grüßen hier bereits wieder Kirche und Häuser von Windhaag. Vorbei an einem Bildstock, der von zwei Lärchen gesäumt wird, geht es leicht fallend durch die Felder westwärts zurück bis zum Sportplatz. Die restliche kurze Strecke bis zum Ortszentrum legen wir schließlich auf dem schon bekannten Weg zurück (rund 1 Std. Gehzeit ab der Jankas-Kirche).

Kraftplatzerfahrungen

Jankas-Kirche

Wenn man die Jankas-Kirche zum ersten Mal sieht, ist man beeindruckt und kommt aus dem Staunen und Schauen gar nicht mehr heraus. Ein magischer Ort, der zum Rasten einlädt. Am Fuß der Felsformation fällt das kuschelige Moos auf, das in der Sonne so schön strahlt. Wer es mit den Händen berührt, wird selbst berührt, und wer mag, kann mit dem üppigen Moos am Felsen auch eine Runde kuscheln. Die Natur ist beseelt und es gibt viele Möglichkeiten, wie wir mit den Naturkräften Kontakt aufnehmen können.

Eine Rast am Fuß der Jankas-Kirche wirkt stärkend und inspirierend. Wer mutig und trittsicher ist, wagt eine Besteigung der Felsformation, muss dabei aber schön achtsam sein. Es gibt viele Arten, wie es gelingen kann, ganz im Hier und Jetzt zu sein, das Klettern ist wohl eine davon. Oben am Felsen gibt es einen Schalenstein und natürlich eine Sage dazu. Angeblich hat hier einmal ein Jäger auf einen Hasen geschossen, dieser wurde immer größer und größer und sprang schließlich auf die Jankas-Kirche. Als der Jäger nachsehen wollte, war der Hase verschwunden, aber er fand am Felsen einen Schalenstein, in dem der Teufel, den er wohl überrascht hatte, sein Gold hatte liegen lassen. Es handelt sich hier um ein immer wiederkehrendes Motiv, das man oftmals an Kraftplätzen antrifft. Diese meist vorchristlichen Kultplätze wurden sozusagen verteufelt, damit sich die Leute nicht mehr hinzugehen trauten.
Auf alle Fälle ist die Jankas-Kirche heute ein wunderbar friedlicher Ort, der zum Verweilen einlädt, zum Träumen und zum Moosbeobachten. Nichts ist für die Augen und auch für die Seele heilsamer, als ins Grüne zu blicken und die Seele baumeln zu lassen.

Kleine Moosmeditation: Setzen Sie sich bequem auf die Rastbank vor der Jankas-Kirche und schauen sie ohne zu schauen auf die bemoosten Felsen. Wie das geht? Wir haben früher dazu „Narrnkastlschaun" gesagt. Einfach schauen, ohne die Absicht, etwas Bestimmtes zu sehen. Probieren Sie es einfach aus, vielleicht begegnet Ihnen dabei auch der gute Moosmann!?

Der gute Moosmann

Es war einmal … im schönen Mühlviertel. Da gab es nahe Windhaag bei Freistadt eine geheimnisvolle Felsformation, die nannte man die Jankas-Kirche. Mächtig stand er da, dieser Felsenturm, und manch unerschrockener junger Mann kletterte hinauf, um sein Mädl zu beeindrucken oder die schöne Aussicht zu genießen. Das war nicht ungefährlich und man brauchte großen Mut, denn der Fels war nicht so wie heute befestigt und mit Leitern und Geländern ausgestattet, sondern man kletterte direkt am nackten Stein. Damals galt das oft als Mutprobe und so mancher junge Mann stürzte ab, brach sich einen Arm oder ein Bein oder sogar das Genick.

Felsen wie die Jankas-Kirche sind beseelt und schauen von innen nach draußen. Sie spüren die Menschen und ihr Treiben, und da in der Jankas-Kirche ein besonders guter Geist lebte, sorgte er sich immer sehr um die übermütigen Burschen, die sich nicht selten schwer verletzten, wenn sie auf die Felsen hinaufkletterten.

Der mächtige Felsengeist sprach also mit dem Waldgeist, was zu tun sei, um die jungen Burschen künftig vom Klettern abzuhalten. Zuerst beschlossen die beiden, es rund um die Jankas-Kirche spuken zu lassen. Doch so mancher kecke Bursch ließ sich auch vom schlimmsten Spuk nicht abhalten und versuchte erst recht hinaufzuklettern. Ein anderes Mittel musste helfen, die jungen Männer zu schonen, denn diese wurden leider nicht klüger. So kam der Waldgeist auf eine gute Idee. Er rief seinen Freund, den Moosmann, zu Hilfe, der sogleich Freundschaft mit dem Steingeist schloss und seit diesem Zeitpunkt auf den Felswänden der Jankas-Kirche wohnt. Wenn wieder einmal ein Jüngling auf die Idee kam, nach oben zu klettern und dann wie so oft hinunterstürzte, war der Moosmann zur Stelle und fing ihn auf mit seinen starken weichen Moosarmen.

Seit jener Zeit ist die Jankas-Kirche so schön bemoost und so manches freundliche Moosgesicht findet sich darin. Doch heute hat der Moosmann zum Glück nicht mehr so viel zu tun wie früher, weil die Menschen irgendwann so gescheit waren, einen sicheren Steig auf die Jankas-Kirche zu bauen. Doch wer dem Moosmann eine Freude machen möchte, der krault sein grünes Fell am Fuß des Felsens als Dank, dass er den harten Stein so schön grün und weich macht.

5 *Jankusmauer*

Charakter der Wanderung: Eine sehr schöne Rundwanderung in der Einsamkeit des nordöstlichen Mühlviertels. Von Liebenau geht es zunächst zum Koblbergpass, dem höchsten Straßenpass Oberösterreichs. Über Forst- und Güterwege gelangen wir anschließend zum herrlichen Aussichtsfelsen der Jankusmauer oberhalb von Liebenstein. Danach führt uns der Weg durch Felder und auf schattigen Waldwegen in einem weiten Bogen zurück nach Liebenau.

Länge	15,5 km (ca. 4 Std. 30 Min. Gehzeit)
Steigung	250 hm
Markierung	*Sagenweg (Wegnummer 32)*
Weg	Forst- und Feldwege, Asphalt
Anfahrt	Mit dem PKW über die S10 bis Freistadt, von dort weiter über St. Oswald nach Liebenau. Parkmöglichkeit im Ortszentrum oberhalb des Gemeindeamts.
Einkehr	• Gasthaus Frisch (Liebenstein) • Gasthaus „Zum Dorfwirt" Rockenschaub (www.hotel-rockenschaub.at) • Liebenauer Landgasthof (www.landgasthof-doris.at)
Sehenswertes	• Naturschutzgebiet Tannermoor und Rubener Naturmoor-Badeteich • Weihnachtsmuseum Harrachstal (weihnachtsmuseum.jimdo.com)
Information	Tourismusbüro Liebenau, Markt 41, 4252 Liebenau Tel.: +43 (0)7953/8111-12 marktgemeinde@liebenau.at, liebenau.riskommunal.net

Wegbeschreibung

Wir beginnen unsere Runde am Platz unterhalb von Gemeindeamt und Kirche von Liebenau und orientieren uns (wie auch während der gesamten Tour) an der *Beschilderung Sagenweg (Wegnummer 32)*. Auf der Ausfahrtsstraße geht es zunächst leicht ansteigend westwärts aus dem Zentrum hinaus. Schon bald biegen wir jedoch nach links auf einen Güterweg ab, der uns in südliche Richtung durch

Felder zu einem Bauernhaus führt. Hinter diesem geht es weiter auf den Brockenberg mit seinem Sender und – rechts vorbei an einer Baumreihe – auf den Wald zu. Den Waldrand entlang wandern wir nach rechts bis zu einer Landstraße, der wir wenige Meter wiederum nach rechts bis zu einer Kapelle folgen. Neben dieser biegen wir nach links auf einen Feldweg ab. Durch Wiesen geht es hinab in eine Senke und wieder hoch zu einem Anwesen, wo wir jeweils links abbiegend wieder zur Landstraße zurückkehren.

Nun folgen wir der Landstraße nach rechts in südwestliche Richtung. So gelangen wir bald zum **Koblbergpass**, dem mit einem Granitstein markierten und mit 1 044 Metern höchsten Straßenpass in Oberösterreich. Auf der anderen Seite geht es wieder hinab, bis wir bald nach rechts auf einem Forstweg in den Wald abbiegen. Bei zwei Gabelungen halten wir uns jeweils links und folgen so einem Pfad durch lichten Baumbestand nach Südwesten, bis wir zu einer Forststraße gelangen, die uns nach rechts abfallend wieder aus dem Wald herausführt. Auf dem Güterweg, zu dem wir nun kommen, halten wir uns neuerlich rechts und gelangen so – mittlerweile auf einer Forststraße – abwärts durch den Wald zu einem Anwesen. Auf dessen Zufahrtsstraße wandern wir abwärts bis zu einer Kreuzung. Hier biegen wir links ab und

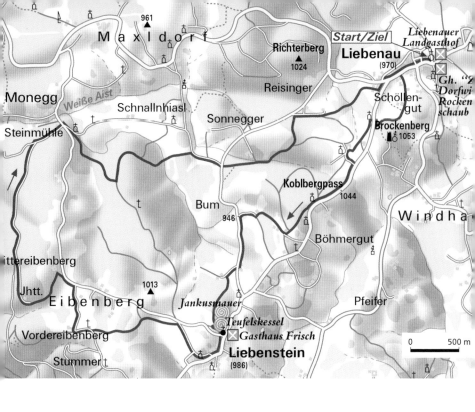

gehen bald südwärts auf den aus einem Wäldchen aufragenden Felsturm der Jankusmauer zu.

Bei ein paar Häusern biegen wir zuerst nach rechts und gleich darauf links ab, um in Richtung Wald hochzuwandern. An einer Forstweg-Gabelung wenden wir uns nach rechts, um anschließend ansteigend in einem Bogen durch den Wald auf die Südseite der Jankusmauer zu gelangen. Hier biegen wir links ab und eine Schotterstraße führt uns neuerlich nach links hinauf zu einem großen Schuppen, vor dem sich links zwischen den Bäumen mit den **Teufelskesseln** ein Schalenstein verbirgt. Wir aber wandern rechts um den Schuppen herum und erreichen so über einen schmalen Waldpfad nach wenigen Metern und rund 1 Std. 30 Min. Gehzeit den Gipfel der **Jankusmauer** (1 017 m) mit ihrem traumhaften Ausblick und einem glänzenden Kreuz auf ihrer höchsten Spitze.

Zurück bei der Abzweigung südlich der Jankusmauer wenden wir uns nun nach links ins Zentrum von Liebenstein. Hier biegen wir auf der Ortsdurchfahrt nach rechts in südliche Richtung ab, passieren die kleine Kirche und folgen der Straße, bis uns die Markierung nach rechts eine Siedlungsstraße hochführt. Hinter den Häusern geht die Straße in einen Feldweg über, der uns bis zu einem Güterweg bringt. Noch kurz vor diesem macht unsere Route einen Knick nach links und wir folgen einem Feldweg einen Feldrain entlang, parallel zum Güterweg nach Westen. Der Pfad bringt uns in wechselnder Abfolge durch kleine Waldstücke und über Wiesen westwärts bis zu einem weiteren Güterweg, den wir – auf ein Anwesen zugehend – überqueren. Beim Anwesen schwenken wir nach Norden und über einen Feldweg steigen wir neuerlich zu einem Güterweg an. Hier geht die Route kurz nach links, um schon beim nächsten Bauernhaus wiederum nach links abzuzweigen. Wenige Meter wandern wir einen Feldweg entlang, dann biegen wir nach links zum Waldrand hin ab und folgen einem Forstweg in den Wald hinein.

Vorbei an einer Jagdhütte geht es nun auf langerer Strecke in leichtem Auf und Ab auf einer Forststraße stetig nach Norden. Dabei tun sich immer wieder schöne Ausblicke über die Tal- und Hügellandschaft auf. Kurz vor der Ortschaft Monegg erreichen wir schließlich wieder eine asphaltierte Straße und nehmen hier die linke von zwei in Richtung Südosten weisenden Güterweggabeln. Schon nach wenigen Metern biegen wir gegenüber von einer Kapelle nach rechts in den Wald ab und folgen dem Forstweg nach Osten durch den Wald. An zahlreichen Gabelungen gibt jeweils die Markierung klar die Richtung vor. Schließlich gelangen wir an den Waldrand und es geht leicht ansteigend hoch bis zu einem Güterweg, dem wir nach rechts durch die Wiesen und Felder bis zu einer Kreuzung folgen. Diese geradeaus überquerend wandern wir auf einem Pfad wieder in den Wald hinein und durch diesen in einem Bogen nach Nordosten. Kurz vor einem weiteren Güterweg schwenken wir nach rechts und gelangen kurz darauf zu einer Forststraße, der wir ostwärts bis zu einem Haus folgen. Hier geht der Weg in einen schmalen Waldpfad über, auf dem wir geradeaus durch ein letztes Waldstück nach Nordosten wandern. Hinter dem Wald sehen wir nun bereits wieder Liebenau und hinter den ersten Häusern biegen wir auf der Straße links ab, um letztlich nach rund 4 Std. 30 Min. Gesamtgehzeit wieder das Ortszentrum zu erreichen.

Kraftplatzerfahrungen

Kraftplatz Jankusmauer

Ein besonders kraftvoller Platz befindet sich in der kleinen Ortschaft Liebenstein. Wie der Name erahnen lässt, finden wir hier einen lieben Stein – beziehungsweise sehr viele davon. Bevor ich die Jankusmauer erreiche, besuche ich die Teufelskesseln, eine Steinformation mit zwei Schalen. Eine ist mit Wasser gefüllt, die andere trocken. Es heißt, die Wasserschale diente dem Teufel zum Geldmachen und in der trockenen hat er das Geld dann gezählt. Auf alle Fälle befindet sich hier ein sehr energiereicher Platz, der mich in seinen Bann zieht. Lange schaue ich in die mit Wasser gefüllte Schale, in der sich der Himmel und die Bäume spiegeln.

Ein paar Schritte weiter geht es schon aufwärts zur Jankusmauer, einer mächtigen Felsburg, die 2013 von den Naturfreunden auch noch mit einem Gipfelkreuz bedacht wurde. Etwas weiter unten finde ich hinter einem der großen Felsen eine schlichte Holzbank. Hier schlage ich mein heutiges Kraftplatzlager auf. Viel habe ich schon gelesen über die Jankusmauer, die auch Jankuskirche genannt wird. Es gibt eine Menge Sagen dazu und natürlich kommt auch wieder der Teufel vor. Der Name *Jank* soll früher im Mühlviertel als Nachname gängig gewesen sein und könnte auf den ehemaligen Grundbesitzer hinweisen. Der Sage nach soll hier einst eine Kirche gestanden haben. In Kriegszeiten flüchteten sich die Bewohner in das Gotteshaus, doch die heidnischen Horden kamen näher und näher. Und so versank die Jankuskirche schließlich samt Mann und Maus im Felsen.

Zu Weihnachten, in der Mettnacht, also von 24. auf den 25. Dezember, soll sich der Felsen regelmäßig wieder öffnen. Man könne dann hineingehen und dort große Schätze erwarten. Doch wehe, wehe, jemand brauchte zu lange oder war nicht achtsam genug, dann schloss sich der Felsen schnell wieder und man war verloren. So erging es einer Frau, die in einer Mettnacht die Gunst der Stunde nutzen wollte und mit ihrem Kindlein die Felsöffnung der Jankusmauer betrat. Unmengen an Reichtümern fand sie hier vor und raffte zusammen, was sie tragen konnte. Nachdem sie die

Schätze nach draußen geschafft hatte, schloss sich das Felsentor. Aber, oh Schreck, oh Graus, das eigene Kind war in der Felsenhöhle geblieben. Jetzt nutzte alles Weinen und Jammern nichts, das Kind blieb verschwunden. Als die Mutter ein Jahr später zum selben Zeitpunkt hierherkam, da öffnete sich der Stein wieder und sie konnte ihr Kind unversehrt in die Arme schließen. Sie fand es, quicklebendig an einem Tisch sitzend und einen Apfel essend. Eine schöne, weiß gekleidete Frau hatte sich um das Kleine gekümmert und es das Jahr über versorgt.

Diese Sage ist ein Hinweis auf die Saligen Frauen, die drei keltischen Göttinnen Ambeth, Wilbeth und Borbeth, auch *die drei Bethen* genannt. Wilbeth ist die Weiße unter den Dreien und taucht wohl auch hier in dieser Sage auf. Eine schöne Verbindung dazu stellen für mich die vielen jungen und alten Birken mit ihren weißen Stämmen dar, die hier auf der Jankusmauer Fuß gefasst haben und eine Gemeinschaft mit den uralten Steinen eingegangen sind. Diese früh blühenden Bäume stehen für Neubeginn und Reinigung. Die Birke ist licht und hell und symbolisiert Liebe, Fruchtbarkeit und Heilung. Früher berührten die Leute mit jungen Birkenzweigen alles, was fruchtbar werden sollte. Man nannte das *Quicken* und die Birkenzweige dienten als Lebensruten. Im Wort erquicken finden wir auch heute noch diese alte Bedeutung.

Natürlich war auch der Teufel immer wieder auf der Jankusmauer zugegen. Seit dem Untergang der Kirche hatte er hier seinen Sitz und trieb sein Unwesen. Einmal brachte er einen Sack voll Gold in ein Bauernhaus, um diesen später wieder abzuholen. Eines der Bauernkinder hatte sich gerade in den Finger geschnitten. Mit dem Blut des Kindes schrieben die Eltern J. H. S. (Jesus, Heiland, Seligmacher) auf den Sack. Als der Teufel das Gold holen wollte, da war ihm der Sack auf einmal zu schwer und er musste diesen den Bauern überlassen.

Auf meiner heutigen Kraftplatzstation fühle ich die starke Energie der alten Steine und die feine lichte Energie der Bäume. Vor allem die Birken ziehen mich magisch an und ich verweile lange vor einem Doppelstamm, der in V-Form aus dem Stein wächst. Es ist für mich immer wieder ein Wunder, wie die Bäume hier so gut gedeihen können. Ist es vielleicht die besondere Qualität des Ortes? Oder ist es einfach die natürliche Gegebenheit, mit dem auszukommen, was die Natur zu bieten hat? Eine schöne Anregung für mich, nach innen zu schauen und mir zu überlegen, wo in meinem Leben es diese große Kraft schon gab, wo ich habe Fuß fassen können, obwohl es schwierig war, und wobei ich diese Qualität heute noch gut gebrauchen kann.

Wie der Baum auf den Felsen fand

Es war einmal … vor langer, langer Zeit, da wuchs eine riesige und mächtige Felsenburg aus der Landschaft heraus. Aber kein Baum, kein Strauch, ja nicht einmal ein Grashalm gedieh darauf. Nackt lagen die Steintürme da und sehnten sich nach etwas Lebendigem. Eines schönen Tages flog ein kleines Vögelchen auf einen der Felsblöcke und bat, sich etwas ausruhen zu dürfen.

„Mächtiger Felsen, darf ich auf dir rasten?", fragte das Vögelchen höflich. „Ja sehr gerne, komm nur zu mir und ruhe dich aus. In einer meiner Mulden findest du Wasser, damit kannst du dich erfrischen und auch davon trinken!"

Das Vögelchen freute sich über die Gastfreundschaft des mächtigen Felsens und fühlte sich sehr wohl auf dem steinernen Riesen.

Das gefiederte Kerlchen erzählte dem Felsen von seinem Wohnort, einem großen Waldbaum, auf dem es vor Tieren nur so wimmelte. Der Felsen dachte sehnsüchtig an den Baum und die vielen Tiere. Etwas Gesellschaft würde ihm guttun, er war schon so lange alleine, dass er die Einsamkeit schön langsam satt hatte. Das Vögelchen spürte die Gefühle und dachte nach, wie es seinem neuen Freund helfen konnte.

„Weißt du was", sagte es, „ich habe eine Idee! Wenn ich dich das nächste Mal besuchen komme, dann nehme ich dir ein paar Baumsamen mit, die verstreue ich dann auf deiner Oberfläche, und wer weiß, vielleicht wächst ja bald ein Wald auf dir?!"

Das Vögelchen war guter Dinge und zwitscherte fröhlich vor sich hin. Der Felsen konnte nicht glauben, was er soeben vernommen hatte, ein Wald sollte auf ihm wachsen, diese Vorstellung gefiel ihm sehr, sehr gut. Doch wie sollte das nur funktionieren? Der Vogel wusste das natürlich auch nicht und als er einige Tage später mit den Baumsamen im Schnabel wieder geflogen kam, da war der Felsen traurig, denn er konnte sich nicht und nicht vorstellen, dass auf ihm auch nur ein einziger Grashalm wachsen würde.

Das Vögelchen munterte den Felsen auf: „Wir versuchen es einfach, vielleicht klappt es ja doch!" Und so verstreute es die Samen über den großen steinernen Freund und zwitscherte ihm noch ein lustiges Liedchen, das ihn von seiner Schwermut abbringen sollte.

Als der Vogelfreund das nächste Mal zu ihm kam, da fragte der Stein ganz gespannt: „Und, siehst du schon etwas wachsen auf mir?"

Der Vogel musste verneinen, es war noch nichts zu sehen. Die Tage und Wochen vergingen, doch das Vögelchen gab nicht auf, immer wieder brachte es neue Baumsamen und hoffte für seinen steinernen Freund, dass bald ein kleines Bäumchen auf ihm wachsen würde.

Eines schönen Tages, der Felsen hatte die Hoffnung längst aufgegeben, da zwitscherte der Vogel ganz aufgeregt: „Es grünt auf dir! Es grünt auf dir!"

Und wirklich, ein kleines grünes Pflänzchen hatte es geschafft, auf dem Felsen Fuß zu fassen. Die Freude des Steins war riesengroß. Was würde es wohl werden, eine Blume, ein Grashalm oder doch vielleicht ein richtiger Baum?

Der Vogelfreund berichtete laufend über die Fortschritte der Pflanze und der Felsen spürte, wie das frische Grün ihn belebte. Das Vögelchen brachte Walderde in seinem Schnäbelchen mit, um das Wachstum des grünen neuen Freundes zu unterstützen. Und das Pflänzchen dankte es mit einem guten Wuchs.

Ja es war ein kleines Wunder, dass dieses kleine Birkenbäumchen auf dem riesigen Felsen wachsen konnte. Das Bäumchen wurde immer stärker und schöner und wenn die Sonne schien, strahlte der schöne weiße Stamm in ihrem Licht.

Der große Graue war nicht mehr alleine. Das Birkenbäumchen wuchs heran und über die Jahre kamen noch viele weitere Baumfreunde, Gräser, Büsche und Tiere dazu.

6   *Kaltenberg und Kammererberg*

- **Charakter der Wanderung:** Eine mittelmäßig anstrengende Rundwanderung vom bekannten Marienwallfahrtsort Kaltenberg aus nach Norden über Feldwege, Forst- und Güterstraßen zur idyllisch gelegenen Kapelle auf dem Kammererberg. Von hier bietet sich ein weiter Rundblick über das sanft abfallende Mühlviertler Hochland hinweg nach Süden bis zu den Alpengipfeln. Über den Weiler Silberberg und auf einsamen Waldstrecken geht es schließlich auf einem Abschnitt des Johanneswegs wieder zurück nach Kaltenberg.

Länge	13,5 km (ca. 3 Std. 30 Min.– 4 Std. Gehzeit)
Steigung	290 hm
Markierungen	*Tour de Alm (roter Pfeil); Johannesweg (weiße Lilie)*
Weg	Feld- und Forstwege, Asphalt, Wanderwege
Anfahrt	Mit dem PKW über die A7 bis Pregarten, weiter über Bad Zell und Unterweißenbach nach Kaltenberg. Parkmöglichkeit auf dem öffentlichen Parkplatz gegenüber dem Gästehaus Neubauer.
Einkehr	• Gästehaus Neubauer (www.gaestehaus-neubauer.at) • GH Kaltenbergerhof (www.kaltenbergerhof.at) • Jausenstation Langoth (www.langoth.com)
Sehenswertes	• Wallfahrtskirche Kaltenberg • Jagdmärchenpark Hirschalm (www.jagdmaerchenpark.at)
Information	Gemeindeamt, Kaltenberg 2, 4273 Kaltenberg Tel.: +43 (0)7956/7305 gemeinde@kaltenberg.ooe.gv.at, www.kaltenberg.at

Wegbeschreibung

Vom Parkplatz beim Gästehaus Neubauer aus wenden wir uns entlang der Straße nach Nordwesten und erreichen schon nach wenigen Metern über einen asphaltierten Weg die links oberhalb der Straße befindliche **Ursprungkapelle**. Danach geht es auf einem schmalen Pfad parallel zur Straße weiter nach Nordwesten bis zum

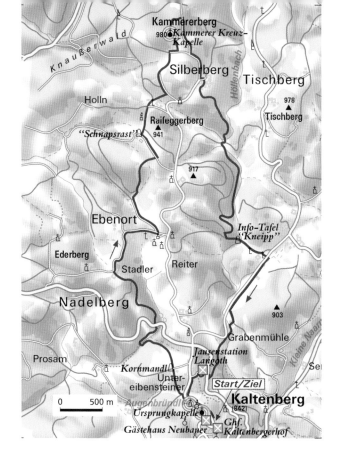

in Granit gefassten **Augenbründl**. Hier liegt auch eine Station des Johanneswegs, der von Pierbach aus in drei bis vier Tagesetappen in einer Runde durch das Untere Mühlviertel führt.

Weiter die Straße entlang gelangen wir in einer Kurve zum Fußballplatz von Kaltenberg. Hier sehen wir auch die *rote Pfeilmarkierung Tour de Alm*, die uns im ersten Teil der Strecke den Weg weisen wird. Wir folgen ihr entlang der linken Seite des Sportplatzes und wenden uns hinter dessen nordwestlicher Ecke über den Feldweg weiter nordwärts in Richtung des Bauernhauses Untereibensteiner. Rechts hinter diesem treffen wir auf einen Granitfindling neben dem Güterweg – ein steinernes **Kornmandel**, um das sich eine Sage rankt, die auf einem am Findling angebrachten Schild erzählt wird. Weiter geht es nun auf einem Feldweg in einem Bogen auf den Wald zu. Hier folgen wir dem Pfad – uns zwei Mal rechts haltend – in westlicher Richtung abwärts bis zu einem Bach. Diesen überqueren wir auf einer kleinen Holzbrücke und wenden uns dann auf dem dahinter befindlichen Forstweg entlang eines Wildzauns nach rechts. Bald erreichen wir ein paar Holzbauten. Der dahinterliegenden Zufahrtsstraße folgen wir östlich bis zur Landstraße, bei der wir uns nach links wenden.

Wenige Meter weiter folgen wir einer Forststraße nach rechts nördlich in den Wald. Die *rote Pfeilmarkierung Tour de Alm* begleitet uns nun leicht bergan. Kurz vor einem Steilaufschwung windet sich die Forststraße nach rechts in einem Bogen auf dessen nördliche Seite. Der Pfad führt uns weiter entlang eines Feldrains zum Stadler-Hof und zu einer asphaltierten Straße, der wir nach rechts in nördlicher Richtung zum Weiler Ebenort folgen. In Ebenort führt die Straße in einer Kurve nach Osten. Bei der ersten Abzweigung hinter den Häusern wenden wir uns nach links hinunter in einen Talgrund. Unten angelangt schwenkt der dort beginnende Forstweg nach rechts zwischen zwei Waldstücken ansteigend nach Norden und bringt uns vorbei an einem Fischteich bis zum Waldrand. Hier leitet uns der Weg nordöstlich durch die Felder bis zu einem asphaltierten Güterweg, dem wir nach links in Richtung Nordwesten folgen.

Kurz vor einem Bauerngut mit Schnapsrast zweigt ein Feldweg nach Norden ab. Ab hier orientieren wir uns für den Rest unserer Runde an der Beschilderung des von Westen heranführenden *Johanneswegs* anstelle der *Tour-de-Alm*-Schilder. Wir folgen dem Feldweg entlang eines Waldrandes, überqueren eine Zufahrtsstraße bei einem Wegkreuz und wandern zwischen den Feldern entlang eines Feldrains zu einem weiteren Güterweg hoch. Hier wenden wir uns nach links und vorbei an einem Bauernhaus geht es in einem leichten Bogen nordwärts ansteigend hoch zum Kammerer-Hof. Unser Tagesziel – die Kammerer Kreuz-Kapelle oben am Waldrand – haben wir von hier bereits gut im Blick.

Rechts vom Kammerer-Hof steigen wir die letzten Höhenmeter durch die Felder hinauf zum Gipfel des **Kammererbergs** (980 m). Hier genießen wir nach rund 2 Std. Gehzeit von den unter den Bäumen gelegenen Rastbänken aus die Fernsicht nach Süden. Auch

dies ist eine Station des Johanneswegs. Die Idylle perfekt macht jedoch vor allem die im typischen Mühlviertler Steinbloß-Stil gehaltene **Kammerer Kreuz-Kapelle**.

Nach einer ausgiebigen Rast folgen wir dem deutlich abfallenden Pfad zuerst kurz weiter nach Norden in den Wald hinein. Bald führt er uns jedoch – mehrfach rechts abzweigend – in einem Bogen zurück nach Süden bis zum Güterweg *Kammerer*. Hier marschieren wir nach links auf die bereits sichtbaren Häuser des Weilers Silberberg zu. Wir biegen in den Ortskern ab, um gleich darauf nach rechts in südlicher Richtung über einen abfallenden Feldweg Silberberg wieder hinter uns zu lassen.

Der Feldweg führt nach einer Gabelung, bei der wir uns rechts halten, talwärts in südöstlicher Richtung auf den nahen Wald zu. Der Markierung folgend steigen wir durch den Wald tiefer, bis wir auf ein einsames Wiesental treffen, das von einem Bächlein durchflossen wird. Wir überqueren dieses auf einer Brücke aus großen Steinblöcken und gelangen so auf der anderen Talseite wieder zum Waldrand. Hier folgen wir dem Forstweg nach links in Richtung Süden. Nach einer Kurve führt uns der Pfad auf einer Holzbrücke neuerlich über einen Bach, bevor wir nach mehrmaligem Auf und Ab sowie Abbiegen schließlich wieder auf das bereits zuvor durchquerte Tal treffen. Hier erwartet uns nach neuerlicher Bachquerung eine Info-Tafel zum Wassertreten nach Pfarrer Kneipp. Außerdem lädt eine Bank zur Rast ein.

Nun folgt ein kurzer Gegenanstieg über eine Wiese, bevor uns der Feldweg zu einem Bauernhaus (im Sommer Trinkwasserstelle für Wanderer) und weiter zu einer Straße leitet. Wir folgen dieser nach rechts über eine lange Gerade nach Südwesten, bevor wir unmittelbar vor einer Brücke links zur Grabenmühle abzweigen. Zwei Mal uns rechts haltend folgen wir einem ansteigenden Forstweg unterhalb der Straße, zu der uns der Pfad nach ein paar Kurven letztlich wieder hinaufführt.

Wir überqueren die Straße und steigen einen steilen Güterweg hoch, bis wir vor der **Jausenstation Langoth** nach links um die Gebäude herum durch die Felder auf eine Siedlung zugehen. Durch die Siedlung wandern wir bis zur Straße nach Kaltenberg, die uns nach links in wenigen Minuten nach in Summe rund 3 Std. 30 Min. bis 4 Std. Gehzeit vorbei an Augenbründl und Ursprungkapelle zurück zu unserem Ausgangspunkt führt.

Kraftplatzerfahrungen

Kaltenberg – ein heiliger Berg

Kaltenberg ist für mich ein heiliger Ort. Nicht umsonst handelt es sich hier wohl um den zweitwichtigsten Marienwallfahrtsort im Mühlviertel. Der Ort ist klein und überschaubar und liegt auf einer Seehöhe von über 800 Metern. Die wichtigsten Heiligtümer sind die Ursprungkapelle unter einer Linde, das Augenbründl und die Wallfahrtskirche selbst.

Ab dem Jahr 1658 ist hier die Verehrung einer Marienstatue bekannt, die sich damals noch in einer Holzkapelle (heutiger Standort der Ursprungkapelle) befand. Der Sage nach wollte man das Marienstandbild vor dem Einfluss der Witterung schützen und trug es in die Kirche nach Unterweißenbach. Doch es fand immer wieder auf den heiligen Kaltenberg zurück, wo es schließlich auch bleiben durfte. Von 1780 bis 1803 wurde die Wallfahrtskirche erbaut, die durch Spenden der zahlreichen Pilger finanziert wurde. Das Original des Marienbildnisses befindet sich heute in der Wallfahrtskirche, in der Ursprungkapelle gibt es eine Nachbildung davon.

Hinter dem Namen Kaltenberg verbirgt sich der Name des heiligen Berges der Urmutter oder Rindergöttin. *Cal* beziehungsweise *Kal* ist keltisch und bedeutet Kuh oder Rind. So steht auch Kaltenberg mit der fruchtbaren Urmuttergöttin in Verbindung sowie mit dem Kult der drei Bethen, der viel älter ist als das Christentum, das heilige Orte wie diesen im Lauf der Zeit gerne übernahm. So erbte die Gottesmutter Maria von vorchristlichen Göttinnen nicht nur

Eigenschaften und Pflichten, sondern auch heilige Orte, an denen sie bis heute verehrt wird.

Für mich steht immer die Qualität des Ortes im Vordergrund und dass ganz Kaltenberg ein Kraftort ist, steht für mich außer Zweifel. Ich kam in den Genuss, auf diesem heiligen Berg zu übernachten, und durfte mich fühlen wie im Himmel. Als Mimosenschläferin ist mir in den ersten Nächten an einem fremden Ort meist nicht sehr viel Schlaf vergönnt, hier in Kaltenberg war es eine wahrhaft himmlische Nacht, die mir Erholung und inneren Frieden schenkte. Früher gab es die Heilschlaftempel in Griechenland. Die Leute kamen in die Tempel, um sich gesund zu schlafen. Ich glaube auch, dass die Schlafqualität sehr stark davon abhängt, wie heilig (heilsam) ein Ort ist, und hier in Kaltenberg fühlt man sich dem Himmel schon sehr nahe.

Ursprungkapelle und Augenbründl

Die überlieferte Ursprungsage berichtet von der Marienerscheinung eines Hirtenjungen im Jahr 1658 an dem Platz, an dem heute die Ursprungkapelle steht. Die Verehrung dieses heiligen Ortes dürfte jedoch schon viel, viel älter und auf die drei Bethen zurückzuführen sein. Diese drei, Ambeth, Wilbeth und Borbeth, haben keltische Wurzeln und stehen in engem Zusammenhang mit einer ursprünglichen Muttergottheit, die viele Namen trägt. Man könnte die Bethen auch als Teile der Urmuttersymbolik bezeichnen. Die Bethen galten als gütige Frauen, die durch das Land zogen, Gaben verschenkten und gute Ratschläge erteilten. Sie sind auch als *Salige Frauen* sowie als Kinder- oder Schicksalsfrauen bekannt. Das Wort *salig* ist keltischen Ursprungs und bedeutet heil oder heilig. Der alte Bethen-Kultplatz soll sich bei der Ursprungkapelle befunden haben, wo auch eine Linde als heiliger Baum verehrt wurde. Diese alte Linde wurde 1963 durch einen Sturm zerstört. Aus ihrem Wurzelstock entstand jedoch ein neuer Lindenbaum, der diesen heiligen Ort heute wieder beschützt und bereits eine stattliche Größe erreicht hat.

Die Ursprungkapelle mit der Linde ist ein Ort, an dem man gern verweilt, um Kraft zu tanken und zur Ruhe zu kommen. Ganz in der Nähe befindet sich das Augenbründl, das über einen kleinen

Pfad von der Ursprungkapelle aus gut erreichbar ist. Das Bründl liegt gleich neben der Straße und lädt dazu ein, Wasser zu trinken und vielleicht auch welches mit nach Hause zu nehmen.

Auch in der Wallfahrtskirche selbst lässt sich gut rasten, hier auf einer Kirchenbank zu sitzen tut einfach gut. Als kleines Andenken kann man sich gegen eine freiwillige Spende Weihwasser mit nach Hause nehmen. Weiters erwähnenswert ist der Kreuzweg, der von Unterweißenbach nach Kaltenberg führt, auch hier befinden sich Kraftplätze, die nur darauf warten, von Pilgern, Wanderern und Suchenden entdeckt und genossen zu werden.

Die drei Bethen am heiligen Berg

Es war einmal … im schönen Mühlviertel in einem kleinen Ort auf einem Berg, da kamen eines Tages drei Frauen daher, die niemand kannte. Sie sahen freundlich aus und klopften an die Türen der Häuser. Die Leute glaubten, dass die fremden Frauen etwas von ihnen haben wollten, und machten nicht auf. Doch es waren die drei Bethen, die Saligen Frauen, die durch die Lande zogen und den Menschen nur Gutes tun wollten.

In einem kleinen, verfallenen Häuschen wurden die drei Bethen schließlich eingelassen. Ein armes, krankes Mütterchen lebte hier so recht und schlecht und sehen konnte die Alte auch kaum mehr. Doch hatte sie ein gutes Herz und Gespür und wusste, wann es Zeit war, jemandem die Tür zu öffnen. Die drei Bethen gingen rasch ans Werk und heilten die alte Frau noch am selben Tag von ihren Leiden. Als Dank verköstigte die Alte die heiligen Frauen und bot ihnen ein bescheidenes Nachtlager an.

Die Wundertätigkeit der heiligen Frauen wirkte sich schließlich auf die ganze Umgebung aus. Ab diesem Zeitpunkt wurde es immer friedlicher an jenem Ort und die Heilung der Alten blieb niemandem verborgen. Denn die drei Bethen hatten dafür gesorgt, dass die Augen der guten Frau bis zu ihrem Lebensende gesund blieben, und dazu einer nahen Quelle heilsame Worte zugeflüstert. So kamen bald viele Menschen von nah und fern, um sich an dem heiligen Wasser zu laben und ihre Leiden zu kurieren.

Kammererkreuz

Am 980 Meter hohen Kammererberg steht eine malerische Kapelle, die in Steinbloßart erbaut ist und rund 70 Besuchern Platz bietet. Die Wallfahrtskapelle wurde an der Stelle eines ehemaligen Bildbaumes mit der Darstellung der Heiligen Dreifaltigkeit erbaut, nachdem ein Blitz in den Baum eingeschlagen hatte. Auf wundersame Weise blieb das heilige Bild damals unbeschädigt. Ein Rast- und Ruheplatz, der zum längeren Verweilen und Krafttanken einlädt und einen wunderbaren Fernblick bis zu den Alpen bietet.

7 *Klammleitenbachtal und Hansenberg*

● **Charakter der Wanderung:** Eine Rundtour, bei der wir im ur-
○ sprünglichen Klammleitenbachtal neben Felsformationen mit et-
○ was Glück auch auf den selten gewordenen Feuersalamander treffen.
Entlang der rötlich schimmernden Wasser des Bachlaufs gelangen
wir, vorbei am mächtig aufragenden Kanzlstein, zur Reindlmühle.
Hier verlassen wir das Tal und steigen durch Kultur- und Waldlandschaft hoch bis zum herrlichen Aussichtsgipfel Hansenberg,
bevor wir talwärts zurück nach Königswiesen wandern.

Länge	10,5 km (ca. 3 Std. Gehzeit)
Steigung	310 hm
Markierungen	*Klammleiten-Rundweg (Wegnummerr 07);*
	Kleine Gipfelkreuzrunde (Wegnummer 20);
	Gipfelkreuz-Rundweg/Hirschalmweg
	(Wegnummern 01/02) in umgekehrter Gehrichtung
Weg	Forst- und Wanderwege, Asphalt
Anfahrt	Mit dem PKW über Pregarten, Perg oder Grein nach
	Königswiesen. Parkmöglichkeit nahe der Kirche im
	Ortszentrum.
Einkehr	Zum Kirchenwirt, Wirtshaus Aglas (www.alm1.at),
	Gasthof Karlinger (www.gasthof-karlinger.at)
Sehenswertes	• Spätgotische Pfarrkirche Maria Himmelfahrt
	mit prächtigem Schlingrippengewölbe
	• Burgruine Ruttenstein (www.ruttenstein.at)
Information	Marktgemeindeamt, Markt 2, 4280 Königswiesen
	Tel.: +43 (0)7955/6255
	marktgemeinde@koenigswiesen.ooe.gv.at
	www.koenigswiesen.at

Wegbeschreibung

Von der **Pfarrkirche Maria Himmelfahrt** mit ihrem sehenswerten
spätgotischen Schlingrippengewölbe aus wenden wir uns am oberen Ende des Marktplatzes auf der Ausfahrtsstraße in nordöstliche

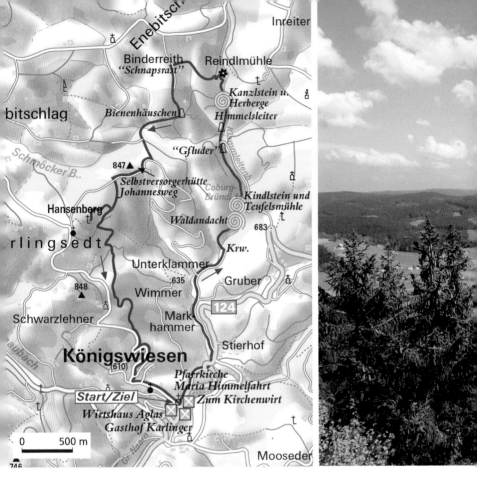

Richtung. Während des ersten Teils unserer Runde folgen wir dabei der *Markierung Klammleiten-Rundweg (Wegnummer 07).* Zwei Mal – über eine Nebenstraße und einen Wiesenhang – schneiden wir die kurvige Ausfahrtsstraße ab, bevor es in der Talsenke über den Klammleitenbach geht und wir die Hauptstraße endgültig nach links über einen Güterweg verlassen. Dieser bringt uns entlang des Bachlaufs nach Norden, bis wir nach einer Weggabelung, an der wir uns rechts halten, schließlich bei einem Kleinkraftwerk das Ende der Straße erreicht haben.

Über eine Fußgängerbrücke wechseln wir auf die linke Bachseite, wo uns ein Wanderpfad in Serpentinen in den Wald emporführt.

70

Blick vom Hansenberg auf Königswiesen

Auf einem Höhenweg oberhalb des Bachlaufs geht es nun talaufwärts. Schließlich erreichen wir eine Weggabelung, an der uns ein Hinweisschild zum wenige Meter links den Hang hoch gelegenen Felsturm der **Waldandacht** lotst. Danach geht es ein kurzes Stück weiter das Tal entlang zur Felsformation des **Kindlstein** und zur **Teufelsmühle**. Dahinter steigt der Pfad weiter talaufwärts an und wir erreichen bald das **Coburg-Bründl**, dessen klarer Strahl sich in einen bemoosten Granittrog ergießt.

Immer weiter wandern wir durch das einsame Tal höher, bis wir kurz vor einer weiteren Weggabelung auf die hölzernen Nachbauten des **Gfluder** treffen, mit denen an die hier früher durchgeführten

Holzschwemmen erinnert werden soll. Bei der Gabelung steigen wir dann kurz nach links hoch zu einem Forstweg, um gleich wieder rechts dem Bachtal auf dessen linker Seite zu folgen. Dazu passieren wir eine kleine Brücke geradeaus nach Norden und gelangen so zu einem besonders idyllischen Bachabschnitt, wo die rötlichen Wasser des Klammleitenbachs über mehrere Kaskaden talwärts sprudeln. Wir steigen über die Felstreppe der **Himmelsleiter** empor und gelangen so nach rund 1 Std. 15 Min. Gehzeit zum **Kanzlstein** – einem hohen Felsturm über dem Bachlauf, der über eine Metallleiter erklommen werden kann. Gleich dahinter bieten bei der **Herberge**, einem überhängenden Felsen, Bänke willkommenen Platz für eine Rast.

Hinter dem Kanzlstein ist es nicht mehr weit bis zur restaurierten **Reindlmühle** mit ihrem von glitzerndem Wasser bewegten Mühlrad, wo wir den *Klammleiten-Rundweg* verlassen. Noch vor der Mühle führt eine Forststraße nach links den Hang hoch und wir folgen dieser in Kehren bis zum Waldrand, wo der Weg in einem Linksbogen durch die Felder auf das Bauernhaus Bindreiter mit seiner Schnapsrast zuläuft. Hier biegen wir der Markierung folgend nach links in südliche Richtung ab und folgen der Forststraße entlang *rotweißroter Markierungen* geradeaus in den Wald hinein, bis wir bei der zweiten Forststraßengabelung an einer Lichtung ein Bienenhäuschen und die Ruinen eines verfallenen Gebäudes erreichen. Ab hier halten wir uns für ein kurzes Wegstück an die Pfeile einer *Reitwegmarkierung auf Holzpflöcken*, die uns an der besagten Gabelung nach rechts führen.

In sanften Kurven wandern wir – eine weitere Forststraße überquerend – westwärts bis zu einer Wiese. Über einen Bach hinweg halten wir uns bei einer nachfolgenden Gabelung den schmalen Pfad entlang nach links und überqueren in einer kleinen Furt neuerlich einen Bach. Immer noch der *Reitwegmarkierung* nach geht es nun im Wald hoch, bis wir schließlich bei einer weiteren großen Forststraßenkreuzung wieder auf gelbe Hinweisschilder treffen. Ab nun halten wir uns an die *Markierung Kleine Gipfelkreuzrunde (Wegnummer 20)*, die uns nach links entlang des Waldrands hoch zu einem asphaltierten Güterweg bringt. Auf diesem geht es nach rechts weiter den Hang empor, wo bald die Selbstversorgerhütte des Johanneswegs mit Rastbänken und der Möglichkeit zum Kauf von Getränken, Kaffee und kleinen Snacks wartet.

Hinter der Hütte folgen wir dem Güterweg noch ein Stück weiter nach Westen in eine Senke, wo uns die *Markierung zum Gipfelkreuz* am Waldrand nach links in den Wald hoch leitet. In einem Bogen geht es durch den Wald, bis wir erneut auf einen Wegweiser mit insgesamt vier Wegangaben treffen, der uns nach rechts weiter den Hang hinauf auf ein paar Felstürme zuführt. Diesen Wegweiser sollten wir uns einprägen, da wir später hierher zurückkehren werden, um den Abstieg ins Tal in Angriff zu nehmen. Vorerst steigen wir aber den Hang hoch bis zu einer kleinen Senke und erklimmen dann entlang der Markierungen die letzten steileren Höhenmeter bis zum Gipfel des **Hansenbergs** (920 m). Oben erwarten uns nach rund 2 Std. 15 Min. Gehzeit neben dem Gipfelkreuz eine schöne Aussicht auf Königswiesen, mehrere Bänke und eine Station des hier verlaufenden Johanneswegs.

Sobald wir uns von diesem Plätzchen losreißen können, kehren wir auf dem Anstiegsweg bis zum zuvor erwähnten Wegweiser mit den vier Wegangaben zurück. Hier halten wir uns nun nach rechts und folgen dem Forstweg talwärts, ab sofort immer entlang der *rotweißroten* bzw. stellenweise *rotweißblauen Markierungen*. Zusätzlich können wir uns auch (allerdings immer in umgekehrter Pfeilrichtung) an den *gelben Markierungen der Wanderwege 01* und *02* orientieren. So steigen wir in etlichen Serpentinen, dabei hin und wieder auch andere Forstwege querend, durch den Wald hinunter. Einmal geht es am unteren Rand einer Wiese entlang, dann einen kurzen Gegenhang empor und schließlich macht der Weg bei einer weiteren Wiese einen scharfen Knick nach links zurück in den Wald. Letztlich erreichen wir eine breite Forststraße, auf der wir nach rechts in südlicher Richtung aus dem Wald heraus wieder zu einer asphaltierten Straße gelangen. Diese Straße ist es auch, die uns talwärts durch bebautes Gebiet zur Kirche und damit zu unserem Ausgangspunkt zurückführt, den wir schließlich nach rund 3 Std. Gesamtgehzeit erreichen.

Kraftplatzerfahrungen

Klammleitenbachtal

Besonders kraftvoll erleben wir beim Wandern die natürliche Wildheit des Klammleitenbachtals. Im unteren Teil des Tals versteckt sich der Wildbach immer wieder unter der Erde, um sich im oberen Teil voller Kraft und Getöse von seiner stärksten Seite zu zeigen. Ein Naturschauspiel sondergleichen, das schon beim bloßen Anblick guttut.

Zunächst begrüßt uns die Waldandacht, auch Einsiedlermauer genannt. Hier können wir innehalten und uns auf einer Rastbank andächtig auf die Kraftplatzwanderung einstimmen. Natürlich gibt es auch wieder Sagen und Legenden zu den kraftvollen Plätzen hier. Ebenfalls im unteren Teil des Klammleitenbachtals liegt die Teufelsmühle. Es heißt, dass hier eine besonders geizige Müllerin gelebt haben soll. Die reiche Witwe war für ihre Hartherzigkeit bekannt. Immer wenn Bettler kamen, gab sie das Brot, das sie den armen Leuten vorenthielt, in eine Truhe. Und als die Truhe voll war, warf sie das Brot einem Schwein zum Fraß vor. Augenblicklich wurde die hartherzige Müllerin selbst in ein schwarzes Schwein verwandelt und von den eigenen Dienstboten aus dem Haus gejagt. Gleichzeitig zogen schwere Gewitter auf und verwüsteten die Gegend. So soll laut jener Sage das Klammleitenbachtal entstanden sein. Die Mühle versank und da, wo sie stand, sieht man heute große Felsformationen aufragen. Das Rauschen des unterirdischen Wassers hört man beim Kindlstein, der sich gleich neben der Teufelsmühle befindet, besonders gut, man könnte meinen, man vernehme das Rauschen einer Mühle. Und so kam die Teufelsmühle zu ihrem Namen, weil viele glaubten, dass der Teufel in der versunkenen Mühle weitermahlt. Und das schwarze Schwein soll auch heute noch durch das Tal geistern.

Die nächste besonders kraftvolle Stelle am Weg ist das Coburg-Bründl. Das klare Wasser plätschert lustig vor sich hin und lädt zum Trinken ein. Das kühle Nass schmeckt herrlich und begleitet mich auf meinem weiteren Weg, da ich stets leere Wasserflaschen mit mir führe, wenn ich weiß, dass wir einer guten Quelle am

Weg begegnen. Wie üblich hinterlasse ich als Dank meine kleinen Mitbringsel. Heute sind es getrocknete Rosen aus meinem Garten, die sogar noch ein wenig duften.

Wir kommen zum Gfluder, einer nachgebauten Holzschwemme. Über die Himmelsleiter – eine seltsam verwunschen scheinende Steinstiege – geht es weiter. Die Stufen sind sehr steil und an der Felswand befindet sich ein Drahtseil zum Anhalten. Wer diese Stiege wohl erbaut hat?

Bald darauf erreichen wir den Kanzlstein, zu dem es wieder eine mir nicht unbekannte Sage gibt. Der hohe Felsturm befindet sich ungefähr in der Mitte des Tals und kann mit Hilfe einer eisernen Leiter leicht bestiegen werden. Einst trafen hier zwei Burschen ein weißhaariges altes Mütterchen, das um Erlösung bat. Die zwei jungen Männer wollten helfen und versprachen am nächsten Tag wiederzukommen. Sie sollten der Frau, die sich in eine Schlange verwandelt hatte, einen glühenden Schlüssel aus dem Maul nehmen. Die Weißhaarige beschrieb am Vortag alles ganz genau, auch dass ein schweres Gewitter aufkommen würde und sie sich nicht fürchten sollten. Doch als dann alles so geschah, wie gesagt, da packte die Burschen doch die Angst und sie liefen davon, ohne die Frau auf dem Kanzlstein erlöst zu haben. So muss sie warten, bis ein Bäumchen herangewachsen ist zu einem mächtigen Baum, aus dessen Brettern eine Wiege gezimmert werden kann. Erst das Kind, das in dieser Wiege liegt, soll die Frau erlösen können. Dieses Sagenformat kommt in verschiedenen Gegenden immer wieder vor. Stets handeln diese Sagen von der nicht geglückten Erlösung einer mystischen Frauengestalt auf einer exponierten Stelle. Auch ich klettere auf den Kanzlstein und bin begeistert von dem Ausblick dieses lichten Ortes. Ich werde nachdenklich. Warum nur tauchen diese Sagen an verschiedenen Orten mit ungefähr derselben Handlung auf? Und immer sind es Frauen. Meist sitzen sie auf hohen Felsen oder auf Burgen und warten weiß Gott wie lange auf ihre Erlösung. Was hat es nur auf sich mit diesen alten Geschichten, warum treten sie so häufig auf? Wir wissen es nicht. Dieser Ort hier ist für mich aber keinesfalls gruselig, ganz im Gegenteil! Ich genieße den Platz und verweile so lange, bis ich eine Idee für ein Märchen habe, das ich dann auf einer gemütlichen Rastbank bei der nahen Herberge zu Papier bringe. Auch hier lässt es sich gut aushalten. Eine schöne Gelegenheit für eine märchenhafte Rast. Die Herberge ist eine Steinformation mit einem Felsvorsprung, der auch bei Regen für einen guten Unterschlupf sorgt. Hier fühlt man sich gleich geborgen, mit dem starken Fels im Rücken. Nachdem ich das Märchen fertiggeschrieben habe, mache ich mir Gedanken, was in meinem Leben Erlösung braucht. Ein spannender Ansatz, der mich auf so manche Idee bringt, die ich im Schutz der Herberge niederschreibe.

Die Jungfrau am Stein

Es war einmal … eine Jungfrau auf einem Felsen, die wollte erlöst werden. Und als das eines Tages wieder nicht gelang, da sollte sie warten, bis der Baum neben ihr groß war und aus seinem Holz Bretter gemacht werden konnten für eine Wiege. Und in jener Wiege sollte dann endlich viele lange Jahre später jenes Menschlein liegen und später heranwachsen, das nun endlich, endlich, endlich die Erlösung bringen konnte. Würde dies wieder nicht gelingen, dann fing dieselbe Baumgeschichte von vorne an und eine Erlösung rückte wieder in weite Ferne. So geschah es, dass jener Baum neben dem Felsturm gefällt und aus seinem Stamm Bretter gemacht wurden, die schließlich zu Möbeln verarbeitet wurden und ja, es war auch eine Wiege dabei. Bauersleute aus der Umgebung kauften das gute Stück für ihr Neugeborenes, das sich in dieser Holzwippe sehr wohlfühlte und beim Schaukeln vergnügt quietschte. Das Kind wuchs heran und verspürte schon in frühen Kindertagen eine Sehnsucht nach dem hohen Stein, auf dem sich die zu erlösende Jungfrau befand. Schon bald kletterte es wie ein Äffchen auf den Felsen und blickte suchend um sich. Doch die verwunschene Jungfrau am Stein musste noch warten und durfte sich so lange nicht zeigen, bis jenes Kind das 18. Lebensjahr vollendet hatte. Noch wusste das Menschlein nichts von seinem Auftrag, doch im Innersten spürte es, dass etwas zu tun war. Die Überraschung war groß, dass die Erlösung diesmal durch eine Frau stattfinden sollte. Doch warum nicht, immerhin hatten schon so viele Männer vor ihr versagt und das Weite gesucht, wenn die Schlange mit dem glühenden Schlüssel im Maul erschien und das Gewitter aufzog. Eines schönen Tages zeigte sich die

Verwunschene dem jungen Mädchen und sprach zu ihm: „Du bist es, die mich erlösen kann. Du hast in jenem Bettchen aus Holz gelegen, jenem Holz, das neben mir wuchs und das ich täglich angefleht habe, es möge das richtige Kind in die Wiege gelegt werden. Du bist es, die es schaffen kann, mich vom Kanzlstein zu lösen und mir die Freiheit zu schenken! Ich bitte dich, tu es!" Die junge Frau war ganz erstaunt, aber nicht erschrocken, denn insgeheim hatte sie schon geahnt, dass da etwas auf sie wartete am hohen Stein, etwas Besonderes. So kam die junge Frau am nächsten Tag wieder. Der Vollmond leuchtete ihr den Weg, doch bald schon sah sie ein ganz anderes Leuchten auf dem Felsen vor ihr. Dieses Leuchten ging von einer riesigen roten Schlange aus, die einen glühenden Schlüssel im Maul trug. Natürlich kam jetzt die Angst, aber die Geschichte der zu Erlösenden war schlimmer als die eigene Unsicherheit und Furcht. Schnell kletterte die Frau den Stein hinauf und stellte sich dem Untier. Blitz und Donner gab es gleichzeitig und so schlug es rund um den Stein so heftig ein, dass das Erdreich erzitterte und der ganze Felsen bebte. Die Angst wurde größer und größer. Unwetter, Untier und glühende Feuersbrunst taten ihr Übriges. Doch mit den Gefahren rings um die junge Frau wuchs auch ihr Mut und Wille zur versprochenen Erlösung. Die Schlange bäumte sich wild auf und zischte feurige Strahlen rund um das Menschenkind. Die Frau wusste nicht, ob sie selbst so stark vor Angst zitterte oder ob es doch die Erdbewegungen, ausgelöst durch die Blitzschläge, waren, die sie zum Beben brachten. Doch dann war es so weit. In einem günstigen Moment griff die Frau nach dem glühenden Schlüssel und verbrannte sich daran die Finger. Doch das war egal. Sie hatte den Schlüssel aus dem Maul der Schlange gerissen und im nächsten Augenblick herrschte Stille. Der Schlüssel fuhr in den Himmel und sperrte eine Tür für die Erlöste auf. Lautlos schwebte diese jetzt in den mondlichten Nachthimmel hinauf und winkte der jungen Frau mit einem seligen Lächeln auf den Lippen zu. Dort oben, dort ganz weit oben, sah die Frau eine kleine Öffnung im Himmelszelt, wo die Jungfrau vom Stein schon sehnlichst erwartet wurde. Endlich war sie erlöst, endlich konnte sie den Kanzlstein verlassen. Die junge Erlöserin war nun erschöpft, sie schlief in jener Nacht am Kanzlstein ein und wachte erst mit den ersten Sonnenstrahlen wieder auf. Hatte sie diese Begebenheit nur geträumt, oder war sie es wirklich gewesen, die aus dem Maul eines Untiers einen glühenden Schlüssel gezogen hatte? Ja, sie war es gewesen, denn die Finger der rechten Hand zeigten noch Spuren davon. Doch die Brandwunden heilten schnell und die Freude über die gute Tat überwog. Als die junge Frau ein paar Wochen später beim Angeln viel mehr Fische als sonst an Land zog, da befand sich eine Menge goldener Steine in deren Innerem. Die Steine waren so wertvoll, dass die junge Frau für immer ausgesorgt hatte und sich noch jahrzehntelang daran erfreuen konnte. Es war der Dank für die Erlösung, der darauf hinweisen sollte, dass sie in jener Nacht nicht nur besonders mutig gewesen war, sondern auch ein goldenes Herz hatte.

Coburg-Bründl

8   *Maria Bründl und Braunberg*

Charakter der Wanderung: Eine mittelschwere Rundwanderung, die uns zu Beginn von St. Oswald bei Freistadt über den Kreuzweg zur Wallfahrtskapelle Maria Bründl führt. Danach geht es durch Wald hinauf zur Raphaelshöhe, bevor wir über die Rosenau in Richtung Westen zum Braunberg wandern. Diesen erklimmen wir von Osten und gehen weiter zur Braunberghütte mit ihrem Panoramablick zu den Alpen. Zuletzt geht es über Waldwege wieder zurück nach St. Oswald.

Länge	10 km (ca. 4 Std. Gehzeit)
Steigung	370 hm
Markierungen	*Maria Bründl – Braunbergweg (Wegnummer O3);*
	Raphaelshöhenweg (Wegnummer O2);
	St. Oswalder Höhenweg (Wegnummer O6);
	teilweise unmarkiert
Weg	Feldwege, Forststraßen, Asphalt, Wanderwege
Anfahrt	Mit dem PKW über die S10 nach Freistadt, von dort weiter ins östlich davon gelegene St. Oswald. Parkmöglichkeiten unterhalb der auf einem kleinen Hügel liegenden gotischen Pfarrkirche (Parkplatz P9).
Einkehr	Braunberghütte (www.alpenverein-freistadt.at/braunbergh.htm), Gastronomie in St. Oswald bei Freistadt
Sehenswertes	• Kefermarkter Flügelaltar
	• Schloss Weinberg (www.schloss-weinberg.at)
Information	Tourismuskern, Markt 80
	4271 St. Oswald bei Freistadt
	Tel.: +43 (0)7945/7255
	info@tourismuskern.at, tourismuskern.at

Wegbeschreibung

Unsere Wanderung beginnt bei der Pfarrkirche von St. Oswald bei Freistadt. Vom Parkplatz am Flüsschen Feistritz unterhalb des Kirchhügels wenden wir uns zunächst in südöstliche Richtung und gehen

Blick vom Braunberg auf das herbstliche Nebelmeer

vorbei am Sportplatz. Bei der ersten Straßengabelung folgen wir dem *grünen Schild Braunberg* nach links. Wir passieren den Ortsteil *Zum Braunberg* und halten uns nun an die *gelbe Markierung O3*, die uns den leicht ansteigenden Weg nach Maria Bründl anzeigt.

Bei der Golfanlage von St. Oswald führt unser Weg oberhalb des Golfplatzes entlang, bis wir am Waldrand auf eine Station des hier verlaufenden **Kreuzwegs** nach Maria Bründl treffen. Wir folgen dem Pfad entlang der kunstvoll behauenen Granitfelsen der Kreuzwegstationen langsam höher durch den Wald. Dann überqueren wir einen kleinen Bach auf einer Holzbrücke, bevor uns der Weg rechterhand nach knapp 45 Min. Gehzeit zur überdachten Heilquelle und zur dahinterliegenden Wallfahrtskapelle **Maria Bründl** führt.

Von Maria Bründl aus folgen wir nun der *Markierung Raphaelshöhe O2* nach Süden über die Straße und dahinter einem Waldpfad entlang des Baches, der steiler in den Wald empor führt. Sobald wir auf eine Forststraße treffen, überqueren wir diese schräg nach links und folgen neuerlich den bekannten *Markierungen O2* bzw. *O6* in mehreren Kehren bergan. Schließlich haben wir linkerhand mit einem kleinen Blockhäuschen samt darin befindlicher Rastgelegenheit die **Raphaelshöhe** auf 850 Metern Seehöhe erreicht. Von hier

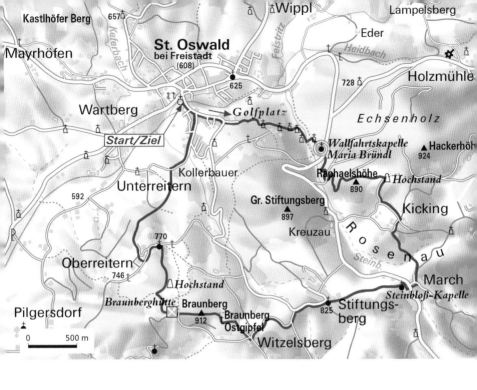

aus bietet sich ein schöner Blick nach Nordwesten und hinunter in das Tal von St. Oswald.

Von der Raphaelshöhe aus folgen wir nun dem Pfad weiter nach links den Hang hinauf. Nach Überqueren einer Forststraße und nachdem der *Weg O6* Höhe gewonnen hat, fällt er wieder ein kurzes Stück zum Waldrand hin ab. Hier geht es zuerst nach links, dann gleich nach rechts über ein Feld auf einen Hochstand zu. Bei diesem wenden wir uns entgegen dem nach links weisenden gelben Wegweiser nach rechts und wandern den Feldweg hinab zu einem nahen Bauernhaus. Wir passieren dieses und folgen der nun asphaltierten Straße bis zu einer Kreuzung, wo wir uns nach links wenden *(gelbe Markierung in Richtung Holzmühle)*. Die Straße führt nun hoch zu den Häusern von Kicking. Sobald diese erreicht sind, biegen wir zuerst rechts ab und gehen dann zwischen den Wirtschaftsgebäuden hindurch hinunter zu einer weiten Feldfläche südlich der Häuser. Durch die Felder wandern wir auf die nahen, im Südosten sichtbaren Häuser des Weilers March zu.

Wallfahrtskapelle Maria Bründl und der Gewöhnliche Schneeball

Auf der Westseite von March (von uns aus gesehen am rechten Ortsende) befindet sich eine kleine Kapelle im typischen Mühlviertler Steinbloß-Stil. Wir folgen dem Feldweg rechts von dieser Kapelle leicht bergan nach Westen und erreichen so den Weiler Stiftungsberg. Diesen durchqueren wir und marschieren nun in Verlängerung des Feldwegs, über den wir gekommen sind, auf der asphaltierten Straße nach Westen bis zu einer Kreuzung. Auf der sich in Kehren hangaufwärts nach Witzelsberg windenden Straße halten wir uns hier links. Rechts von Witzelsberg sehen wir bereits sehr nahe die bewaldeten Hänge des Braunbergs, des höchsten Punktes unserer Runde.

Wir durchqueren Witzelsberg und folgen noch vor dem Ortsende der *blau-weißen Nordwaldkammweg-Markierung* nach rechts eine Wiese hinauf auf einen Wald zu, wobei wir eine Pferdekoppel passieren. Am Waldrand entscheiden wir uns bei den drei abzweigenden Pfaden für den mittleren Weg, der uns in deutlicher, aber kurzer Steigung durch den Wald zum felsigen Ostgipfel des

Braunbergs (906 m) leitet. Hier bietet sich nach nunmehr knapp 3 Std. Gehzeit ein weiter Rundumblick nach Süden. Eine Bank unterhalb eines geschnitzten Kreuzes lädt zu einer Rast ein.

Nach der verdienten Gipfelrast folgen wir dem Pfad vom Gipfel weg zuerst geradeaus, dann links nach Westen. Ohne nennenswerte Steigungen führt der Weg über die bewaldete Höhe bis zu einer Wiese, wo uns die 1936 errichtete **Braunberghütte** erwartet. Die einzige bewirtschaftete Alpenvereinshütte im Mühlviertel bietet Gelegenheit zum Einkehren.

Hinter der Hütte setzt sich der Pfad, weiterhin markiert durch das *Nordwaldkammweg-Zeichen*, zuerst in westlicher Richtung in den Wald hinein fort und zieht dann leicht fallend in einem Bogen nach Norden. Bei der bald auftauchenden Weggabelung wenden wir uns den *gelben Markierungen O3* bzw. *O6* entsprechend nach links. Kurz darauf erreichen wir ein paar Felsen, zwischen denen es ein kurzes Stück steil abwärts bis zu einem quer verlaufenden Weg geht. Hier biegen wir rechts ab und folgen dem Weg bis zu einer Wiese, an deren unterem Rand wir links von einem Hochsitz wieder in den Wald hinaufsteigen. Wenige Meter weiter senkt sich der Weg dann neuerlich ab und am unteren Ende des Pfades erreichen wir über eine Wiese uns links haltend schließlich ein Bauernhaus mit kleiner Kapelle.

Wir folgen der asphaltierten Straße nach links und bereits hinter der nächsten Kehre verlassen wir unterhalb eines weiteren Bauernhauses zwischen diesem und einem Wirtschaftsgebäude wieder die Straße. Dabei ziehen wir nach rechts über einen sich verengenden Wiesenpfad neuerlich in nördlicher Richtung in den Wald hinein. Ein verfallener Holzzaun am Waldrand zeigt uns, dass wir auf dem richtigen Weg sind. Der in einem leichten Rechtsbogen abfallende Waldweg wird nun von der *Markierung O6* begleitet. Unmittelbar nach einer Kehre mit einer Wegmarkierung biegen wir scharf nach rechts auf einen weiteren Waldweg ab und folgen weiter *O6*, bis wir schließlich ein Feld und bald darauf zwei Fischteiche passieren. Am Bauernhaus Kollerbauer vorbei erreichen wir schließlich die asphaltierte Straße, die uns mit der *Markierung O5* durch verbautes Gebiet auf direktem Weg nach rund 4 Std. Gehzeit zu unserem Ausgangspunkt zurückführt.

Kraftplatzerfahrungen

Maria-Bründl-Kapelle

Wie viele heilsame Quellen wird auch das Loischerbründl in St. Oswald bei Freistadt als Augenbründl bezeichnet. Wie es zu seinem Namen kam, berichtet uns diesmal keine Sage, sondern eine wahre Geschichte: Ein Holzfäller namens Loischer hatte sich im Jahr 1650 bei Arbeiten im Wald schwer am Bein verletzt. Die blutende Wunde wusch er mit dem Wasser der nahen Quelle aus und siehe da, das verwundete Bein heilte sehr schnell. Ein weiterer Mann aus St. Oswald wurde bald darauf von der Wassersucht geheilt und ließ als Dank bei der Quelle einen Steintrog aufstellen. Diesen kann man heute noch unterhalb des Altars sehen, wenn man die Kapelle besucht. Rund zehn Jahre später kam es zur Heilung einer Färberin, die daraufhin das erste Marterl zu Ehren der Gottesmutter Maria stiftete. Bald kam ein Opferstock hinzu und aus den Opfergeldern errichtete die Herrschaft Weinberg im Jahr 1690 die heutige Kapelle. Rund 200 Jahre später wurde 1860 ein Badehaus gebaut, damit stieg auch die Zahl der Wallfahrer weiter an. Der Badebetrieb wurde 1955 schließlich eingestellt.

Die spätbarocke Kapelle steht heute am Waldrand und ist von St. Oswald sowohl zu Fuß als auch direkt mit dem Auto gut erreichbar. Rechts vom Altar entspringt die Quelle. Da das Quellwasser aus großer Tiefe kommt, ist es mit einer Temperatur von 6 Grad Celsius immer erfrischend kühl. Die Bründlquelle wurde wissenschaftlich untersucht und ist als Heilquelle anerkannt. Das Wasser enthält Radon, Eisen und Schwefel. Die Quelle wird seit 2003 zu einem neu gebauten Brunnen unterhalb der Kapelle geleitet. Hier fällt das Abfüllen des Wassers noch leichter.

Ich wandere von St. Oswald über den Kreuzweg zur Bründlkapelle und habe natürlich auch einige leere Wasserflaschen mitgebracht. Beim Besuch der Kapelle denke ich zurück an jene Zeit, als vor mehr als drei Jahrhunderten die Menschen aus der Gegend diese Heilquelle entdeckten. Im Jahr 1650 liefen die Räder noch etwas langsamer als heute und dennoch kommen Menschen immer noch gerne hierher, um das Heilwasser und damit auch Kraft zu schöpfen. Ich stelle mir vor, wie das damals war – ein Mann verletzt sich am Bein, wird geheilt durch das Wasser, ein weiterer Mann wird geheilt, dann eine Frau. Viele Menschen kommen, wollen die Heilkraft des Wassers nutzen, ein Opferstock wird errichtet, der es ermöglicht, die schöne Kapelle über der Quelle zu bauen. Für die Leute von damals hatte dieses Heilwasser, dieser heilige Ort, einen sehr großen Wert, und so spendeten sie so viel Geld, dass der Ort rund um die Quelle durch die Maria-Bründl-Kapelle noch mehr aufgewertet wurde.

Rund um die neue Wassertankstelle stehen Rastbänke, die zum Verweilen einladen. Ich setze mich und genieße das frisch abgefüllte kühle Nass, das mir gerade aus der Quelle geschenkt wurde. Das Wasser schmeckt herrlich, ich schließe meine Augen und schmecke bewusst in das Bründlwasser hinein. Achtsam nehme ich Schluck für Schluck in mir auf. Es tut mir gut. Das Innehalten, das Klarwerden, das Wassertrinken. Ein heilsamer Moment, hier auf der Bank zu sitzen und einfach da zu sein. Bewusst werden, mit jedem Schluck Wasser aufmerksam in meinen Körper hineinspüren, die Wohltat des Trinkens freudig annehmen, mein Dasein genießen im Hier und Jetzt. Das Bründlwasser nehme ich mit nach Hause und bewahre es im Kühlschrank auf. Bei jedem Schluck, den ich zu Hause davon trinke, denke ich an die Bründlkapelle zurück und an die bewegte Geschichte, die noch heute so viele Menschen zur Quelle pilgern lässt.

Das Augenwasser

Es war einmal … eine Heilquelle, die speiste die Menschen mit kostbarem Wasser und war weit über das Mühlviertel hinaus als Augenbründl bekannt. Eines Tages hörte ein reicher Kaufmann von dem heilsamen Wasser und schickte einen seiner Diener auf die Reise, um das Augenwasser zu holen. Seine Frau litt seit Jahren unter tränenden Augen und es wollte sich kein Mittel finden, das helfen konnte. Der treue Diener machte sich auf die Reise und erreichte nach zwei Tagen Wanderschaft das besagte Bründl. Schnell füllte er das heilsame Wasser in die mitgebrachten ledernen Wasserschläuche und packte diese in seinen Buckelkorb. Natürlich trank er auch selbst von dem guten Wasser und fühlte sich sofort erfrischt und gestärkt. Er übernachtete in einer Waldschenke und machte sich gleich am nächsten Tag auf die Heimreise, um seiner Herrin das Augenwasser zu bringen. Zu dieser Zeit gab es viele Pilger und Wallfahrer, die Heil suchten und sich auf den Weg machten zur Maria-Bründl-Kapelle. Und es gab dadurch auch immer mehr Räuber und Wegelagerer, die den Leuten auflauerten, um sie auszurauben. Zwar fiel unser braver Diener keinem Diebsgesindel in die Hände, dafür aber in eine Fallgrube. Er war vom Weg abgekommen und stolperte geradewegs in die mit Zweigen und Laub abgedeckte Falle im dichten Wald. Niemand hörte hier seine Rufe und so war der Mann natürlich sehr verzweifelt. In seiner Not rief er die Gottesmutter Maria an. Doch die Hilfe ließ auf sich warten. Es war ein heißer Sommertag und bald bekam er großen Durst. Da fiel es ihm ein, dass er große Mengen Heilwasser bei sich trug, und er freute sich, weil er wusste, dass er hier in der Fallgrube wohl nicht so schnell verdursten würde. Doch war dieses Heilwasser ja für seine Herrin bestimmt! Aber nein, das konnte niemand von ihm verlangen, dass er hier verdursten sollte, nur um das Augenwasser aufzuheben, von dem die gute Frau nach seinem Tod ohnehin nichts mehr haben würde.

Zu Hause machte man sich schon Sorgen um den verschollenen Diener. Fünf Tage war er nun schon fort, dabei hätte er am vierten Tag wieder zu Hause sein sollen. Am sechsten Tag schickte der Herr des Hauses einen Suchtrupp los und bald wurde der Diener in der Fallgrube lebend und unversehrt gefunden. Und weil er bei jedem Schluck, den er vom Heilwasser getrunken hatte, an seine augenkranke Herrin gedacht und gebetet hatte, wurde diese in der Zeit seiner Abwesenheit geheilt. Die Freude war groß über dieses Wunder, das sich wie ein Lauffeuer im ganzen Land verbreitete. Die Fallgrube aber wurde schnell zugeschüttet und die geheilte Frau des Kaufmanns besuchte kurze Zeit später schließlich selbst das Augenbründl, um sich bei der Muttergottes zu bedanken und eine großzügige Spende im Opferstock zu hinterlassen. Natürlich trank sie diesmal höchstpersönlich von dem Heilwasser und nahm sich, soviel ihre Diener tragen konnten, davon mit nach Hause. Bis zu ihrem Tod besuchte sie immer wieder das Augenbründl und erfreute sich an dem heilsamen Nass.

9   St. Michael und Hussenstein

- **Charakter der Wanderung:** Eine leichte Rundwanderung, aus-
  gehend von der mit den sanften Höhenzügen des nordöstlichen
  Mühlviertels harmonierenden Filialkirche St. Michael, die jedoch
  aufgrund teilweise fehlender Markierungen ein wenig Orientierungsgeschick verlangt. Über den kleinen Ort Oberrauchenödt
  geht es zum Hussenstein, bevor wir schließlich nach einem Abstecher zur Quelle der Feldaist wieder St. Michael erreichen.

Länge	8,5 km (2 Std. 30 Min.– 3 Std. Gehzeit)
Steigung	150 hm
Markierung	unmarkiert
Weg	Feldwege, Forststraßen, Asphalt, Wanderwege
Anfahrt	Mit dem PKW über die S10 nach Freistadt, von dort weiter ins östlich davon gelegene Oberrauchenödt. Parkmöglichkeit vor der Kirche St. Michael.
Einkehr	Gasthof Forellenwirt in Mitterbach (www.forellenwirt. com), Gastronomie in Grünbach und St. Oswald bei Freistadt
Sehenswertes	• Mittelalterliche Altstadt von Freistadt mit Stadtbefestigung und Wehrtürmen • Hinterglasmuseum Sandl (hinterglasmuseum-sandl.at)
Information	Gemeindeamt, Marktplatz 1, 4264 Grünbach Tel.: +43 (0)7942/72813-0 gemeinde@gruenbach.ooe.gv.at, www.gruenbach.ooe.gv.at

Wegbeschreibung

Die unmarkierte Rundwanderung beginnt bei der einsam oberhalb des Weilers Oberrauchenödt auf einem Höhenrücken gelegenen Filialkirche **St. Michael**, die trotz ihrer Schlichtheit eine
kraftvolle Präsenz ausstrahlt. Unterhalb des Parkplatzes vor der
Kirche befindet sich eine kleine Aussichtsterrasse mit einem herrlichen Blick auf die sich in der Ferne ausbreitenden Alpengipfel.
Einen besonderen Anblick genießt man im Herbst, wenn sich

über die tief liegenden Becken und Täler bis hin zu den Voralpen eine Nebeldecke breitet und man hier oben über den Wolken zu thronen scheint. Der weite Blick über die Landschaft bietet eine gute Einstimmung auf die bevorstehende Wanderung.

Oberhalb der Aussichtsterrasse befindet sich eine Granitsäule mit einem Bildstock und daneben beginnt ein Feldweg, dem wir in nordwestlicher Richtung folgen. Wir passieren ein kleines Wäldchen und überqueren bald einen kreuzenden Feldweg. Kurze Zeit später treffen wir erneut auf einen unbefestigten Güterweg, dem wir in einer scharfen Wendung nach links in südlicher

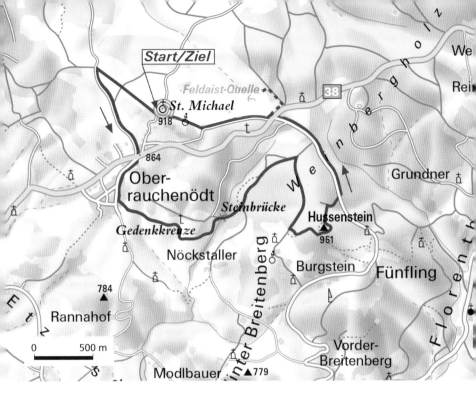

Richtung folgen. Er führt uns leicht fallend vorbei an einem weiteren Bildstock zurück nach Oberrauchenödt. Die nun asphaltierte Straße entlang geht es bis zur Bundesstraße, die wir überqueren und dann der Straße nach rechts – links vorbei am Feuerwehrdepot – hinunter ins Ortszentrum folgen. Dort halten wir uns zuerst bei der Gabelung links, bevor es noch vor dem Ende der Bebauung unmarkiert zwischen einem weißen und einem blassgrün gefärbten Haus links hinein zu einem Feldweg in Richtung Osten geht.

Der parallel zum Hang verlaufende Feldweg wird bald von vereinzelten Bäumen und Sträuchern sowie einer links des Wegs verlaufenden Trockenmauer aus Granitsteinen gesäumt. Bald sehen wir in der Distanz vor uns auch schon die bewaldeten Hänge des Hussensteins, unseres nächsten Etappenziels. Vorerst senkt sich bei ein paar **Gedenkkreuzen** der Weg jedoch kurz nach rechts einen Wiesenhang hinunter ab, um uns dann oberhalb einer Baumreihe nach

links auf einen Fichtenwald zuzuleiten. Links von einem Fischteich steigt der Weg in den Wald hinein an und führt uns kurz darauf bei einer Gabelung samt Wegmarkierung weiterhin ansteigend nach rechts oberhalb eines Grabens nordöstlich durch den Wald. Kurze Zeit später überqueren wir auf einer kleinen Steinbrücke einen Bach und folgen der dahinter auftauchenden Forststraße nach links in den Wald hinauf.

Bald kommt eine größere Kreuzung mehrerer Forststraßen und wir wandern in der bisherigen Richtung nun steiler den Hang empor. Diverse kreuz und quer durch den Wald verlaufende Forstwege lassen wir unbeachtet und folgen weiter unserem nun immer steiler werdenden Weg bergan. Erst nach Passieren eines lichteren, von Föhren bestandenen Waldstücks verliert der Forstweg an Steilheit und beschreibt eine leichte Biegung nach rechts. Nach etwa 100 Metern in einem Jungwald stoßen wir neuerlich auf eine Forststraßengabelung.

Hier nehmen wir die rechts abbiegende Route nach Süden, wobei der Weg nach und nach abfällt. Schließlich gelangen wir neuerlich an eine Kreuzung mehrerer Forststraßen, die wir geradeaus überqueren. Bereits wenige Meter später, vor einer Linkskurve unserer Forststraße und noch bevor wir den Waldrand erreichen, biegen wir scharf nach links auf einen Forstweg ab, der mit einem sehr steilen Anstieg in den Wald emporführt. Wir queren einen Forstweg und wandern bei der nächsten Gabelung uns linkshaltend weiter steil den Hang empor. Nun ist unser Ziel nicht mehr fern und wir können zwischen den Baumstämmen bereits die Umrisse der Felstürme des Hussensteins erkennen.

Nach rund 1 Std. 45 Min. Gehzeit haben wir schließlich den **Hussenstein** (951 m) erreicht. Eine kleine Senke zwischen mehreren Felsburgen erwartet uns mit einer Bank und Informationstafeln. Über einen schmalen Pfad, der sich zwischen den Felsen hindurchwindet, kann der Felsturm des Hussensteins mit entsprechender Vorsicht erklommen werden.

Beim Hussenstein handelt sich um eine Ansammlung von Gesteinsblöcken aus Weinsberger Granit, die im Zuge einer sogenannten Wollsackverwitterung entstanden sind. 1983 wurde der 15 m hohe Felsturm des Hussensteins vom Land OÖ zum Naturdenkmal erklärt. Seinen Namen dürfte er der Tatsache verdanken, dass sich hier zur Zeit der Hussiteneinfälle 1428 ein Lager der Hussiten befunden haben soll.

Vom Hussenstein aus wandern wir nun geradeaus in leichtem Anstieg zwischen weiteren Felsburgen hindurch nach Norden und folgen dem Waldweg entlang der *gelben Markierungen 04 und 06* zurück in Richtung St. Michael/Oberrauchenödt. Der Pfad führt uns – an Gabelungen jeweils rechts – bis zu einer asphaltierten Straße, der wir nach links in nordwestlicher Richtung zurück zur Bundesstraße folgen. Hier besteht die Möglichkeit, einen kurzen Abstecher zur **Quelle der Feldaist** zu unternehmen.

Die Feldaist entspringt in rund 880 Metern Seehöhe und fließt anfangs in einem Bogen nach Nordwesten. Durch das Thurytal (siehe Tour 10) verläuft sie in südlicher Richtung weiter bis Freistadt und danach vorbei an Kefermarkt und Pregarten, bis sie sich bei Josefstal mit der Waldaist zur Aist vereinigt, welche schließlich in die Donau mündet.

1986 wurde der Abschnitt des Feldaisttales zwischen den Gemeinden Wartberg ob der Aist und Pregarten zum ersten Landschaftsschutzgebiet Oberösterreichs erklärt.

Für diesen Abstecher gehen wir ein kurzes Stück rechts die Hauptstraße entlang nach Osten. Bei einem deutlich sichtbaren Wegweiser auf der linken Straßenseite geht es über einen Feldweg nach Nordwesten und wir erreichen so in rund fünf Minuten die Quelle inmitten einer Wiese. Eine Bank neben einem Granitfindling bietet Gelegenheit zur Rast. Von hier aus sieht man auch bereits wieder die in nicht mehr allzu großer Entfernung liegende Kirche St. Michael.

Zurück auf der Hauptstraße marschieren wir nun über einen weiteren Feldweg – wieder den *Markierungen O4 und O6* folgend – in direkter Richtung entlang eines Waldrandes auf St. Michael zu. So gelangen wir schließlich nach knapp 3 Std. Gehzeit zu unserem Ausgangspunkt zurück.

Kraftplatzerfahrungen

St. Michael ob Rauchenödt

Eine Kirche auf einem Hügel. Man könnte meinen, das sei nichts Unübliches im Mühlviertel, doch der Hügel und die Kirche St. Michael im Örtchen Oberrauchenödt sind ein ganz besonderer Kraftort.

Im Nahbereich der Kirche steht eine drehbare Infosäule und was wir hier lesen, können wir auch spüren: Die alten Baumeister integrierten die vorhandenen Erdenergien in ihre Architektur. Ziel war die energetische Harmonisierung im Innenraum der Kirche zur Unterstützung der Meditation und energetischen Aufladung der Kirchenbesucher bei Gottesdienst und Gebet. Die Filialkirche St. Michael befindet sich exakt an der Wasserscheide der beiden europäischen Flusssysteme von Donau und Moldau/Elbe.

Es soll auch eine Vorgängerkirche gegeben haben, die als bisher einzige rekonstruierbare Holzkirche im deutschsprachigen Raum gilt und auf das 11. Jahrhundert datiert wurde. Dann folgte eine romanische Chorturmkirche mit quadratischem Grundriss, die im 15. Jahrhundert von den Hussiten zerstört wurde. Der gotische Neubau mit zwei Schiffen konnte 1520 vollendet werden. 1522 kam der auch heute noch sehenswerte spätgotische Flügelaltar in die Kirche, gefertigt von der Freistädter Altarwerkstätte Lienhart Krapfenbacher.

Dem heiligen Michael wurden als Anführer der Engelsheere nicht nur große Dome, Türme und Burgkapellen geweiht, sondern wie hier auch Kirchen auf windgepeitschten Hügeln. In der Frühzeit sollte die Michaelsverehrung vor allem im Rodungsland die Furcht vor der Wilden Jagd vertreiben, die von Wotan angeführt wurde. Bevor hier die erste Kirche gebaut wurde, soll dieser Hügel ein vorchristlicher Kultplatz gewesen sein.

St. Michael galt für die Leute aus jener Zeit als begehrter Begräbnisort. Man kann sich vorstellen, dass man an diesem Ort sowohl zu Lebzeiten Ruhe und Frieden findet als auch im Grab. Seit 1122 gab es für die Filialpfarre das Begräbnisrecht. Heute ist die Kirche vor allem ein beliebter Ort für Trauungen, früher war die Bedeutung als Wallfahrtsort noch größer. St. Michael ist auch eines der Kulturdenkmäler der Mühlviertler Gotikstraße und hat einen Bezug zur Kirche St. Peter bei Freistadt. Einst sollen sich zwei Brüder in der Wildnis der Mühlviertler Wälder verirrt und durch das Entzünden von Feuern auf den Hügeln des heutigen St. Peter und St. Michael wieder zueinander gefunden haben.

Eine Sage erzählt weiters, dass es an einer Stelle neben der Kirche St. Michael drei Grabhügel gibt, die heilige Leiber bergen, welche immer mehr aus der Erde herauswachsen. Es heißt, wenn die Heiligen ganz herauskommen, ist auch das Jüngste Gericht nicht mehr fern.

Drei Lärchen säumen heute die Kirche, als würden sie den Ort beschützen wollen. Wer sie länger betrachtet, fühlt sich selbst beschützt. Im Innenraum der Kirche fällt es nicht schwer, den Alltag loszulassen. Es hat den Anschein, als betrete man einen Raum, der anders ist; dieses *anders* ist eine Erfahrung, die jeder selbst machen darf. Die Andacht gelingt mir hier besonders gut und ich fühle mich geborgen im Kirchenraum. Wer hier zur Ruhe kommen und/ oder meditieren möchte, dem sei geraten, die Kirche zu Zeiten aufzusuchen, zu denen sie nicht so stark frequentiert ist, zum Beispiel an einem Vormittag unter der Woche. Ich hatte das Glück, alleine in der Kirche zu verweilen, und obwohl es noch relativ kalt war zu der Zeit, begab ich mich hier auf eine wunderbare innere Reise, die ich beim Verlassen der Kirche gleich fortsetzte. Ich umrundete die Kirche drei Mal. Eine schöne Art, sich von diesem Ort zu verabschieden, doch auch hierher werde ich zurückkehren, um das Erleben der harmonischen Energien wieder genießen und Kraft tanken zu können.

Aber noch einmal zurück zu den Lärchen: Wegen ihrer schützenden Kräfte wurden diese Bäume früher verehrt und galten als heilig. Oft findet man heute noch Lärchen an Wallfahrtsorten, so wie auch hier bei der Kirche St. Michael. In vielen Sagen gibt es eine Verbindung zu Feen und Saligen Frauen. Lärchenzweige wurden auch dazu verwendet, böse Geister abzuwenden. Diese Bäume sollen die Kraft haben, das Gute im Menschen zum Vorschein zu bringen und zu fördern, und positiv für das Selbstbewusstsein sein. Nicht umsonst gibt es wohl auch ein Bachblütenmittel mit dem Namen *Larch* für Lärche, das genau jene Eigenschaften unterstützen soll.

Der Feenhügel

Es war einmal … ein sanfter Hügel im Mühlviertel. Dieser Hügel war so besonders und lieblich, dass es auch den guten Feen nicht verborgen blieb und diese hier einzogen und durch ihr Dasein den Ort noch sanfter und lieblicher machten. Wenn sich Menschen auf jenen Hügel begaben, dann spürten sie die guten Energien und freuten sich über sich selbst und die Welt. Gerne besuchten die Leute diesen Hügel und die Feen freuten sich über die friedlichen Gäste. Das Gute machte schnell die Runde und bald wurde auf jenem Fleckchen Erde ein Kirchlein gebaut. Wer in der Kirche saß, der fühlte sich wohl und erkannte sich selbst und den Sinn des Lebens ein bisschen besser. Seit die Feen im Hügel eingezogen waren, wuchsen auch Lärchen darauf, um das Erdheiligtum zu beschützen.

Eines schönen Tages stattete ein junges Mädchen dem Kirchlein St. Michael einen Besuch ab und bat um Hilfe in vielen Lebensdingen. Das junge Ding war ganz verzagt, nie schien dem Mädchen etwas zu gelingen und immer war es ein bisschen hinten, wenn es darum ging, das eigene Leben in den Griff zu bekommen. Ganz alleine war die junge Frau in der Kirche, und das war auch gut so. Innig betete sie und hoffte, dass ihr Flehen erhört würde. Sie fühlte sich in der Kirche sehr wohl und vergaß ganz auf die Zeit. Als die junge Frau durch die Kirchentür ins Freie trat, fiel ihr Blick auf drei Lärchen, die sie magisch anzogen. Doch es war schon spät und sie wollte vor Einbruch der Dunkelheit wieder zu Hause sein. Schnell ging sie zu den Bäumen und verspürte das starke Bedürfnis, sich vor ihnen auf die Erde zu setzen. Kaum hatte sie sich niedergelassen, fiel sie in einen tiefen Schlaf. Es war der Eingang zum Feenreich, auf den sie sich gesetzt hatte, und so gelangte sie mühelos in eine Welt, in der es aussah wie im Paradies. Als sie in der anderen Welt erwachte, da fand sie sich ebenfalls auf einer Wiese wieder. Doch nicht drei Lärchen standen vor ihr, sondern drei goldene Prunksessel, auf denen drei Frauen saßen, die so schön waren wie der Sonnenauf- und Sonnenuntergang gemeinsam. Die drei strahlten über das ganze Gesicht, weil sie sich so über den menschlichen Besuch freuten. „Was führt dich zu uns?", fragten sie das Mädchen, und dieses war sprachlos, weil es von Haus aus sehr schüchtern war und nicht glauben konnte, was ihm da nun widerfuhr. Doch die drei Feen konnten Gedanken lesen und so wussten sie schon, was los war mit dem guten Kind. „Dir fehlt es an Eigenschaften, die du schon in dir hast", sagte die erste Fee. „Und damit du diese in Zukunft auch nutzen kannst, schenken wir dir drei Lärchenzäpflein", sagte die zweite. „Leg dir die Zapfen drei Nächte lang unters Kopfkissen und du wirst sehen, dass du bald ganz neu bist", die dritte Fee klatschte drei Mal in die Hände und sogleich flogen dem Mädchen die Lärchenzapfen in den Schoß. Im selben Augenblick erwachte es und fand sich auf der Wiese vor der Michaelskirche wieder. Die drei Lärchen winkten fröhlich mit den Ästen und als das Mädchen aufstand, bemerkte es, dass drei Lärchenzapfen in seinem Schoß lagen. Schnell steckte es diese ein und ging nach Hause. So wie die Feen es gesagt hatten, schob es am Abend vor dem Schlafengehen die drei Zapfen unter den Kopfpolster. Es war eine gute Nacht und zwei weitere folgten. Viele Träume begleiteten die Schlafende und am Morgen fühlte sie sich stets wie neugeboren. Nach den drei Nächten mit den Lärchenzapfen unter dem Kissen hatte sich das Mädchen verändert. Es war nicht mehr die zaghaft ängstliche graue Maus von früher. Sein Selbstbewusstsein hatte sich in kürzester Zeit so stark entwickelt, dass auch seine Haltung, seine Stimme und sein Gang viel selbstsicherer wirkten. Endlich traute es sich etwas zu sagen, war nicht mehr so unkonzentriert und unsicher wie sonst und entdeckte seine positiven Seiten. Die guten Feen hatten dabei geholfen, die guten Eigenschaften, die schon immer in dem Mädchen geschlummert hatten, hervorzuholen. Und wenn sich wieder einmal Selbstzweifel, Unsicherheit und Seelennot einschleichen wollten, dann nahm das Mädchen die Lärchenzapfen zur Hand und schob sie unters Kopfkissen.

10 Thurytal und St. Peter

● **Charakter der Wanderung:** Eine angenehme Rundtour, die uns
● eingangs von Freistadt durch das romantische Thurytal führt. An-
○ schließend geht es durch Kulturlandschaft in die Wälder der Bockau
zur Waldandacht und über einen bewaldeten Höhenzug weiter zur
Kirche St. Peter – einem gotischen Juwel in traumhafter Lage. Talwärts kehren wir schließlich zur Altstadt von Freistadt zurück.

Länge	12 km (ca. 3 Std. 45 Min. Gehzeit)
Steigung	150 hm
Markierungen	*Das Gewerbe am Fluss (gelbes Mühlrad auf blauem Grund); Hammerleitenrunde (Wegnummer FR 4); Meditationsweg (Wegnummer FR 1)*
Weg	Forst- und Wanderwege, Asphalt
Anfahrt	Mit dem PKW über die S10 nach Freistadt. Parkmöglichkeit an der nordwestlichen Ecke des Stadtkerns beim Scheiblingturm.
Einkehr	• Landgasthaus Brunngraber (www.brunngraber.at) • Konditorei Lubinger (lubinger.at) • Sonstige Gastronomie in Freistadt
Sehenswertes	• MÜK – Mühlviertel Kreativ Haus in der Altstadt von Freistadt (www.muehlviertel-kreativ.at) • Schloss Freistadt mit Mühlviertler Schlossmuseum (www.museum-freistadt.at)
Information	Stadtgemeinde Freistadt, Hauptplatz 1, 4240 Freistadt Tel.: +43 (0)7942/72506-0 post@freistadt.at, www.freistadt.at

Wegbeschreibung

Wir beginnen die Wanderung auf der Stadtmauer oberhalb des
Parkplatzes beim **Scheiblingturm** an der Nordwestecke der Altstadt.
Hier befindet sich der Wanderstein, ein Felsen, auf dem zahlreiche
Wandermarkierungen angebracht sind. Wir halten uns für den ers-
ten Teil der Runde an die Markierung eines gelben Mühlrades auf
blauem Grund, die den *Wanderweg Gewerbe am Fluss* kennzeichnet.

Die Markierung führt uns zunächst entlang des nördlichen Stadtgrabens vorbei am **Frauenteich** nach Osten. Wir passieren das
Böhmertor und die **Liebfrauenkirche** und erreichen bald die
nordöstliche Ecke der Altstadt. Hier überqueren wir die Feldaist
und biegen dann sofort nach links auf eine Nebenstraße ab. Fluss-
aufwärts geht es durch eine Siedlung auf den mächtigen Brü-
ckenbogen der S10 zu, welcher hier das Tal überspannt. Unter der
Brücke hindurch gelangen wir zu einer Straßenkreuzung, bei der
wir wieder auf die linke Flussseite wechseln und so zum Eingang
des Thurytals kommen.

Auf einer Forststraße wandern wir weiterhin der gelb-blauen Markierung nach immer nah am Flusslauf entlang in Richtung Norden. Schon bald passieren wir mit dem ersten **Thuryhammer** eine
restaurierte Schmiede. Der schattige Pfad bringt uns daraufhin
vorbei an einem schon verfallenen weiteren Hammer und schließlich leicht ansteigend zum **Teufelsfels**. Um diesen Felsturm rankt
sich die Sage, dass es sich dabei um einen vom Teufel versteinerten
Riesen handelt. Hinter dem Teufelsfels folgen wir noch kurz dem
Bachlauf, bevor der Wanderweg nach links den Hang hochzieht.
Hinter einer Kuppe gabelt sich der Weg und wir folgen der Abzweigung (und einer weiteren kurz darauf) nach rechts wieder talwärts zur Feldaist in Richtung Neumühle. Über eine Holzbrücke

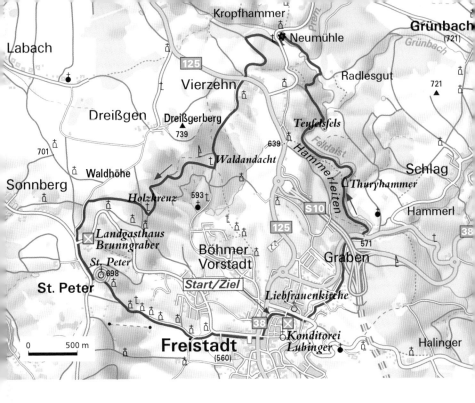

geht es auf die andere Flussseite und über eine Wiese kommen
wir zu einer Forststraße, der wir nach links bis zur Neumühle folgen. Diesen nördlichsten Punkt unserer Tour haben wir nach rund
1 Std. 45 Min. Gehzeit erreicht.

Von der Neumühle aus wandern wir an der Straße ein kurzes Stück
nach links, um nach Überqueren der Feldaist bei der ersten Gabelung
nach rechts einem Güterweg in den Wald hoch zu folgen. Bei einer
Wiese treffen wir dann auf ein Hinweisschild und hier verlassen wir
die gelb-blaue Markierung. Ab nun folgen wir für einige Zeit der
Markierung FR4, die uns zunächst nach links den Wiesenhang empor zum Waldrand führt. In einem Bogen wandern wir durch ein
Waldstück und anschließend durch Felder zum Weiler Vierzehn, wo
wir auf die Bundesstraße treffen. Auf dieser gehen wir wenige Meter nach rechts, um sie dann zu überqueren und über einen Güterweg nach Südwesten abzubiegen. Wir folgen dem Güterweg durch
die Felder bis zu einer Gabelung und entlang einer Forststraße geht
es dann nach rechts in Richtung Wald hoch. Schon bald senkt sich

Im Thurytal

St. Peter

diese wieder ab und bringt uns zu einer Gabelung im Wald, bei der wir uns nun nicht mehr an der Markierung FR4 orientieren, sondern die linke Abzweigung zu der mitten in den Wäldern der Bockau an einer kleinen Lichtung gelegenen **Waldandacht** nehmen. Ein hölzerner Bildstock in einem kleinen umzäunten Bereich und eine Rastbank laden zu einer beschaulichen Rast ein.

Von der Waldandacht aus betrachtet, geht es nun nach rechts ein kurzes Stück über eine unmarkierte Wegstrecke eine Forststraße entlang. Diese führt relativ flach in Kurven den Hang entlang nach Westen, um sich später mit einer von rechts herabführenden weiteren Forststraße zu vereinigen. Wir behalten unsere Richtung bei und folgen der Forststraße durch mehrere Kurven nach Südwesten bis zu einer weiteren Weggabelung unterhalb eines kleinen Holzkreuzes. Ab hier halten wir uns bis zum Ende unserer Tour an die *Markierung FR 1* des *Meditationswegs* – symbolisiert von einem zarten Labyrinth auf weißem Grund – und biegen dazu nach rechts auf einen steiler ansteigenden Forstweg ab.

Dieser führt uns – an Gabelungen jeweils links – in einem sanften Bogen durch den Wald nach Westen, bis wir eine Wiese mit schönem Talblick auf Freistadt erreichen. Danach leitet uns der Pfad weiter zu einem unbefestigten Güterweg, dem wir nach links bis zu einer asphaltierten Straße folgen. Vor uns ragt bereits der Kirchturm von **St. Peter** über die Baumwipfel und unser letztes Etappenziel ist nun nicht mehr fern. Entlang der Straße geht es – vorbei am **Landgasthaus Brunngraber** – in den Ortskern von St. Peter. Kurz darauf erreichen wir die Kirche und die danebengelegene Kalvarienbergkapelle, die ein harmonisches gotisches Ensemble bilden. Zugleich lässt sich vom ummauerten Kirchengelände aus ein weiter Blick über die umliegenden Höhen und Täler sowie hinab auf Freistadt genießen.

Sobald wir uns von diesem friedvollen Fleckchen losreißen können, führt uns der weitere Weg über die Wiese unterhalb von St. Peter entlang des Kreuzwegs talwärts in Richtung Freistadt. Durch Wald und entlang von Wiesen geht es – vorbei an mächtigen Kreuzwegstationen – tiefer. Der Weg erreicht in einem sanften Auslaufen die Freistadt westlich vorgelagerten Wiesen und Felder und am Ende des Kreuzwegs folgen wir schließlich der Straße nach rechts auf die Altstadt zu. Noch ein kurzes Stück geht es entlang des westlichen Stadtgrabens nach Norden und wir beschließen nach rund 3 Std. 45 Min. Gesamtgehzeit unsere stimmungsvolle Rundtour.

Kraftplatzerfahrungen

Mit dem Teufel durch's Thurytal

Beim Wandern durch das Thurytal ist der Teufel stets präsent. Es gibt mehrere Sagen, die davon erzählen, was der Teufel hier nicht an Schlimmem versucht hat, um zum Beispiel die Stadt Freistadt zu zerstören oder die Feldaist aufzustauen. Zum Glück hausten hier einst zwei Riesen, die dem Teufel das Handwerk legten. Einer der Riesen wurde zwar zu Stein verwandelt, doch der zweite packte den Teufel bei den Hörnern und soll mit ihm unter Schwefelgestank im Erdboden versunken sein. Noch heute heißt eine der Felsformationen Teufelsstein und daneben sitzt jetzt ein metallener Teufel, der von Menschenhand geschaffen wurde und den man mit ein wenig Geschick sogar besteigen kann, um sich seiner Teufelskrallen zu bedienen. Ein skurriles Fotomotiv, das von vielen Ausflüglern und Wanderern gerne genutzt wird und auch bei Kindern sehr beliebt ist.

St. Peter

So teuflisch es im Thurytal zugegangen sein mag, so lieblich, friedlich und harmonisch fühlt es sich an, wenn wir das Kirchlein St. Peter am Berg erreichen. Auch für diesen Ort gibt es eine Sage – und eine Verbindung zur Kirche St. Michael ob Rauchenödt, die in nordöstlicher Richtung auf einer Anhöhe liegt.

Einst sollen sich zwei Brüder namens Peter und Michael auf der Jagd im Mühlviertler Urwald verirrt haben. Nachdem jeder ein Feuer entzündet hatte, wussten sie, wo sie sich wieder finden konnten. Als Dank für die Rettung erbauten die Brüder die Kirchen St. Peter und St. Michael. Die gotische Kirche in St. Peter ist mit einem Zwiebelhelm geschmückt. Im Inneren finden wir reich verzierte Altäre und ein gotisches Taufbecken. St. Peter ist älter als die Pfarre Freistadt, die Kirche wurde 1200 durch die Pfarre Neumarkt errichtet. Ausgrabungen zufolge war die Urkirche eine romanische Saalkirche mit quadratischem Chor. Der Traufenstein dürfte noch aus dieser Zeit stammen. Neben der Kirche steht heute die letzte Station eines Kreuzwegs, die Kreuzweg-Kapelle.

Die Kirche St. Peter ist von einer Friedhofsmauer umrahmt und wer hier bewusst eintritt, findet einen heiligen Ruheort. Sofort fallen mir drei mächtige Linden auf. Die Bäume sind Naturdenkmäler und tragen mit ihren lieblichen Energien zur Harmonisierung des Ortes bei. Nie hätte ich gedacht, dass ich mich innerhalb einer Friedhofsmauer so wohlfühlen kann. Die besten Plätze zum Verweilen sind direkt unterhalb der Linden, hier lasse ich es gut sein. Eine schöne stille innere Übung kann uns hier unter den Linden begleiten. Wir lassen die Gedanken ziehen und der Intuition freien Lauf. Zur Frage: „Was in meinem Leben braucht noch mehr Harmonie?" hören wir in uns hinein und warten, ob es Antworten gibt. Kein Zwang soll diese Übung begleiten, nur das Rauschen und vielleicht der süße Duft der Lindenblüten, der uns das Herz öffnet und die Innenschau fördert.

Die Friedhofslinde

Es war einmal ... vor langer, langer Zeit. Da gab es eine kleine Kirche auf einem Berg, die gar hübsch anzusehen war. Doch so lieblich dieser Ort auch sein mochte, so traurig und furchtbar war es für die Hinterbliebenen, wenn ein Mensch im Ort gestorben war und er hier zu Grabe getragen wurde.

Einst war einem Mann die Frau gestorben. Er hatte sie sehr geliebt und wusste nicht mehr ein noch aus. Die Frau war eine Kräuterkundige gewesen und hatte gegen jedes Leiden ein Mittel gekannt. Eines Tages erschien sie ihrem trauernden Mann im Traum und flüsterte ihm zärtlich ins Ohr: „Mein Lieber, sei nicht traurig und weine nicht um mich. Mir geht es gut im Himmel und ich kann dich sehen. Doch wenn du um mich weinst, dann weine ich mit dir und das Leiden nimmt kein Ende. Sei gescheit und setz dich unter die Friedhofslinde, wenn dein Herz schmerzt. Und wenn der Lindenbaum erblüht, dann atme den süßen Duft ein, sammle die Blüten und mache dir einen Tee daraus." Als der Mann am nächsten Tag erwachte, da konnte er sich noch haargenau an den Traum erinnern. Die Worte seiner verstorbenen Frau hatten sich in sein Hirn eingebrannt, doch voller Sehnsucht und Traurigkeit litt er still weiter und wollte nicht wahrhaben, dass sie tot war. Wie jeden Tag ging er zum Friedhof, um das Grab seiner Frau zu besuchen, und dachte an den geträumten Rat. Es war ein lauer Frühsommertag und er war ganz alleine am Friedhof. So setzte er sich am Fuß einer der mächtigen Linden nieder und erzählte dem Baum mit den Herzblättern von seinem Herzschmerz. Die gute alte Linde hörte aufmerksam zu und linderte auf ihre Weise das Leiden des Mannes. Er war am Stamm der Linde eingeschlafen und wunderte sich, dass es schon dunkel war, als er erwachte. Es war ein seltsames Erwachen, so als wäre er seit langer Zeit zum ersten Mal wieder einmal richtig wach geworden. Er wurde sich plötzlich dessen bewusst, dass er durch seine Trauer seine geliebte Frau nicht zurückholen konnte, und versuchte, die traurigen durch liebevolle Gedanken an sie zu ersetzen. Immer wieder verweilte er unter der Linde und immer wieder erfuhr er hier Linderung. Sein Herz tat nicht mehr so weh und als er schließlich auch noch den heilsamen Lindenblütentee trank, da war ihm, als würde ihm das Herz aufgehen. Seine Frau lächelte vom Himmel herab und bedankte sich bei der alten Linde für die Heilung ihres Gatten. Auch die alte Linde lächelte, denn sie freute sich, wenn sie helfen konnte.

Bezirk Perg

11 Rechberger Schwammerling

- **Charakter der Wanderung:** Eine nur mäßig anstrengende Wanderung rund um Rechberg, bei der auf den Schwammerling, einen auffällig geformten Wackelstein, noch weitere Höhepunkte im Naturpark Mühlviertel folgen. Über Forststraßen entlang der Naarn und den Puchberg erreichen wir die Blockheide der Pammerhöhe und den Elefantenstein. Schließlich geht es noch zum Freilichtmuseum Großdöllnerhof und zuletzt folgt mit der Karl-Weichselbaumer-Warte noch ein Aussichtspunkt, bevor wir talwärts zurück nach Rechberg wandern.

Länge	10 km (ca. 2 Std. 30 Min.–3 Std. Gehzeit)
Steigung	290 hm
Markierungen	*Weg Schwammerling (Wegnummer 2);*
	Weg Puchberg (Wegnummer 1);
	Naturparkweg (Wegnummer 4)
Weg	Asphalt, Forststraßen, Wanderwege
Anfahrt	Mit dem PKW über Pregarten, Perg oder Grein nach Rechberg. Parkmöglichkeit unterhalb des Ortszentrums.
Einkehr	• Gasthof „Der Dorfwirt" (www.dorfwirt-raab.at)
	• Gasthof zum „Goscherten Wirt" (www.gasthaus-haunschmid.at)
Sehenswertes	• Wallfahrtsort Allerheiligen im Mühlkreis
	• Burgruine Windhaag bei Perg (burgruine.windhaag-perg.at)
Information	Tourismusverband, Rechberg 9, 4324 Rechberg Tel.: +43 (0)7264/4655-18 info@naturpark-muehlviertel.at www.naturpark-muehlviertel.at

Wegbeschreibung

Wir beginnen unsere Runde beim Gemeindeamt von Rechberg oberhalb der Kirche. Von hier aus halten wir uns an die gelbe

Rechberger Schwammerling

Markierung Schwammerling, die uns in nordwestlicher Richtung aus dem bebauten Gebiet herausführt. Wir folgen der Straße durch eine Kurve und dann leicht bergan weiter nach Westen, wo wir schon bald auf einem gegenüberliegenden Hang oberhalb eines Bauernhauses die Felsformation des **Schwammerling** sehen. Durch eine weitere lang gezogene Kurve geht es nun zu dem besagten Hof, hinter dem uns ein Feldweg nach rechts hoch zum Schwammerling führt, den wir nach rund 20 Min. Gehzeit erreicht haben. Hier bietet sich eine erste Rast mit einem entspannenden Rundumblick über die sanfte Mühlviertler Kulturlandschaft an.

Nun folgen wir dem Feldweg weiter nach Nordosten zum höher gelegenen Waldrand, wo der Weg steiler wird und uns schließlich durch den Wald zu einer Forststraße führt. Auf dieser geht es nach links in Gehrichtung Bad Zell. Die Forststraße entlang wandern wir zuerst in einem weiten Bogen leicht abwärts – wobei wir uns bei der ersten Gabelung weiter rechts in Richtung Bad Zell halten – und später über mehrere Kurven entlang des Naarntals durch den Wald. Die Naarn ist in etlichen Abschnitten noch naturnah erhalten und bietet so der seltenen Flussperlmuschel einen Lebensraum.

Bei einer weiteren Gabelung gehen wir über eine Brücke nach rechts in nördliche Richtung. Die Forststraße steigt nun in einem Bogen nach Südosten wieder an, wobei wir uns ab nun an der *Markierung in Richtung Puchberg* orientieren. Der Weg führt uns entlang eines schönen Seitentals nach Südosten heraus aus dem Wald, vorbei an einem Fischteich und hinauf zu einem auf der Anhöhe gelegenen Anwesen. Hier biegen wir auf einer weiteren Forststraße wieder nach links in Richtung Wald ab. Der Weg wird nun langsam steiler und windet sich in mehreren Kehren hoch zur Puchberghöhe. Ab hier orientieren wir uns nun an der *Markierung in Richtung Pammerhöhe*.

Der Weg wird jetzt wieder flacher und fällt leicht zum Waldrand hin ab. Vorbei an einem Bauernhaus geht es weiter auf einem asphaltierten Güterweg nach Südosten. Bei einer Straßenkreuzung halten wir uns links und sehen ringsum in den Wiesen schon zahlreiche verstreute Felsblöcke. Der höchste Felsen rechts der Straße ist von einem Holzkreuz gekrönt und hier auf der **Pammerhöhe** bietet sich nach rund 1 Std. 30 Min. Gehzeit bei schönem Ausblick eine Rastbank für eine Pause an.

Weiter folgen wir der Straße nach Süden, passieren dabei eine Kapelle und einen Hochbehälter und wenden uns schließlich an einer Kreuzung beim Bauerngut Lindner für einen kurzen Abstecher nach links. Gleich nach einer Kurve hinter dem Bauernhaus zeigt sich links der Straße mit dem **Elefantenstein** ein weiteres eigenwillig geformtes steinernes Naturdenkmal.

Wir kehren zurück zur Kreuzung und folgen nun der *Markierung Naturparkweg* auf der Straße geradeaus nach Süden. Kurz hinter der Kreuzung passieren wir bei einem weiteren Bauernhaus ein links der Straße gelegenes Wäldchen mit Felsblöcken und Opferschale. Weiter geht es auf der Höhenstraße – teilweise mit Blick auf die in der Ferne sichtbare Wallfahrtskirche von Allerheiligen – abwärts nach Südwesten. Hinter ein paar Häusern überqueren wir eine weitere Straße und halten nun auf die gegenüberliegende bewaldete Anhöhe des Plenkerbergs zu. Am Waldrand verlassen wir mit der *Markierung des Naturparkwegs* die asphaltierte Straße nach links und ziehen über einen Pfad in einem Bogen hoch zum **Freilichtmuseum Großdöllnerhof**. Neben einem liebevoll renovierten Bauernhaus in idyllischer Lage mit einem beeindruckenden Strohdach über charakteristischen Mühlviertler Steinbloßmauern erwartet uns hier auch einer der zahlreichen Pechölsteine des Unteren Mühlviertels, mit deren Hilfe früher Pechöl aus Baumharz gewonnen wurde.

Der Großdöllnerhof ist ein rund 400 Jahre alter Dreiseithof, der seit den 1990er-Jahren als Freilichtmuseum dient. 2002 war er Veranstaltungsort der Oberösterreichischen Landesausstellung. Heute beherbergt der Großdöllnerhof neben dem Bauernmuseum eine Dauerausstellung unter dem Titel „Volksmedizin und Aberglaube" sowie wechselnde Sonderausstellungen. Auch als Veranstaltungszentrum für Seminare, Vernissagen und kulturelle Feste wird der Hof gerne genutzt.

Freilichtmuseum Großdöllnerhof

Auf der Vorderseite des Großdöllnerhofs wartet mit dem Stein-lehrpfad – einem kurzen Rundweg, der die Besucher mit Hilfe von zahlreichen Felsblöcken durch die unterschiedlichen Gesteinsregionen Oberösterreichs führt – ein weiteres interessantes Ziel. Wir wenden uns nun auf dem Pfad vorbei an der Hubertuskapelle nach Südwesten. Durch den von Felsblöcken durchsetzten Wald wandern wir hoch zur **Karl-Weichselbaumer-Aussichtswarte**, der letzten Zwischenstation unserer Runde.

Von hier aus geht es nun in Kehren weiter nach Westen und entlang des *Naturparkwegs* bergab durch den Wald. Diesen verlassen wir bei ein paar Einfamilienhäusern und folgen dem *Panoramaweg* zwischen den Häusern nach Nordwesten zurück in Richtung Ortszentrum, das wir nach rund 2 Std. 30 Min. bis 3 Std. Gesamtgehzeit erreichen.

Kraftplatzerfahrungen

Rechberger Schwammerling

Typisch für das Gebiet um Rechberg ist der Weinsberger Granit. Der Name stammt von dem Hauptverbreitungsgebiet, dem riesigen Weinsberger Forst, der sich an der Grenze von Mühl- und Waldviertel erstreckt. Mit rund 300 Millionen Jahren ist er wohl der älteste Granit im Mühlviertel. Häufig ist dieser Granit mit Eisgarner Granit, Mauthausener Granit und Altenberger Granit durchschlagen. Die Mühlviertler Granitarten sind durch langsames Erstarren von glutflüssigem Magma entstanden. Die charakteristischen Verwitterungsformen wie der Schwammerling in Rechberg werden als Wollsackverwitterung bezeichnet.

Bereits in der Jungsteinzeit soll das Gebiet rund um Rechberg besiedelt gewesen sein. So kann man sich vorstellen, wie lange der außergewöhnlich geformte Schwammerling schon von Menschen bewundert und wohl auch verehrt wurde. Das Wahrzeichen von

Rechberg ist ein ganz besonderer Restling, wie die steinernen Überbleibsel auch genannt werden. Auf einem mehr als drei Meter hohen Felsen ruht der ovale Granitblock im Ausmaß von zwei Mal fünf Metern. Es handelt sich um einen Wackelstein. Die Bewegungen eines Wackelsteins sollen sich fruchtbar auf die Gegend auswirken, und so dürfte dieser Ort früher einmal ein Kultplatz zu Ehren der großen Mutter- und Erdgöttin gewesen sein. Hier wurde wohl um Fruchtbarkeit gebeten. Das Wackeln des Steines könnte ein Ritual dazu gewesen sein.

Auf einer Infotafel neben dem Stein erfahren wir Wissenswertes über die Entstehung von Wackelsteinen und eine Geschichte zum Schwammerling gibt es natürlich auch. Angeblich wollten die Franzosen unter Napoleon einst den Schwammerling mit Hilfe von Pferden von seinem Steinplateau herunterziehen, doch schafften sie es nicht. Den Namen trägt der Schwammerling wohl, weil er mit seinem riesigen steinernen Hut einem Schwammerl ähnlich sieht. Früher wurde das eigentümliche Steingebilde auch für Orakel und Weissagungen verwendet, heißt es. Seit dem Jahr 1984 ist der Schwammerling ein Naturdenkmal.

Als ich den Schwammerling besuche, treffe ich dort eine trächtige Katze, die sich von mir gerne streicheln lässt und ihr sonnengewärmtes Steinplatzerl schnurrend genießt. Wohl ein Zufall könnte man meinen, doch achte ich immer sehr genau darauf, was mir bei meinen Kraftplatzbesuchen widerfährt. Für mich ist die Katzenbegegnung ein schöner Hinweis dafür, dass dieser Ort auch heute noch für Fruchtbarkeit steht.

Er liebt mich, er liebt mich nicht …

Es war einmal … in der Gegend des heutigen Rechberg. Da lag der Schwammerling natürlich auch schon so wunderschön in der Landschaft und zog die Menschen magisch an. Es hieß, an diesem Ort könne das Orakel befragt werden, indem man den Stein zum Wackeln brachte. Hatte man eine Frage, die mit Ja oder Nein zu beantworten war, dann versuchte man, den Schwammerling zu bewegen. So wie das Nicken eines Kopfes ein Ja bedeutet, so verhieß auch das Wackeln des Steins eine positive Antwort. Ein junges Bauernmädchen namens Marie machte sich eines Tages auf zum Schwammerling, weil es vom Steinorakel gehört hatte. Die quälende Frage, ob der Franz vom Nachbarhof sie denn lieben würde, war es, die sie an diesem schönen Sommermorgen antrieb. Beim steinernen Monument angelangt, stutzte Marie, denn sie war nicht die einzige, die heute hierhergekommen war. Eine ganze Menschentraube umringte den Stein, viele stellten sich an und einer war so geschäftstüchtig, dass er eine Leiter mitgebracht hatte, die es den Leuten ermöglichte, in eine besonders gute Position zu gelangen, um den Stein in Bewegung zu bringen. Natürlich kostete es etwas, auf die Leiter zu steigen. Jeder zahlte gerne, aber Marie hatte leider kein Geld dabei und war jetzt ganz verzagt, weil sie den Stein unbedingt zum Wackeln bringen wollte. Ein anderes Mädchen in ihrem Alter sprach sie an: „Warum schaust du denn so traurig drein?" „Ich habe kein Geld und möchte doch auch auf die Leiter, um dem Stein meine Frage zu stellen!" „Ach was", sagte die andere, das ist doch gar kein Problem, hier hast du ein paar Münzen, das wird wohl reichen!" Marie strahlte über das ganze Gesicht: „Danke!", sagte sie und umarmte die Fremde. Diese lächelte. Nun warteten sie, bis sie an der Reihe waren, und fingen dabei an, von ihren Herzenswünschen zu erzählen. Auch bei dem anderen Mädchen, das Luise hieß, ging es natürlich um die Liebe und wenn sich die Mädchen so umschauten, waren fast nur Frauen hier, die dem Schwammerling Fragen stellen wollten. Und so wackelte der Stein den ganzen Tag – oder auch nicht, wenn eine Frage mit Nein beantwortet wurde.

Endlich war Marie an der Reihe. Sie zahlte die Gebühr für die Leiter und stieg nach oben. Gewaltig lag er nun vor ihr, der uralte Stein. Ob sie ihn mit ihren zarten Händen zum Schwingen bringen würde? In Gedanken sprach sie ihre Frage aus. Kaum hatte sie fertig gedacht, da spürte sie ein Kribbeln in ihren Armen, der ganze Stein vibrierte und Marie mit ihm – und ja, der Schwammerling bewegte sich! Voller Freude sprang sie nun von der Leiter und strahlte über das ganze Gesicht. Luise hatte auf sie gewartet und auch ihre Frage hatte den Stein zum Wackeln gebracht. Ein paar Monate später lud Marie den Franz am Stefanitag, dem 26. Dezember, ein, ihr Störibrot anzuschneiden, und so wusste auch er, dass sie ihn gern hatte. Ohne die positive Antwort des Schwammerlings hätte sich Marie wohl nie getraut, dem Franz ihre Gunst zu bekunden, denn das Störibrotanschneiden war *ein besonderer Brauch, der es den Mädchen erlaubte, den Burschen zu zeigen, dass ihr Herz für sie schlug.*

Marie und Luise wurden gute Freundinnen, sie gingen noch oft gemeinsam zum Schwammerling und irgendwann mussten sie auch keine Gebühr mehr für die Leiter entrichten, weil jemand eine gute und stabile Holzleiter gestiftet hatte. Der Schwammerling freute sich, dass so viele menschliche Besucher zu ihm kamen, und Mutter Erde freute sich auch, denn mit jedem Wackeln kam der Erdboden in Schwingung und wurde damit noch fruchtbarer und lebendiger.

Naturjuwel Pammerhöhe

Ein weiterer schöner und kräftiger Platz ist die Pammerhöhe. Mit ihren wollsackverwitterten Granitblöcken lädt sie zum Verweilen ein. Die Kuppenlage führte hier zu einer typischen Trockenvegetation. Wacholder, Birke, Eberesche und Hasel fühlen sich wohl und machen den Ort zu einem kleinen Naturparadies.

Elefantenstein

Eine weitere kräftige Steinformation entdecken wir mit dem eigentümlich geformten Elefantenstein – einem massiven Granitblock, der angeblich einmal ein keltisch-germanischer Begräbnisplatz war. Urkundlich heißt der Ort Rehberg, was auf die Bedeutung von *Rhai* (Leiche) zurückzuführen ist.

12 St. Thomas am Blasenstein und Zigeunermauern

● **Charakter der Wanderung:** Eine Rundtour, die uns vom populä-
○ ren Wallfahrtsort St. Thomas am Blasenstein zunächst zur herr-
○ lich gelegenen Ruine Klingenberg führt. Vorbei an den 7 Zinnen
wandern wir anschließend weiter zur imposanten Felsformation
der Zigeunermauern. Schließlich geht es – mit der Möglichkeit zu
einem Abstecher zum Phallusstein – zurück nach St. Thomas. Hier
bietet sich noch die Gelegenheit, bei der Bucklwehluck'n den Tag
mit einem traumhaften Rundblick über das Untere Mühlviertel
ausklingen zu lassen.

Länge	11 km (ca. 3 Std. 15 Min. – 3 Std. 45 Min. Gehzeit)
Steigung	260 hm
Markierung	*Ruine Klingenberg (Wegnummer S8)*
Weg	Forststraßen, Asphalt, Feld- und Wanderwege
Anfahrt	Mit dem PKW über Pregarten, Perg oder Grein nach St. Thomas am Blasenstein. Parkmöglichkeiten rund um das Ortszentrum.
Einkehr	Gasthaus Ahorner
Sehenswertes	• Wallfahrtskirche und Mumie (Luftg'selchter Pfarrer) von St. Thomas am Blasenstein
Information	Tourismusverband, Markt 7 4364 St. Thomas am Blasenstein Tel.: +43 (0)7265/5455 marktgemeinde@st-thomas.at, www.st-thomas.at

Wegbeschreibung

Wir beginnen unsere mit der Beschilderung *Ruine Klingenberg
(Wegnummer S8)* gekennzeichnete Runde beim Gemeindeamt von
St. Thomas am Blasenstein und folgen der Ausfahrtsstraße talwärts
in Richtung Ortsausgang. Noch inmitten der Häuser führt uns der
Wegweiser jedoch nach rechts zwischen den Gebäuden vorbei am
Wackelstein zu einem Waldpfad. Wir folgen diesem abwärts, über-
queren die Landstraße und steigen durch den Wald weiter zu einem

Bucklwehluck'n in St. Thomas am Blasenstein

Güterweg ab. Wir wenden uns nach links, verlassen den Güterweg jedoch schon bei der folgenden Gabelung nach rechts. Vorbei an einem Tiefbehälter geht es nun über einen Feldweg nach links nordwärts den Waldrand entlang. Der Weg führt uns sanft ansteigend bis zu einem weiteren Güterweg, auf dem es kurz nach links geht, bevor wir ihn nach wenigen Metern hinter ein paar Häusern wieder nach rechts über eine Forststraße verlassen.

Diese Forststraße führt uns in einem Bogen unterhalb der Bärenluckn durch den von Felsblöcken übersäten Wald, anfangs flach, später fallend, nach Norden. Bei einer Gabelung knickt die Route nach rechts und wir gelangen zu einem Güterweg, der uns wiederum nach rechts – nun bereits den Bergfried der Ruine Klingenberg im Blick – um einen Bauernhof herumführt. Hinter diesem bewegen wir uns über eine Forststraße entlang des Willersdorfer Baches neuerlich nach Norden talaufwärts in den Wald hinein. Im Wald beschreibt die Forststraße eine scharfe Kehre nach Südosten und in einem kurvigen Anstieg geht es nun höher, bis wir schließlich die **Ruine Klingenberg** nach rund 1 Std. 15 Min. Gehzeit erreicht haben. Innerhalb und außerhalb der Mauern der Ruine, die teilweise

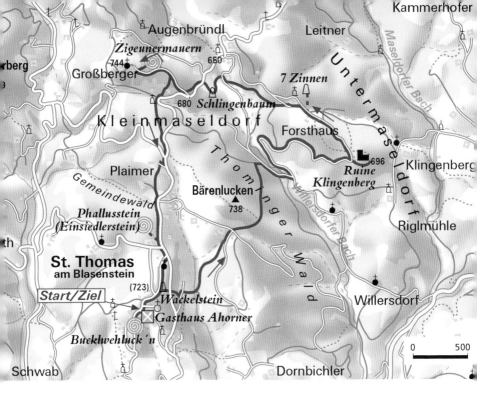

restauriert wird, bieten sich einige Bänke mit tollem Fernblick zu einer Rast an.

Burg Klingenberg wurde Ende des 12. Jahrhunderts von den Velburgern errichtet. Mit einer Gesamtfläche von mehr als 3 000 m² bestand sie aus Zwinger, Vor- und Hauptburg. In der Reihe der Adelsgeschlechter, die sich im Besitz der Burg befanden, finden sich unter anderem Babenberger und Habsburger. 1700 brannte schließlich nach einem Blitzschlag der größte Teil der Anlage ab.

Beim Abstieg von der Ruine wenden wir uns – zurück auf der Forststraße – nun nach Nordwesten in Richtung Grabneralm. Bei Erreichen eines Güterwegs bietet sich die Gelegenheit zu einem rund viertelstündigen (Hin- und Rückweg) Abstecher nach rechts hoch zu den 7 Zinnen, ein paar Felstürmen im Unterholz oberhalb der Straße. Zurück auf der Straße verlassen wir diese schon nach wenigen

Metern in Richtung Westen über einen Feldweg, der uns nach links talwärts führt. Bei der ersten Gabelung halten wir uns links, danach nehmen wir die rechte Abzweigung, die uns nach Nordwesten in den Wald bringt. Hier folgen wir der linken Abzweigung und es geht weiter den Hang entlang durch den Wald bis zu einem Bauernhaus am oberen Ende des Tals. Über einen Feldweg wandern wir auf der gegenüberliegenden Hangseite bergan bis zum Waldrand. Hier erwartet uns hinter einer Kurve ein mit gelben Pfeilen markierter steiler Waldpfad, der uns nach rechts zwischen Felsen höher führt. Kurze Abstecher bringen uns zum Schlingenbaum und zum Aussichtspunkt Waldpeter. Es geht den rechten Rand einer Wiese entlang und über eine Straße, hinter der wir einem Waldweg nach links folgen. So stoßen wir neuerlich auf einen Güterweg, wo wir rechts abbiegen. Bei einer Rastbank im Wald zweigt ein Pfad nach rechts ab und nach einem kurzen Anstieg stehen wir schließlich nach rund 2 Std. 15 Min. Gehzeit vor den Felsblöcken des Naturdenkmals **Zigeunermauern**.

Der Pfad führt uns entlang der *Markierung S8* in Richtung Phallusstein auf der anderen Seite der Felsen wieder den Hang hinab zum Güterweg, auf dem wir nach links abbiegend bald wieder auf unsere Anstiegsroute treffen. Am Waldrand angelangt biegen wir nun jedoch nach rechts ab und gelangen so durch Jungwald hinab zu einem Bauernhaus. Hinter diesem geht es auf dem Güterweg nach rechts und an der Kreuzung biegen wir links von der kleinen Kapelle über einen leicht ansteigenden Forstweg nach Süden in den Wald ab. Auf diese Weise umgehen wir eine lange Kurve der Straße, auf die wir jedoch bald wieder treffen. Wir folgen ihr nach rechts bis zu einer Kreuzung, halten uns hier links und biegen schon bei der nächsten Gabelung nach rechts auf eine ansteigende Zufahrtsstraße ab. Noch vor Erreichen des Bauernhofs geht es nach links entlang des Feldes und anschließend durch ein Waldstück zum Sportplatz von St. Thomas. Dahinter folgen wir der Straße nach Süden, bis wir am Ende des Gemeindewaldhanges auf die Beschilderung stoßen, die uns auf die Möglichkeit zu einem kurzen steilen Abstecher nach rechts in den Wald hoch zum **Phallusstein** hinweist (rund 15 Min. hin und zurück).

Zigeunermauern

Zurück auf der Straße geht es über die nahe Kreuzung und entlang der Einfahrtsstraße nach rund 3 Std. 15 Min. Gesamtgehzeit (ohne die beiden je 15-minütigen Abstecher zu 7 Zinnen und Phallusstein) zurück ins Zentrum von St. Thomas. Hier sollten wir unsere Wanderung mit einem Besuch der **Bucklwehluck'n** am Blasenstein krönen. Vor allem nach dem Ende des Besucherandrangs tagsüber kann man hier abends noch einmal den Blick über die Landschaft schweifen und die Eindrücke des Tages in aller Ruhe Revue passieren lassen.

Kraftplatzerfahrungen

Bucklwehluck'n

In St. Thomas am Blasenstein befindet sich einer der bekanntesten Durchkriechsteine Österreichs, die Bucklwehluck'n. Die Tradition dieses Steines dürfte bis in die Ur- bzw. Frühgeschichte zurückreichen. Aber auch heute noch kommen viele Menschen mit dem Ansinnen hierher, etwas hinter sich zu lassen, wenn sie sich durch den

Felsspalt zwängen. Immer war die Idee beim Durchkriechen jene, dass man eine Krankheit oder ein Leiden abstreift und befreit aus dem Fels hervorkommt. Der auf einer zwölf Meter langen und sechs Meter breiten, abgerundeten Felsplatte ganze fünf Meter aufragende Granitblock enthält eine Spaltung, die so aussieht, als ob zwei Felsblöcke aneinandergelehnt wären. Nach alter Überlieferung hilft ein Durchschlüpfen von Ost nach West vor allem gegen Kreuzschmerzen und rheumatische Beschwerden. So kam der Felsspalt zu seinem Namen.

Zu Zeiten als der heutige Kalender noch nicht gebräuchlich war, soll der Blasenstein so wie der Sonntagberg in Niederösterreich anhand genauer Beobachtungen des Sonnenverlaufs zur Bestimmung der Anfänge der Jahreszeiten genutzt worden sein. Er war und ist auch eng mit der Wintersonnenwende verbunden. So fällt der Gedenktag seines späteren Patrons St. Thomas auf den 21. Dezember. Der niederösterreichische Sonntagberg wiederum war – wie der Name schon verrät – für die Sommersonnenwende zuständig. Von beiden Bergen aus wurden diese zwei wichtigen Tage im Jahr mit weithin sichtbaren Feuern angezeigt. Am 21. Dezember sollen die ersten Sonnenstrahlen genau durch den Spalt der Luck'n scheinen, ein möglicher Hinweis auf ein frühzeitliches steinernes Kalendarium.

Wie bei vielen anderen Steinheiligtümern wurde auch in St. Thomas am Blasenstein der vorchristliche Kultplatz durch das Aufstellen eines Bildstocks mit christlichen Heiligen samt Patriarchenkreuz christianisiert. Im Hochmittelalter war das Felsplateau von einem Bergfried überbaut. Auf der Bucklwehluck'n stand ein Turm. Die Burg trug den Namen Unterblasenstein. Die ehemalige Burg Oberblasenstein stand am oberen Burgstall neben der heutigen Kirche.

Es gibt auch eine Legende zur Bucklwehluck'n: Im 12. Jahrhundert soll es in der Gegend einen bösen Grafen namens Bodo von Klingenberg gegeben haben. Dieser wollte seinen alten Diener zu Tode schinden. Der von allerlei Leiden gepeinigte Alte versteckte sich jedoch in dem engen Felsspalt und war plötzlich von seinen Schmerzen befreit. Einer Sage nach liegen die Durchschlupfsteine bis zum Jüngsten Gericht auf dem Nacken eines Ungeheuers. Einst habe der heilige Thomas das Ungetüm mit dem Stein beschwert.

Manchmal hört man es stöhnen unter der schweren Last und dann stößt es heißen Dampf aus. Bläst der Wind um den Stein, dann mag man es jammern und heulen hören.

Mein persönliches Durchschlupferlebnis ist sehr erfreulich. Ich wage mich in den schmalen Spalt und komme gut vorwärts. Am Ausgang der Luck'n erwarten mich schon helfende Hände, die mir den Ausstieg erleichtern. Es ist ein schönes Gefühl, durch diese Felswand zu kriechen, so wie es wohl auch schon die Menschen vor rund 3000 Jahren taten. Das darauf folgende Innehalten auf der Aussichtsplattform selbst genieße ich sehr. Im Fels fühlte ich mich geborgen und sicher. Es ist mein erster Durchschlupfstein und ich kann sagen, dass ich mich danach wirklich frischer und kraftvoller fühle. Auch an den Tagen danach hält die Wirkung noch an. Ein Einheimischer hat mir erzählt, dass manche Leute gleich länger in der Luck'n verweilen, um Kraft zu tanken und die Geborgenheit in dem steinernen Spalt länger genießen zu können.

Beim Durchschlupfen kann man sich vorher überlegen, was man hinter sich lassen möchte. Was belastet mich? Was möchte ich loswerden? Wer das Schlupfen als besonderes Ritual empfindet, hat sicherlich gute Chancen etwas abzustreifen. Und wer beispielsweise einen Neubeginn im Leben plant, findet in der Bucklwehluck'n die Möglichkeit für ein passendes Ritual. Sich mit Bewusstheit auf dieses schöne und uralte Ritual einzulassen kann dazu beitragen, das Durchschlupferlebnis noch intensiver genießen zu können.

Der Durchschlupfstein

Es war einmal … vor langer, langer Zeit. Da gab es in der Gegend des heutigen St. Thomas am Blasenstein eine Felsformation, durch die man hindurchschlupfen konnte. Vor allem den Kindern machte das großen Spaß, und so war dieser Ort belebt und voller Freude und Lachen. Auch dem alten Stein gefiel das, und so wurde er mit der Zeit immer fröhlicher und herzlicher. Eines Tages, da kamen die Kinder nicht mehr. Die Sippe jener Menschen war weitergezogen und der Stein war nun wieder so einsam wie früher. Das hatte ihm einst nichts ausgemacht, doch nun, wo er sich an die menschliche Gesellschaft gewöhnt hatte, fehlte sie ihm.

Eines Tages herrschte ein schreckliches Unwetter in der Gegend und plötzlich spürte der Stein, dass sich wieder Leben in seinem Inneren regte. Ein Geschwisterpaar suchte Zuflucht vor dem starken Gewitter und flüchtete sich in die Felsspalte. Das kleine Mädchen weinte und der Stein versuchte es auf seine Art zu trösten. Als das Unwetter vorüber war, da verließen die Kinder den Durchschlupf und das Mädchen hatte gar keine Angst mehr. Es lachte und insgeheim wusste es, dass der Stein geholfen hatte. Am nächsten Tag kamen die Kinder wieder und brachten die ganze Familie mit. Die älteste Frau der Sippe untersuchte den Stein und wusste sofort, dass er etwas Besonderes war. Von diesem Zeitpunkt an wurde der Durchschlupfstein verehrt und galt als heiliger Stein. Viele Menschen kamen mit körperlichen Gebrechen und seelischen Nöten. Wenn sie durch den Stein schlüpften, dann verloren sich ihre Leiden in den vielen Millionen Jahren, die das Felsgebilde schon alt war. Dem Stein war es ein Leichtes, den Menschen zu helfen, und er tat es gerne, denn nun hatte er auch wieder Gesellschaft.

Phallusstein (Einsiedlerstein)

Die Bucklwehluck'n wird als steinerner Geburtskanal auch Vulvastein genannt. Als Gegenstück dazu liegt ganz in der Nähe der Phallusstein, der auch als Einsiedlerstein bezeichnet wird. Der Einsiedlerstein besitzt eine mit Wasser gefüllte Schale und ist rund vier Meter hoch. Einst wird hier wohl einmal ein Einsiedler gelebt haben.

Zigeunermauern

Eine mächtige Felsburg bilden die Zigeunermauern. Das Naturdenkmal besteht aus einer beeindruckenden Felsformation mit einer natürlichen Höhle und einem zeltähnlichen Eingang. Tische und Bänke laden heute zum Verweilen und Krafttanken rund um die Zigeunermauern ein. Schon viele Generationen vor uns haben hier den Kontakt zur Natur gesucht und gefunden. Den Namen verdankt der Platz dem fahrenden Volk, das hier immer wieder sein Lager aufgeschlagen haben soll. Aber auch der Robin Hood des Mühl- und Waldviertels, der berühmte Räuber Johann Georg Grasl, soll einst in der Felshöhle seinen Unterschlupf gehabt haben.

13 Stillensteinklamm und Marienstein

- **Charakter der Wanderung:** Eine Rundtour, die uns zu Beginn durch die wildromatische Stillensteinklamm östlich von Grein bis zum Gasthof Aumühle führt. Über aussichtsreiche Höhenzüge geht es dann in Richtung Süden. Ein kurzer Abstecher zum Marienstein bietet uns einen wunderschönen Ausblick nach Grein, bevor wir zu unserem Ausgangspunkt im Donautal zurückkehren.

Länge	10,5 km (ca. 3 Std. 30 Min. Gehzeit)
Steigung	280 hm
Markierungen	*Stillensteinklamm (Wegnr. 9); Grein (Wegnr. 6); Höhenwanderweg Grein (Wegnr. 7); Pötzlehnergraben – Stillensteinklamm (Wegnr. 7b); Klammleiten (Wegnr. 9a)*
Weg	Forststraßen, Wanderwege, Asphalt
Anfahrt	Mit dem PKW über Perg oder Amstetten nach Grein, von dort aus wenige Kilometer weiter nach Osten zum Eingang der Stillensteinklamm nahe der Burg Werfenstein. Parkmöglichkeiten am Klammeingang.
Einkehr	Jausenstation Gießenbachmühle (giessenbach.wordpress.com), Gasthof Aumühle (www.aumuehle.at), Konditorei-Cafe Schörgi (www.schoergi.at)
Sehenswertes	• Schloss Greinburg (www.schloss-greinburg.at) • Historisches Stadttheater Grein (www.stadttheater-grein.at)
Information	Tourismusverband Grein, Stadtplatz 5, 4360 Grein Tel.: +43 (0)7268/7055 info.grein@oberoesterreich.at, www.grein.info

Wegbeschreibung

Wir beginnen unsere Runde am Eingang der Stillensteinklamm nahe der Donau. Unter dem gemauerten Viadukt der Bahnstrecke hindurch wandern wir an der **Gießenbachmühle** vorbei, der *Beschilderung Stillensteinklamm (Wegnummer 9)* folgend, nach Norden. Zu Beginn geht es auf einer Forststraße entlang des Gießenbachs

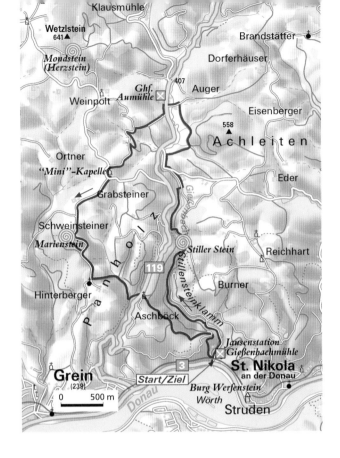

durch das enger werdende schattige Tal, bevor wir vor einer Brücke über einen Holzsteg entlang einer Felsformation auf einen Wanderweg links des Baches abbiegen. Der Pfad führt uns nun den Bachlauf entlang aufwärts bis zu einem Rastplatz samt einer Granitstele, die dem hl. Georg gewidmet ist. Ab hier wird der Weg schmaler und bringt uns stetig höher, bis wir schließlich über eine Brücke auf die rechte Bachseite wechseln. Vorbei an einem kleinen Wasserfall sehen wir bald das überhängende Felsdach des **Stillen Steins** vor uns, welcher der Klamm ihren Namen gegeben hat und bei dem das Rauschen des hier tief unter den Felsen verlaufenden Bachs nur gedämpft zu hören ist.

Hinter dem Stillen Stein passieren wir eine von Felsblöcken gesäumte Talenge, bevor es neuerlich über eine Brücke und einen kurzen Anstieg hoch zu einem Forstweg auf der linken Talseite geht. Der Forstweg leitet uns in Richtung Aumühle flacher talaufwärts weiter bis zu einem kleinen Stausee. An dessen Ufer wandern wir bis zu einer Brücke, die uns wieder auf die rechte Bachseite bringt. Links abbiegend kommen wir hoch zu einem Güterweg, auf dem wir neuerlich nach links bis kurz vor eine Kreuzung marschieren. Hier biegt ein Pfad nach rechts in den Wald ab und über diesen geht es in einem Bogen entlang des sich weitenden Tals immer nahe am Waldrand nach Norden. Über eine Wiese hinweg sehen wir schon bald den **Gasthof Aumühle** vor uns auftauchen, den wir schließlich am Ende eines Feldwegs linkerhand über eine Brücke nach rund 1 Std. 30 Min. Gehzeit erreichen.

Vom Gasthof geht es ein kurzes Stück die Bundesstraße zurück nach Süden, bis wir hinter dem letzten Haus der *Markierung Grein (Wegnummer 6)* folgen, die uns nach rechts einen Feldweg hoch auf den Wald zuführt. Wir durchqueren diesen in gerader Richtung und steigen am Waldrand weiter den Hang empor. Bei Erreichen einer Rechtskurve folgen wir dann jedoch der Abzweigung nach links hinunter in ein weiteres Waldstück. Hier überqueren wir einen Bach, um am Waldrand angelangt am unteren Rand einer Wiese bis zur Einmündung in eine von links heraufziehende Forststraße weiterzumarschieren. Der Forststraße folgen wir nach rechts hoch zu einem Bauernhaus und ab hier geht es über einen asphaltierten Güterweg der *Markierung Höhenwanderweg nach Grein (Wegnummer 7)* nach links weiter den Hang hinauf. Bei einer Kreuzung an einem Stromverteiler biegen wir nach links ab und folgen der Straße in einer Kurve bis zur Mini-Kapelle. Bei dieser wenden wir uns nach rechts und wandern mit schönem Ausblick auf Felder, Gehöfte und das Donautal talwärts nach Südwesten.

Vorbei an einem großen Bauerngut kommen wir zu einer Senke mit einem Rastplatz und den Gegenhang empor zum Bauernhaus Schweinsteiner. Dahinter geht die asphaltierte Strecke in eine Forststraße über, die uns in den Wald hineinführt. Hinter einer Kurve zeigt uns schließlich eine Markierung einen Pfad an, der uns als lohnenswerter Abstecher in wenigen Minuten nach rechts hoch durch den Wald zum **Marienstein** bringt. Hier bietet sich dem Wanderer nach rund 2 Std. 30 Min. Gehzeit ein toller Ausblick hinunter zur Donau und nach Grein. Eine Bank direkt vor dem mit einer Marienfigur in einer kleinen Nische geschmückten Findling macht die Rast perfekt.

Zurück an der Forststraße setzen wir nach dem Abstecher unseren Abstieg nach rechts fort. Es geht heraus aus dem Wald und durch Wiesen auf eine Kapelle zu. Noch bevor wir diese erreichen, zeigt uns jedoch die *Markierung Pötzlehnergraben – Stillensteinklamm (Wegnummer 7b)* an, einem Weg nach links entlang von Streuobstbäumen abwärts zu folgen. Ostwärts geht es einen Bach entlang durch Wald tiefer. Unten angelangt halten wir uns bei der Gabelung nach links und steigen einen Gegenhang zur Straße hoch. Wir überqueren diese und über eine Forststraße folgen wir der *Markierung 9a* bis zum oberen Rand des Stillensteinklamm-Tals. Hier halten wir uns an der Gabelung rechts und die Forststraße leitet uns in leichtem Gefälle stetig weiter in Richtung Talausgang. Am Ende der Forststraße halten wir uns bei einem Wendeplatz rechts und folgen der Markierung in Kehren durch den Wald hinab bis zum Eingang der Klamm. Der Pfad entlässt uns schließlich nach rund 3 Std. 30 Min. Gesamtgehzeit direkt am Klammeingang und bringt uns zurück ans Ufer der Donau.

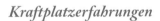

Kraftplatzerfahrungen

Stillensteinklamm

Wo heute die Gießenbachmühle steht, gab es der Sage nach früher einmal ein ärmliches Gehöft. Der Müller war gestorben und die Frau lebte dort alleine mit ihrer Tochter. Eines Tages wurde die Mutter schwer krank und das Mädchen wollte helfen. Es hatte gehört, dass es bei Vollmond ein Kraut in der Gießenbach-Schlucht zu pflücken gab, das die Mutter heilen würde. Beim nächsten Vollmond suchte das Kind die Schlucht auf und traf dort ein kleines Männlein, das es nach seinem Begehr fragte. Das Mädchen verlangte nach dem Wunderkraut und schlüpfte mit dem Männlein durch einen Felsspalt in eine völlig andere Welt. Hier war es taghell, herrliche Blumen blühten und goldene Vögelchen zwitscherten ihre Lieder. Eine wunderschöne Königin herrschte in diesem Paradies und lud das Mädchen ein zu bleiben. Aber das fromme Kind wollte wieder zur Mutter heim, um diese gesund zu pflegen. Vom Männlein bekam es zum Abschied ein besonderes Kraut in den Korb gelegt. Im selben Moment dröhnte ein Donnerschlag durch die Schlucht und das Mädchen verlor die Besinnung. Als es wieder zu sich kam, war das Rauschen des Gießenbaches verstummt und wo man zuvor den Lauf des Wassers sah, da lag nun ein riesiger Stein, der von nun an die Schlucht verschloss. Schnell lief das gute Kind heim, um nach der kranken Mutter zu sehen. Drei Tage waren vergangen und in der Zwischenzeit war die Mutter genesen. Und noch eine schöne Wendung gab es, denn aus den Kräutern in dem Körblein waren Gold und Edelsteine geworden. Die Freude über die Genesung der Mutter war groß und ab diesem Zeitpunkt brauchten die beiden auch keine Not mehr zu leiden, denn die Schätze aus dem Felsenreich reichten ein Leben lang. So erzählt man sich heute noch die Sage als Erklärung, warum der Gießenbach ein Stück weit unterirdisch fließt und dadurch still wird.

Die Stillensteinklamm ist ein märchenhaft verzauberter Ort und man kann sich gut vorstellen, dass sich hinter den Felswänden ganz andere Welten befinden. Wer zum ersten Mal durch diese Klamm schreitet (ja, ich sage bewusst schreitet), der kommt aus dem Staunen nicht mehr heraus. Wer würde hier plötzlich eine solche Steinwunderwelt vermuten? Wer mit offenen Augen und Herzen hindurchwandert, wird mit einem wirklichen Landschaftsmärchen belohnt. In den vielen Wollsackverwitterungen zeigen sich Gesichter, Gestalten, Tiere … immer wieder entdeckt man etwas Neues, der Fantasie sind keine Grenzen gesetzt.
Und dann ist es plötzlich still und man sieht den überhängenden Felsen, der ein mächtiges Dach über der Steinernen Stube bildet. Der Gießenbach fließt an dieser Stelle tief unter den Felsblöcken verborgen weiter und gibt diesem magischen Ort damit seinen Namen: der stille Stein. Und hier fällt es uns vielleicht auch selbst leichter, still zu werden, in die eigene Stille zu gehen, durch die innere und äußere Stille Kraft zu tanken und dieses wunderbare Fleckchen Erde einfach zu genießen.
Für mich ist die Stillensteinklamm, und hier besonders die Steinerne Stube, ein Ankerort geworden. Ich habe die Bilder, Eindrücke, Erfahrungen, Gefühle und Erlebnisse allesamt gut abgespeichert und

rufe sie immer wieder ins Gedächtnis, wenn ich denke, dass es notwendig ist. Die Qualität eines Kraftortes kann man sich im Inneren mit nach Hause nehmen und sich immer wieder dorthindenken, wenn es gerade hilfreich ist. Vielleicht suchen auch Sie sich einen Kraftplatz aus, der Ihnen besonders zusagt, und experimentieren mit Gedankenreisen im Alltag. Sofort ist man wieder an jenen Orten, die man im Innersten gespürt hat und die einfach guttun.

Der stille Mann

Es war einmal … ein Mann, den hatte man noch nie ein Wort reden hören. „Ist er stumm?", fragten sich die Leute und keiner wusste es. Doch einst, da waren die Worte wie ein sprudelnder Bach aus seinem Mund gesprungen und vielleicht war er sogar der redegewandteste Mensch unter der Sonne gewesen. Und mit seinen Worten schmeichelte er den Leuten und machte sich beliebt. Mit seinen Liebesschwüren gewann er die Herzen der Frauen und auch mit sich selbst konnte er gut reden. Doch eines Tages war alles anders. Der Mann verstummte und niemand wusste warum. Das war nun schon so lange her, dass sich eigentlich niemand mehr an seine fabelhaften Reden von einst erinnern konnte. Der Mann hatte sich geschworen, nie mehr ein Wort zu sprechen, solange er auf dieser Welt lebte. Denn durch seine scharfe Redekunst hatte er einst mit einem Schwall an verletzenden Worten seine geliebte Frau so sehr getroffen, dass diese vor lauter Kränkung in Ohnmacht fiel und nie wieder erwachte. Er bereute es zutiefst, aber es war zu spät. Einen einzigen Freund hatte er noch, der diese seine traurige Geschichte kannte. Er war es auch, der den Mann eines Tages zum stillen Stein brachte. Der Stumme blieb drei Tage und drei Nächte in der Steinernen Stube und lauschte den Worten des Gießenbaches, der an dieser Stelle lautlos fließt. Genau dieses stille Fließen war es, das den Mann auch selbst wieder in Fluss brachte. Wie Schuppen fiel es ihm nun von den Augen, dass es keinen Sinn machte, vor Schmerz und Angst kein Wort mehr zu sagen. Was geschehen war, war geschehen und konnte durch kein Schweigen der Welt wieder rückgängig gemacht werden. Der stille Stein berührte das Herz des Mannes und bot ihm einen Ausweg für seinen Schmerz. „Auch wenn es wehtut, du musst fließen, auch wenn du eine Weile stumm bleibst, irgendwann musst du wieder sprechen und die Welt mit deinen Worten besser machen", flüsterte es aus den tiefsten Tiefen der Stillensteinklamm herauf. Und der Mann hörte zu und besann sich. „Ja!", sagte er und wanderte die Klamm hinauf. Er grüßte Wanderer, die ihm begegneten, und er schämte sich nun nicht mehr, dass er sprechen konnte. In einem nahe gelegenen Gasthof setzte er sich zu einem Wandersmann und begann ein Gespräch. Er brauchte gar nicht lang nachzudenken, denn was er zu sagen hatte, das war ganz einfach: „Mein lieber Freund, bedenke immer, dass du mit deinen Worten achtsam umgehen sollst und die Welt damit ein kleines Stückchen besser machen kannst, wenn du nur willst!" Das war seine Botschaft, die er bis zu seinem Lebensende verbreiten wollte: Worte so zu verwenden, dass man damit Gutes tat, und anderen Menschen bewusst zu machen, dass Worte im wahrsten Sinne des Wortes tödlich sein können. So hatte in der Stillensteinklamm eine Wandlung stattgefunden, die anderswo vielleicht nicht möglich gewesen wäre. Die weisen Steine wissen es besser, hören wir auf sie und versuchen wir zu lernen, auch einmal zu schweigen, wenn es notwendig ist. Und wer aus seinen tiefsten Tiefen zurückkommt, der weiß auch, was er zu sagen hat.

Marienstein

Vom Marienstein aus genießt man einen herrlichen Blick auf Grein und auf die durch die hügelige Landschaft des Strudengaus dahinfließende Donau.

Der Marienstein ist ein geologisches Naturdenkmal. Es handelt sich um einen Wackelstein, der mit einer Marienstatue geschmückt wurde. Möglicherweise gab es hier einst in Kriegszeiten eine Wehr- oder Schutzanlage. Eine Mulde im Stein könnte auf eine einstige Steinschale hinweisen. Der Wackelstein gehört zum Anwesen Schweinsteiner. Dieser Name kam jedoch nie unter den Besitzern vor, sondern soll sich von der mittelhochdeutschen Bezeichnung *ze dem wihen Steinen* ableiten, was so viel heißt wie *zum geweihten Stein*.

14 *Wolfsschlucht, Mondstein und Frauenstein*

Charakter der Wanderung: Eine Rundtour, bei der wir anfangs durch die Wolfsschlucht zur Burg Kreuzen emporsteigen. Danach wandern wir über den Kneipp-Weg von Bad Kreuzen einen schattigen Bachlauf entlang, bevor es durch ländliches Gebiet in Richtung Osten geht. Nach der Möglichkeit zu einem längeren Abstecher zum herzförmigen Mondstein geht es weiter zum auf einer idyllischen Waldkuppe gelegenen Frauenstein. Mit prächtigem Ausblick auf Grein und Donau kehren wir schließlich talwärts zu unserem Ausgangspunkt zurück.

Länge	14,5 km (ca. 3 Std. 45 Min.–4 Std. 45 Min. Gehzeit)
Steigung	270 hm
Markierungen	*Wolfsschlucht (Wegnummer 5a)*; *Kneipp-Weg (Wegnummer 1)*; *Donausteig (blau-weiß-grün)* in umgekehrter Pfeilrichtung; *Frauensteinweg (Wegnummer 5b)*; teilweise unmarkiert
Weg	Forststraßen, Wanderwege, Asphalt
Anfahrt	Mit dem PKW über Perg oder Amstetten nach Grein, von dort aus bis zum Eingang der Wolfsschlucht kurz vor Bad Kreuzen. Parkmöglichkeit direkt am Eingang der Schlucht.
Einkehr	Speck-Alm (www.speck-alm.at), Schatz.Kammer auf Burg Kreuzen (www.burg-kreuzen.at), Gastronomie in Bad Kreuzen
Sehenswertes	• Kneipp-Garten Bad Kreuzen (www.gsundleben.at) • Burg Clam (www.burgclam.com)
Information	Tourismusverband, 4362 Bad Kreuzen 20a Tel.: +43 (0)7266/6255-78 info@gsundleben.at, www.gsundleben.at

Wegbeschreibung

Wir beginnen unsere Runde beim Parkplatz und folgen der *Markierung zur Wolfsschlucht* auf einer Forststraße in den Wald

Frauenstein

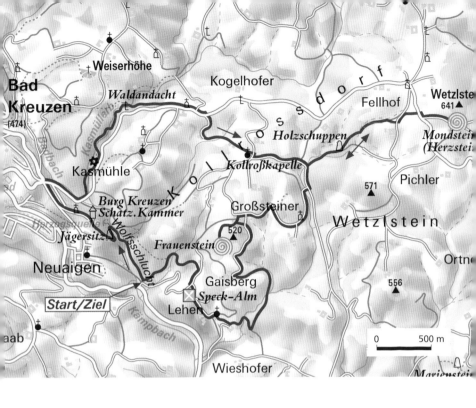

hinein. Bald führt uns eine Fußgängerbrücke auf die linke Seite des Baches, der uns in der Folge durch die nun steiler ansteigende Schlucht begleiten wird. Der Pfad windet sich vorbei an stillen Gumpen, rauschenden kleinen Wasserfällen und imposanten Felsen, die immer wieder mit Steintafeln markiert sind, welche auf die frühe Nutzung der **Wolfsschlucht** für Kneipp-Anwendungen hinweisen. So steigen wir langsam höher durch die Schlucht, bis wir schließlich bei der **Herzogsquelle** auf eine Weggabelung treffen.

Hier wenden wir uns nach links und vorbei am **Herkulesfelsen** zieht der Pfad um einen Felssporn herum auf die Südseite des Hanges. In Kehren geht es im Wald höher, wobei wir mit dem **Jägersitz** eine kleine Aussichtsplattform passieren. Kurz darauf tauchen vor uns dann die Mauern der **Burg Kreuzen** auf, von deren Bergfried man einen herrlichen Panoramablick ins Umland genießt.

Burg Kreuzen gilt als einstmals zweitgrößte Burganlage in Oberösterreich. Sie dürfte um ca. 900 nach Christus als Fluchtburg errichtet worden sein. Nach einer Geschichte mit vielen wechselnden Besitzern verwüstete 1880 ein Brand große Teile der Burg, die in unseren Tagen wieder teilweise instand gesetzt wurde. Zuletzt wurde im südlichen Teil der Anlage mit der „Schatz.Kammer" ein modernes Hotel eröffnet.

Entlang der Vorderseite der Burg geht es nun weiter nach Nordwesten zur Zufahrtsstraße, die uns bis zur Kreuzung mit der Hauptstraße bringt. Unter den hier zahlreich angebrachten Markierungen orientieren wir uns ab nun an jener des *Kneipp-Wegs (Wegnummer 1)*, die uns über den Güterweg *Schönfichten* in einem Knick zurück nach Südosten und entlang des Badbaches hinunter in den Wald führt. Wir überqueren eine Brücke, um danach vor Erreichen einer weiteren Brücke nach links auf einen Waldpfad einzuschwenken. Angenehm geht es nun immer entlang des Kasmüllerbaches – vorbei an der Kasmühle – weiter in Richtung Nordosten. Mehrmals wechseln wir auf kleinen Brücken die Bachseite – zuletzt an einer Stelle, an welcher der Bach einen Knick nach rechts macht und wo wir auf dessen linke Seite wechseln. Wenige Meter weiter ostwärts haben wir schließlich das Holzkreuz der **Waldandacht** erreicht.

Hier verlassen wir den Kneipp-Weg und folgen ab nun den *blau-weiß-grünen Markierungen des Donausteigs* (allerdings in umgekehrter Richtung) sowie der *grünen Markierung des Mühlen-Großwanderwegs (Wegnummer 11)*. Zunächst geht es ein letztes Mal auf die andere Bachseite und anschließend über einen Forstweg den Hang hoch. Nach einer Gabelung, bei der wir uns links halten, gelangen wir am Waldrand zu einem Güterweg, auf dem wir neuerlich links abbiegen. Vorbei an einem Bauernhaus geht es bis zu einem Marterl, hinter dem wir uns nach rechts auf eine Zufahrtsstraße zu einem weiteren Bauernhaus wenden. Auf einem Feldweg geht es nun nach Osten, durch eine Wiesensenke und auf einem Güterweg einen Gegenhang hoch zur **Kollroßkapelle**. Die Kreuzung an dieser Stelle passieren wir geradeaus in ein Waldstück hinab. Der Güterweg macht nun eine Rechtskurve und wir treffen auf die Einmündung einer von links entlang eines Bachs kommenden Forststraße, die uns einen einstündigen (Hin- und Rückweg) Abstecher in Richtung Mondstein ermöglicht. Zu dieser Stelle werden wir später wieder zurückkehren, um unsere Route entlang des Güterwegs fortzusetzen.

Vorerst biegen wir jedoch nach links auf die Forstraße ab und folgen dieser entlang der gewohnten Markierungen durch das Bachtal nach Nordosten. Ein Stück weiter den Weg hinauf heißt es dann achtgeben. Bei einer Weggabelung sehen wir links im Wald einen großen Holzschuppen, auf den wir zusteuern, um dann rechts davon dem hier verlaufenden Forstweg zu folgen. Oberhalb von ein paar Fischteichen und entlang des folgenden Bachtals geht es weiter bis zum Waldrand. Die dahinterliegende Wiese hinauf geht es zu einem Bauernhaus, wo wir links auf einen Güterweg abbiegen. Bereits hinter der nächsten Kurve wandern wir neuerlich nach rechts in den Wald hinein und schon kurz darauf über ein Wiesenstück zu einem weiteren Güterweg hoch. Hier wenden wir uns kurz nach rechts und gleich wieder nach links und gehen auf dem Güterweg *Rainerschmied* die letzten Meter in Richtung eines Bauernhauses eine Anhöhe empor. Diesem gegenüber sehen wir links der Straße vor ein paar Sträuchern die auffällige Felsfigur des **Mondsteins**, der wegen seiner Form auch Herzstein genannt wird. Eine Bank lädt hier nach rund 2 Std. 30 Min. Gehzeit zu einer aussichtsreichen Rast mit Blick zum nahen Ötscher ein.

Nach der Pause geht es auf dem gleichen Weg zurück bis zur Einmündung der Forststraße in den Güterweg östlich der Kollroßkapelle. Nun wenden wir uns – für ein kurzes Stück auf unmarkierten Wegen – auf dem Güterweg nach links, um ihn schon nach ca. 150 Metern bei der ersten Gabelung nach rechts über einen weiteren südwärts ansteigenden Güterweg wieder zu verlassen. Hinter dem Waldrand geht es – vorbei an einer Kapelle – durch mehrere Kurven nach Westen, bis wir schließlich beim Bauerngut Großsteiner auf die *Markierung Frauensteinweg (Wegnummer 5b)* treffen, an die wir uns für den Rest der Route halten werden.

Mondstein

Die Markierung leitet uns zuerst nach links hinter dem Bauernhaus auf eine bewaldete Kuppe zu. Am Waldrand nehmen wir – der hier etwas versteckten Markierung nach – den nach rechts abzweigenden Forstweg, der uns in einem Bogen um die Kuppe herum auf deren Südseite bringt. Hier leitet uns nach einem Wiesenstück ein schmaler Pfad nach rechts in wenigen Metern nach 3 Std. 30 Min. Gehzeit zum **Frauenstein**.

Von dort aus geht es auf gleichem Weg zurück zum Großsteiner, nun jedoch an dessen Rückseite nach rechts zu einem Güterweg, auf dem wir ebenfalls rechts abbiegen. Über mehrere Kehren hinweg lassen wir uns von traumhaften Ausblicken hinunter ins Donautal und nach Grein betören, bis wir bei einem weiteren

Bauernhof einen scharfen Linksschwenk auf einen Feldweg vollziehen. Dieser führt uns in ein Waldstück und entlang eines Bachtals tiefer bis in eine Senke. Hier überqueren wir einen weiteren Bach und folgen der Markierung geradeaus einen Gegenhang empor durch den Wald. Hinter einer Kurve senkt sich der Pfad wieder ab, unten geht es bei einer Gabelung nach rechts und schließlich aus dem Wald heraus. Vorbei an einem Bauernhaus und entlang eines Weidezauns wandern wir danach auf eine Kapelle am gegenüberliegenden Waldrand zu.

Bei der Kapelle steigen wir nach links zu einer asphaltierten Straße hoch und nach ein paar Kurven sehen wir vor uns das große Anwesen der **Speck-Alm**, bei der eine gesellige Einkehr möglich ist. Hinter dem Gasthaus wenden wir uns nach rechts, gehen den Güterweg hoch und wandern auf ein gelbes Gebäude zu. Kurz vor diesem schwenken wir nach links auf einen Feldweg hinab und queren dann den Hang in Richtung Wald. Bei der ersten Gabelung im Wald halten wir uns rechts und noch einmal geht es ein Stück hangaufwärts, bevor wir schließlich bei der nächsten Gabelung in einer Schneise die Markierung endgültig verlassen und nach links geradewegs talwärts nach rund 4 Std. 45 Min. Gesamtgehzeit (inklusive Abstecher zum Mondstein) auf unseren Ausgangspunkt zugehen.

Kraftplatzerfahrungen

Wolfsschlucht

Die Wolfsschlucht in Bad Kreuzen ist eine wildromantische Gegend, die kräftigend auf Körper, Geist und Seele wirkt. Die Wasser- und Steinkraft, die uns hier begegnet, lässt uns staunen. Die Naturgewalten werden spürbar. Auch wenn uns die Wissenschaft heute (fast) alle Naturphänomene erklären kann, nehmen wir hier noch *echte* Naturwunder wahr.

Die Wolfsschlucht hat auch Legenden und Sagen zu erzählen: Ein Mönch begegnete hier einst einem Wolf (beziehungsweise einem

Bären, es gibt beide Versionen). Der Mönch flüchtete in seiner Todesangst und sprang über die Schlucht. Das wilde Tier schaffte den Sprung nicht und stürzte zu Tode. Nach diesem Ereignis lebte der Mönch fortan in der Wildnis der Wälder als Einsiedler.

Mondstein

Der Herz- oder Mondstein ist ein auffälliges Steingebilde, das auf einem Steinplateau liegt. Seine Herzform lässt darauf schließen, dass es sich auch hier um einen Platz handelt, wo uns das Herz aufgehen kann und wo wir mit unseren Herzenswünschen herzlich willkommen sind. In früheren Zeiten war der Mondstein wohl ein Opferstein. Die Sage erzählt uns, dass zum Stein, der schon in Vergessenheit geraten war, eines Tages fremde Leute kamen, um ihn zu verehren. Junge Frauen schlugen rund um den Mondstein ihr Quartier auf und sangen in den Vollmondnächten mystische Lieder. Durch ihre Gesänge kam der Mondsteinzauber zurück. Jedes Jahr ging das so. Die Mädchen erschienen und besangen den Stein. Doch eines Nachts zog ein schweres Unwetter auf und vertrieb die Singenden. Ab diesem Zeitpunkt war es wieder vorbei mit dem Mondsteinzauber. Aber noch heute liegt der gute Stein da und wartet darauf, dass die lieblichen Sängerinnen wieder kommen und ihm neues Leben einhauchen.

Frauenstein

Der Frauenstein ist ein uraltes Frauenheiligtum, das wohl für Kulthandlungen rund um die Fruchtbarkeit genutzt wurde. Die beiden Schalensteine im Fels liegen dicht nebeneinander, die untere ist mit Wasser gefüllt, die obere trocken. Noch heute erzählen die Leute aus der Umgebung von dem Brauch des Wasserschöpfens. Herrschte in den Sommermonaten Trockenheit, dann schickte man junge Mädchen zum Frauenstein, um die Wasserschale leerzuschöpfen. Nach diesem Ritual sei dann immer Regen gekommen.

Es ist ein Fleckchen Erde, über das man sich freuen darf. Lieblich, friedlich, harmonisch, so empfinde ich diesen Ort. Die Rastbänke rund um den Frauenstein machen mein Verweilen noch angenehmer. Natürlich nehme ich auch in der trockenen Schale Platz und genieße von hier aus einige Zeit die Aussicht. Über dem

Schalenstein hängt ein älteres Marienbildnis und in jüngerer Zeit wurde auf dem Stein eine hölzerne Marienstatue angebracht. Wie schon an anderer Stelle erwähnt, war es wohl auch hier so, dass auf die Gottesmutter Maria der viel ältere Fruchtbarkeitskult überging und dadurch weiter an diesem Ort bestehen konnte. Die weibliche Urkraft wurde in Form der heiligen Maria weiterverehrt. So auch am Frauenstein, wo es heißt, dass sich die Muttergottes die Füße gewaschen hat und deswegen das Wasser im Stein bis in alle Ewigkeit nicht mehr versiegen mag.

Der Frauenstein

Es war einmal … ein Stein, der wurde den Frauen geweiht. Von nah und fern kamen die Frauen und erzählten dem Stein ihr Leid. Der Stein hatte zwei Schalen und während die Frauen ihre Anliegen vorbrachten, saßen sie in der oberen Schale. Die nackten Füße hielten sie währenddessen in die mit Wasser gefüllte Schale und allen wurde geholfen. Der Frauenstein war für Männer tabu und so gab es Wächterinnen, die für einen guten Ablauf der heilenden Zeremonien sorgten. Die Frauen, die am Frauenstein ankamen, fühlten sich behütet und geborgen, denn niemand tat ihnen hier ein Leid an.

Eines Tages erfuhr der Herrscher des Landes von diesem Wunderspiel und wollte unbedingt dabei zusehen, wie die Heilungen am Frauenstein erfolgten. Die Hüterinnen des Ortes schlugen den Herolden des Mächtigen jene Bitte ab und ohne eine Zusage mussten sie heimkehren. Der Herrscher tobte und war erzürnt über das Verbot, das gegen ihn ausgesprochen worden war. So schickte er erneut seine Mannen aus und ließ die Wasserschale am Frauenstein ausschöpfen. Doch auch das brachte keinen Erfolg, da sich die Schale jedes Mal wie durch Zauberhand wieder füllte. Immer zorniger wurde der Wüterich und beschloss nun selbst zum Frauenstein zu reiten, um sich mit Gewalt Zutritt zu verschaffen. Doch der berittene Herrscher kam nicht weit, einige hundert Meter vor seinem Ziel scheute sein edles Ross und warf ihn ab. Da lag er nun, der wütende Mann, und rieb sich das Schienbein, das ordentlich schmerzte. Doch blieb sein Sturz nicht unbemerkt, denn in jener Zeit waren die heiligen Orte noch gut geschützt durch Wachposten und geistige Schutzschilder. Das Eindringen des Störenfrieds hatte sich also schnell herumgesprochen. Eine der Priesterinnen des heiligen Ortes kam, um sich des verletzten Mannes anzunehmen. Mit großer Güte und Barmherzigkeit sorgte sie sich um ihn. Durch die liebevolle Pflege ging dem gestürzten Herrscher an jenem Ort das Herz auf. Was wäre geschehen, wenn in seine heiligen Gefilde ein Fremdling eingedrungen wäre? Wahrscheinlich wäre dieser sofort umgebracht oder wenigstens gefangen genommen worden. Aber hier war alles anders, die Liebe und Reinheit des Ortes berührte den am Boden liegenden Mann bis ins Mark und machte ihn zu einem anderen. Seine Glieder heilten in Windeseile und sein Gemüt beruhigte sich schnell. Nie wieder kam er auf die Idee, in die heiligen Gefilde des Frauensteins einzudringen. Die Begegnung mit der sanftmütigen Priesterin hatte ihn am eigenen Leib erfahren lassen, was Nächstenliebe bedeutet und dass es manchmal besser ist, seine Meinung zu ändern und nicht alles erreichen zu wollen, was man sich in den Kopf gesetzt hat.

Ausblick von Burg Kreuzen

Bezirk Rohrbach

15 Bärenstein

● ● ○ **Charakter der Wanderung:** Eine bekannte Rundtour, die uns von Aigen-Schlägl aus vorbei an der Michaelsquelle und schönen Aussichtspunkten wie Liebesfelsen und Hochbuchet langsam höher bis über die 1 000-Meter-Marke führt. Mit dem Bärenstein erreichen wir schließlich einen landschaftlichen Höhepunkt mit Blick auf die blauen Wasserflächen des Moldau-Stausees, bevor es wieder zurück ins Tal geht.

Länge	12 km (ca. 4 Std. Gehzeit)
Steigung	450 hm
Markierungen	*Bärensteinrunde (Wegnummer 41);* *Waldsteig Spazier-Runde*
Weg	Wanderwege, Forststraßen, Asphalt
Anfahrt	Mit dem PKW über Rohrbach bis Aigen-Schlägl. Parkmöglichkeiten im Ortszentrum.
Einkehr	Gasthaus Panyhaus, Gastronomie in Aigen-Schlägl
Sehenswertes	• Stift Schlägl (www.stift-schlaegl.at)
	• Schwarzenbergischer Schwemmkanal
Information	Marktgemeinde Aigen-Schlägl
	Marktplatz 17, 4160 Aigen-Schlägl
	Tel.: +43 (0)7281/6255-0
	gemeinde@aigen-schlaegl.at, www.aigen-schlaegl.at

Wegbeschreibung

Wir beginnen unsere Runde auf dem Marktplatz von Aigen-Schlägl und folgen der *gelben Beschilderung der Bärensteinrunde (Wegnummer 41)*, an der wir uns während der gesamten Wanderung orientieren, ans nördliche Ende des Platzes. Über die Kreuzung hinweg marschieren wir auf einer Seitenstraße geradeaus nach Norden. Der Weg führt uns entlang einer Allee durch die Felder, bis wir wieder auf eine Straße treffen. Hier geht es zuerst weiter geradeaus nach Norden, bei einer Gabelung halten wir uns links und sobald wir hinter dem Ortsende auf den Waldrand treffen, folgen wir der zweiten Abzweigung über einen Pfad nach rechts in den Wald.

Entlang eines Baches wandern wir nach Norden und folgen schließlich dem Pfad durch eine Kehre bergan bis zu einer Gabelung. Die Markierung führt uns nach rechts weiter bis zu einer Straße, der wir kurz nach rechts folgen, um sie gleich darauf wieder nach links zu verlassen. Nun geht es noch ein Stück weiter durch den Wald, bis wir mit der **Michaelsquelle** nach rund 40 Min. unser erstes Etappenziel erreicht haben.

Goldener Herbst am Bärenstein

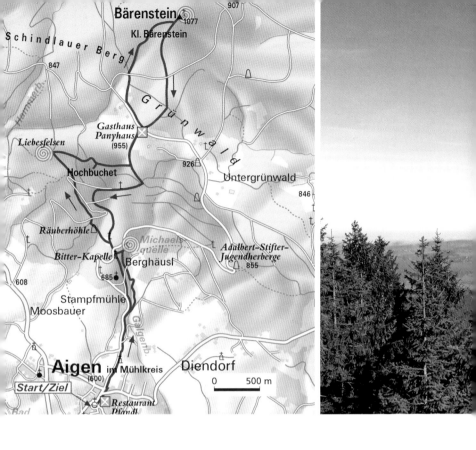

Hinter der Quelle steigt der Pfad etwas an und führt uns zunächst zurück nach Südwesten, bevor er uns zur **Bitter-Kapelle** an einer Straße bringt. Nach Überqueren der Straße geht es ein kurzes Stück eine Forststraße entlang nach Nordwesten, bevor wir uns bei der ersten Gabelung nach links wenden. Der Waldweg steigt nun stetig an, wobei wir mit der **Räuberhöhle** eine Felslichtung links abseits des Pfades passieren. Mehrmals queren wir beim weiteren Anstieg Forststraßen.

Schließlich erreichen wir eine Gabelung, wo uns der Weg in einem Schwenk nach Osten führt. Wir aber machen einen kurzen Abstecher nach links und folgen in leichtem Gefälle dem Pfad zum wenige Minuten entfernten **Liebesfelsen**, den wir nach rund 1 Std. 15 Min. Gehzeit erreichen. Hier türmen sich einige Felsblöcke, die nach Westen steil abfallen und über die Baumwipfel hinweg einen Blick ins westliche Mühltal gestatten.

Auf dem Bärenstein

Wir kehren zurück zur Abzweigung und folgen dem nun steiler werdenden Waldpfad nach links den Hang empor. Mehrmals passieren
wir quer verlaufende Forstwege, bevor wir schließlich nach einer
Rechtskurve auf eine Bank stoßen. Wenige Meter unterhalb befindet sich der Aussichtsfelsen **Hochbuchet**, den wir über eine Holzleiter erklimmen können. Belohnt werden wir mit einem weiten Blick
nach Süden und auf einen großen Teil des oberen Mühltals.

Zurück bei der Abzweigung wenden wir uns nach rechts. Die Markierung führt uns parallel zum Hang bis zu einer Wegkreuzung,
an der wir uns nach links hangaufwärts wenden. Schon kurze Zeit
später haben wir jenseits einer Wiese eine kleine Siedlung mit dem
Gasthaus **Panyhaus** vor uns.
Vorbei an den Häusern gelangen wir zu einer asphaltierten Straße,
der wir nach links folgen, bis uns die Markierung nach rechts einen

Hang hinauf in den Wald führt. Über einen ansteigenden Forstweg wandern wir in einem sanften Bogen nach Nordosten durch den Wald. Informationstafeln zeigen uns schließlich an, dass wir unser Ziel erreicht haben. Über ein paar Felsstufen geht es hinauf zwischen die Felstürme des Naturdenkmals **Bärenstein** (1077 m), wo uns nach rund 2 Std. 30 Min. Gehzeit zahlreiche Rastbänke erwarten. Weitere Stufen führen uns auf einen der Türme, von wo wir neben dem Gipfelkreuz des Bärensteins den sich ringsum ausbreitenden Hochwald sowie im Hintergrund den Moldau-Stausee und die Dörfer von Südböhmen betrachten können.

Nach der Rast wenden wir uns unterhalb des Gipfels nun nach links und folgen den Schildern in südlicher Richtung über einen Pfad zurück zum Panyhaus. Hinter diesem geht es ein kurzes Stück über den Anstiegsweg zurück bis zur Gabelung, zu der wir vorhin vom Hochbuchet herübergekommen sind. Nun gehen wir jedoch geradeaus hangabwärts weiter nach Süden. Der Forstweg macht bald nach Queren eines weiteren Forstwegs einen Bogen nach rechts und zieht talwärts nach Westen, bevor es in weiteren Bögen zurück bis zur Straße bei der bereits bekannten Bitter-Kapelle geht.

Hinter der Kapelle halten wir uns nun rechts, folgen ein kurzes Stück der *Markierung Waldsteig Spazier-Runde* durch den Wald und queren eine Straße, bevor wir auf jene Gabelung treffen, zu der wir bereits beim Anstieg zur Michaelsquelle gelangt sind. Nun wenden wir uns hier nach rechts und folgen dem Pfad bis zu einem Wasserreservoir an der Straße. Wir wandern talwärts und legen damit den Rest der Strecke bis zum Ortszentrum auf der Anstiegsroute zurück. Den Marktplatz von Aigen-Schlägl erreichen wir schließlich wieder nach insgesamt rund 4 Std. Gehzeit.

Kraftplatzerfahrungen

Michaelsquelle
Das heilkräftige Bründl wurde wohl nach dem heiligen Michael benannt. Eine schöne Vorstellung, dass ein Erzengel über eine Quelle

wacht. Oft wird der Erzengel Michael als Hüter des Paradiestores dargestellt und auch hier im Grünwald finden wir ein kleines Paradies vor, das mit Achtsamkeit und Freude von uns entdeckt werden will. Nach christlichem Glauben wird Erzengel Michael auch als Seelenführer bezeichnet. Vielleicht deutet der Name des Bründls auch darauf hin, dass sich dieser Ort besonders gut dazu eignet, mit offenen Augen in sich selbst – in seine eigene Seele – hineinzuschauen? Einen Versuch ist es wert!

Wer sich voll und ganz auf diesen Kraftplatz einlassen möchte, der betritt damit möglicherweise auch seine ganz persönliche Anderswelt. Die eigene Innenschau, das Sich-seiner-selbst-bewusst-Werden ist an kräftigen Plätzen oftmals besser möglich und bietet damit vielleicht auch die Gelegenheit, Antworten auf lang gehegte Fragen zu erhalten. Deswegen nehme ich bei meinen Kraftplatzbesuchen auch immer Schreibblock und Kugelschreiber mit, um mir meine Eingebungen sofort notieren zu können, und natürlich auch, um meine Märchen zu schreiben.

Der Kraftplatz rund um das Bründl hat eine besonders liebevolle Energie. So verspüre ich es, wenn ich mich hier auf der Rastbank niederlasse und mich dem Plätschern des Wassers hingebe. Dieses magische Fleckchen Erde lädt zum Träumen ein und wirkt für mich wie ein zeitloser Ort. Auch am kleinen Teich verweile ich längere Zeit und entdecke ein Märchen, das für diesen Platz geschrieben werden will.

Die Nixe im Teich

Es war einmal … im Böhmerwald, da gab es eine heilige Quelle im Wald, zu der die Leute kamen, um sich zu stärken. Das Wasser hatte eine so gute Qualität, dass es den Wandersleuten neue Kraft schenkte und sie erfrischte. Aber auch die Leute vom Ort holten sich immer wieder in Krügen und Bechern das Heilwasser nach Hause und schließlich wurde dieses Brünnlein dem heiligen Michael geweiht. Doch noch etwas gab es an jenem mystischen Waldort – einen kleinen Teich. Hier wohnte eine Nixe, die für die Menschen unsichtbar war. Ach, was hätte sie darum gegeben, auch einmal wahrgenommen zu werden. Sie war schön anzusehen mit ihrem Silberhaar und ihrem lieblichen

Gesichtchen. „Aber vor deinem Fischschwanz werden sie sich grob fürchten und ekeln!", mahnte einst der Wassermann-Vater, als die Nixe ihren Wunsch vortrug, Kontakt mit dem Menschenvolk aufzunehmen. Oft kam ein fescher Bursch aus dem Ort zur Heilquelle herauf. Der war so stark, dass er immer gleich zwei große Krüge voll Wasser holte und diese dann nach Hause trug. In diesen schönen Jüngling hatte sich die Nixe verliebt. Sie schmachtete ihn an und wenn er manchmal kurz auf einem der bemoosten Findlinge neben dem Teich verweilte, fühlte sie sich ihm ganz nah. Auch dem jungen Mann war eigenartig zumute, wenn er zum Bründl ging, sein Herz pochte plötzlich schneller als sonst und er wusste nicht warum. Sehr gern verweilte er an jenem Ruheort neben dem Brünnlein, es zog ihn immer wieder magisch hierher und im Elternhaus gab es stets genügend Heilwasser zum Trinken.

Eines schönen Tages glaubte der Jüngling im Teich einen silbernen Schimmer zu erblicken. Als er näher trat, konnte er nichts entdecken und schließlich marschierte er wieder heim. Das Funkeln im Teich ging dem Burschen nicht mehr aus dem Kopf. Es war Vollmond und er konnte nicht schlafen. Einer Eingebung folgend beschloss er, noch in derselben Nacht zum Michaelsbründl hinaufzuwandern. So stapfte er hinauf in den Wald. Doch bevor er zur Quelle kam, sah er schon aus der Ferne ein silbernes Leuchten im Teich und glaubte, es sei das Mondlicht. Doch es war die Nixe, die sich in der Nacht sicher fühlte und im silbernen Mondlicht sichtbar wurde. So etwas Schönes hatte der junge Mann noch nie in seinem Leben gesehen. Voller Staunen sah er dem Wasserwesen zu, wie es sich geschmeidig bewegte und schließlich zu singen begann. Betört von diesen Zauberklängen ging der Bursch immer näher an den Teich heran. Die Nixe erschrak. „Wer bist du?", fragte der Bursch. „Ich bin die Teichnixe und wer bist du?" Der junge Mann stellte sich höflich vor und schon war es um die beiden geschehen. Sooft der Vollmond schien, besuchte der Bursch seine geliebte Nixe und auch das Wasserwesen konnte es kaum erwarten, ihren Liebsten wieder zu sehen. Doch dann kam jener Tag, als der kräftige Kerl vor lauter Liebesübermut die Nixe umarmte und sie aus dem Teich heben wollte. Bis jetzt hatte er nur ihren Oberkörper gesehen, aber nun erblickte er zum ersten Mal den schuppigen Fischschwanz!

„Oh nein!", rief die Nixe erschrocken und befreite sich schnell aus den Armen des jungen Mannes. Auch dieser erschrak ob der Reaktion der Geliebten und trat einen Schritt zurück. Vor lauter Scham über den

Gedanken, dem lieben Kerl würde es jetzt vor ihr grausen, tauchte die Nixe schnell unter und kam nicht mehr wieder.

Alles Rufen und Bitten nützte nichts, sie blieb verschwunden. Dem Burschen war ganz gram ums Herz, ihn störte der Fischschwanz nicht, aber er konnte es der Liebsten nicht sagen, weil sie nicht auftauchte. Da besann er sich und überlegte, was er tun konnte. In jener Nacht träumte er von einem kleinen Ringlein, wie man es sich zur Verlobung schenkt, und so ein Ringlein wollte der junge Mann für seine Nixe erstehen. Gleich am nächsten Tag fuhr er in die Stadt und kehrte mit einem silbernen Ringlein heim.

Beim nächsten Vollmond ging er wieder zum Teich und sprach: „Liebste, bitte verzeih' mir, dass ich beim letzten Mal so stürmisch war! Als Entschuldigung und Beweis meiner Liebe werfe ich dir dies silberne Ringlein ins Wasser und wenn du meine Frau werden möchtest, dann tauch bitte auf!"

Die Nixe hatte am Grund des Teichs alles mit angehört und wie durch ein Wunder fand das Ringlein seinen Weg auf ihren Ringfinger und passte perfekt. Jetzt konnte sie wohl nicht mehr anders, als aufzutauchen. Die beiden küssten sich und alles war gut. Alles? Ja, alles, denn vor lauter Liebe waren der Nixe Beine gewachsen und so nahm der Bursch sie noch in derselben Nacht mit nach Hause.

„Und ich glaubte, du magst mich nicht mehr, wenn du meinen Fischschwanz siehst!", sagte die Nixe. „Aber das wär mir doch egal gewesen!", antwortete der verliebte Mann und meinte es ernst.

Und so geschah es, dass aus reiner Liebe aus einer Nixe ein Menschlein wurde, und es war gut so, denn es war so gedacht, dass sich diese beiden Wesen in Liebe vereinen. So feierten sie bald Hochzeit und lebten glücklich bis an ihr Lebensende. Das Geheimnis, dass seine Frau einst eine Nixe war, hat der Mann mit ins Grab genommen, und das war auch gut so, denn hätte er es ausgeplaudert, wäre seine Frau wieder zur Nixe geworden, und ihr Glück wäre dahin gewesen.

Liebesfelsen

Hoch ragt sie plötzlich vor mir auf, die Granitburg namens Liebesfelsen. Ein beliebter Treffpunkt war das früher für Liebende, lese ich auf einer Hinweistafel und mache mich gleich auf, den Felsen zu erklimmen. Das gelingt mir ganz leicht. Die Aussicht ist herrlich – und noch etwas entdecke ich: einen Baum, dessen zwei Stämme so gewachsen sind, dass ich bequem hindurchschlüpfen kann. Also zur Abwechslung kein Durchschlupfstein, sondern ein Durchschlupfbaum. Das Durchschlupfen macht mir großen Spaß und ich werde dabei immer vergnügter. Ich muss mit mir selbst lachen und freue mich einfach, dass ich da bin. Eine herrlich fröhliche Qualität hat dieser Ort hier für mich und ich genieße sie so lange wie möglich. Doch dann will ich weiterwandern – jedoch nicht ohne vorher ein Märchen zu diesem einen meiner vielen Lieblingsorte verfasst zu haben.

Die Unsichtbaren

Es war einmal … im Grünwald bei Aigen-Schlägl. Da gab es einen Felsen, der wurde Liebesfelsen genannt. Und das hatte auch seinen Grund. Denn unvermählte Liebende der früheren Zeit suchten immer wieder Plätze für ihre geheimen Treffen. Der Felsen lag tief im Wald verborgen, und so trafen sich die Liebespärchen meist im Sommer bei Vollmond, damit sie auch den Weg fanden und es nicht zu kalt war für das nächtliche Zusammensein.

Auch der Toni schlug seiner Lisl diesen Treffpunkt vor, doch die Lisl fürchtete sich im Finstern und wollte nicht zum Liebesfelsen gehen in der Nacht. Da war der Toni enttäuscht, weil er glaubte, die Lisl wäre gar nicht in ihn verliebt. So wanderte er eines Tages alleine zum Liebesfelsen und kletterte hinauf. Schön war es hier und eine Aussicht gab es, die einem das Herz aufgehen ließ. Doch den Toni interessierte der schöne Ausblick gar nicht. Traurig saß er am Felsen und murmelte vor sich hin: „Ach, ich hab' kein Glück in der Liebe. So gern wär' ich mit der Lisl hier heraufgegangen in einer schönen Vollmondnacht, aber sie will ja ned!"

Kaum hatte der Toni das ausgesprochen, da zeigte sich ihm ein kleines Waldmännchen, das voll mit Moos bewachsen war, ja sogar sein Vollbart war aus dichtem Moos. Toni erschrak. „Hab' keine Angst", sagte der Moosmann. Toni war so erstaunt über die Begegnung mit dem Männlein, dass er gar nichts sagen konnte. „Wenn sich deine Lisl in der Nacht so fürchtet, dann komm doch bei Tag mit ihr hierher! Ich verrate dir, wie ihr euch unsichtbar machen könnt! Schau da, gleich vor deiner Nase, da steht ein Baum, der ist mit seinen zwei Stämmen so gewachsen, dass man hindurchschlupfen kann. Deine Lisl und du, ihr schlupft gemeinsam drei Mal hindurch und schon seid ihr für andere Menschen nicht mehr sichtbar!" „Was, so einfach geht das?", fragte der Toni. „Natürlich gibt es auch noch einen Zauberspruch dazu, den ich dir gern verrate!"

Toni musste den Spruch auswendig lernen und als er ihn gut aufsagen konnte, lächelte der Moosmann zufrieden. Toni wollte schon gehen, doch das Männlein hatte noch etwas Wichtiges zu sagen: „Und du darfst den Spruch niemandem verraten außer deiner Lisl!" Toni versprach es und ging fröhlich pfeifend nach Hause. Er besuchte gleich die Lisl und erzählte ihr von seiner Begegnung mit dem Moosmann. Damals glaubten die Menschen noch an die zauberhaften Waldwesen und wem ein Moosmännlein begegnete, dem erging es meist gut, weil diese kleinen Grünen so freundlich waren und den Leuten gerne Gutes taten. So ließ sich die Lisl schließlich überreden.

An einem schönen Sommersonntag wanderten sie durch den Grünwald hinauf und erreichten bald den Liebesfelsen. Ganz schön aufgeregt waren die beiden, als sie den Spruch aufsagten und drei Mal durch die Baumstämme schlupften. Ob sie jetzt wirklich unsichtbar waren? Wie sollten sie das überprüfen? Aber da kamen schon zwei Leute des Weges, die auf Wanderschaft waren und sich die schöne Aussicht auf dem Liebesfelsen nicht entgehen lassen wollten. Kaum einen Meter entfernt standen die beiden Fremden jetzt von den Liebenden und wirklich, sie konnten sie nicht sehen. Toni erlaubte sich jetzt auch noch einen Scherz und zwickte einen der Männer in den Hintern. Lisl musste sich das Lachen verhalten. Die zwei Fremden verließen den Felsen bald wieder. Lisl und Toni konnten sich nun sicher sein, unentdeckt zu bleiben. Schön war es, hier die Zweisamkeit zu genießen, doch irgendwann mussten die beiden auch wieder ans Heimgehen denken, deshalb schlupften sie von der anderen Seite drei Mal durch den Baum. Aber der Zauberspruch! Den hatten sie vor lauter Liebelei beide vergessen! Oh nein! Jetzt waren sie unsichtbar und wussten nicht mehr, wie sie sich zurückverwandeln konnten. „Denk nach!", sagte die Lisl und der Toni zerbrach sich den Kopf, doch der Spruch war wie weggeblasen. Wollte ihn der Moosmann etwa in die Irre führen, hatte er ihm einen Streich gespielt? Sollten die beiden nun für immer und ewig unsichtbar bleiben? Aber nein! Der Moosmann meinte es wirklich gut. Wie damals war er in der Not zur Stelle und lächelte, als er die beiden unsichtbaren Menschenkinder entdeckte. „Moosmann! Bitte, sag' uns den Spruch noch einmal, wir haben ihn vergessen!"

Der Moosmann sprach: „Schlipf, schlapf, schlopf, nick drei Mal mit dem Kopf."

Schnell waren Lisl und Toni wieder zurückverwandelt und sie bedankten sich vielmals beim Moosmann für die Hilfe. Oft kamen die beiden noch zum Liebesfelsen, um sich unsichtbar zu machen. Und auch als die beiden schon längst verheiratet waren, pflegten sie immer wieder den Brauch, hierher zurückzukommen, wo alles begonnen hatte. Den Spruch vergaßen sie nie wieder und hüteten ihn wie einen Schatz. Nie und nimmer wurde er verraten und das war auch gut so, denn sonst hätte sie der Spruch auch nicht mehr unsichtbar gemacht.

Bärenstein

Die Felsengruppe namens Bärenstein ist als Kraftort sehr bekannt und vor allem an Wochenenden ein beliebtes Ziel vieler Ausflügler. Wer hier die Kraft des Ortes in aller Ruhe alleine genießen möchte, kommt am besten unter der Woche oder vielleicht schon am frühen Vormittag. Da ist es noch ruhiger am Bärenstein und man kann die besonderen Energien entspannt genießen. Den Bärenstein kann man auch schneller erreichen, wenn man mit dem Auto bis zum Panyhaus fährt. Von hier aus gelangt man zu Fuß in rund 15 Min. zu diesem Kraftplatz.

Früher waren auch im Mühlviertel Bären noch heimisch und wurden in vergangenen Kulturen als Gottheit verehrt. Seine Kraft und Stärke hatten den Bär bei den Germanen zum König der Tiere gemacht. Auch heute noch kennen wir den Begriff des Krafttiers. Am Bärenstein können wir Bärenkräfte tanken. Wenn ich an einen Bären denke, dann kommen mir Lebenskraft, Stärke, Mut und Instinkt in den Sinn. An was denken Sie? Nehmen Sie sich Zeit und nehmen Sie Kontakt mit dem Bären in sich auf. Welche Bilder tauchen bei Ihnen auf?

So wie jeder Kraftort ist der Bärenstein ein ganz besonderer Platz für mich. Nach dem bewussten Besuch und dem Verweilen fühle ich mich gestärkt und nutze meine Bärenkräfte gleich dafür, um energiegeladen weiterzuwandern.

- **Charakter der Wanderung:** Eine Rundtour im nordwestlichen Mühlviertel, die uns auf dem Tanzbodenweg über die Höhenrücken bei Haslach an der Mühl führt. Ziel der Wanderung ist die an einer Quelle errichtete Heilig-Wasser-Kapelle. Über den Weiler Hörleinsödt nahe der tschechischen Grenze geht es schließlich rund um die Erhebung des Tanzbodens und wieder talwärts nach Haslach.

Länge	12 km (ca. 3 Std. 15 Min. Gehzeit)
Steigung	350 hm
Markierung	*Tanzbodenweg (Wegnummer 77)*
Weg	Asphalt, Forst- und Feldwege
Anfahrt	Mit dem PKW über Rohrbach nach Haslach an der Mühl. Parkmöglichkeit am Marktplatz.
Einkehr	• Gasthof Ghali – Jimmy's Pizza (www.jimmys-pizza.at)
	• Gastronomie in Haslach an der Mühl
Sehenswertes	• Webereimuseum (www.textiles-zentrum-haslach.at)
	• Mechanische Klangfabrik (www.mechanischeklangfabrik.at)
Information	Tourist-Info Haslach, Stahlmühle 4
	4170 Haslach an der Mühl
	Tel.: +43 (0)7289/72300-0
	kneidinger@boehmerwald.at, www.boehmerwald.at

Wegbeschreibung

Wir beginnen unsere Wanderung auf dem Marktplatz von Haslach vor dem Gemeindeamt und folgen – wie auch während der gesamten Tour – dem *gelben Schild Tanzbodenweg (Wegnummer 77)*. Dieses leitet uns zum östlichen Ende des Platzes, wo wir uns links haltend einem Fußgängerweg durch eine Siedlung und einem Bachlauf folgen. So gelangen wir zu einer großen Kreuzung, die wir nach Norden überqueren. Über eine Nebenstraße geht es in Richtung Nordosten hinauf. Bei den beiden in der Folge auftauchenden Gabelungen halten wir uns jeweils links. Der Weg führt uns durch

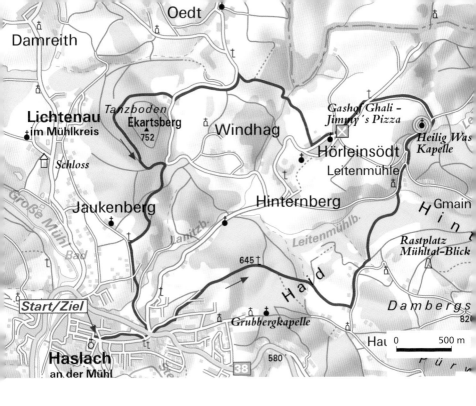

Felder weiter bergan auf den Waldrand zu, wo wir zuerst links gehen, um dann über den mittleren von drei Forstwegen in den Wald vorzudringen.

Stetig bergan führt uns der Pfad durch den Wald, um später wieder leicht abzufallen. Dabei passieren wir ein Kreuz und mehrere Weggabelungen. Am anderen Ende des Waldes gelangen wir zu einer Wiese, durch die uns ein Feldweg nun etwas steiler hoch bis zu einem Güterweg im Weiler Haid führt. Auf diesem biegen wir nach links in nördliche Richtung ab. Vorbei an einigen Häusern geht es bis zu einem auf der linken Straßenseite gelegenen Bauernhaus hoch, oberhalb dessen wir nach links auf einen Feldweg einschwenken.

Der Feldweg leitet uns in einem Bogen einen Feldrain entlang weiter nach Norden und senkt sich dann – der *rotweißroten Markierung* folgend – in einem Waldstück ab, bis er am Talgrund einen Bach überquert und uns zu einem weiteren Güterweg bringt. Vorbei an der Leitenmühle geht es nach rechts den Güterweg hoch bis zu einer Kehre, wo wir nach links auf den Güterweg *Hörleinsödt* abbiegen. Über diesen gelangen wir, bei der nächsten Gabelung rechts abbiegend, oberhalb des Leitenmühlbaches schließlich nach rund 1 Std. 15 Min. Gehzeit zu der links der Straße gelegenen **Heilig-Wasser-Kapelle** samt der davor sprudelnden Quelle. Ein Stück oberhalb der Kapelle im Wald befindet sich zudem eine aus Stein errichtete kleine Lourdesgrotte.

Hinter der Heilig-Wasser-Kapelle folgen wir dem Güterweg ein Stück weiter aufwärts nach Nordosten und wandern links abbiegend in einem Bogen westwärts durch Felder zu einer Güterwegkreuzung bei einem Marterl. Wir folgen dem Güterweg talwärts nach links und sehen in der fernen Tiefe bereits wieder Haslach mit seinem schönen steinernen Kirchturm. Bald erreichen wir den Weiler Hörleinsödt. Noch vor dem Ortsende lässt uns die

Markierung nach rechts auf einen Feldweg einschwenken, wo uns der Weg – hier etwas unzureichend markiert – rechts oberhalb einer einzelnen Baumreihe zum Waldrand hinabführt. Etwas rechts der Baumreihe entdecken wir am Waldrand wieder die gelbe Markierung, die uns über einen schmalen Pfad in den Wald hinab zu einem Bächlein bringt. Dahinter geht es ein kurzes Wiesenstück hinauf zu einer Baumreihe, auf deren anderer Seite wir entlang eines Feldes nach rechts auf den Wald zuwandern. Am Waldrand schwenken wir jedoch wieder nach links und nun geht es immer entlang des Waldrands höher in Richtung Westen, bis wir auf einen Feldweg treffen, der uns nach links in einem Bogen bis zu einem Güterweg bringt. Diesem folgen wir ebenfalls nach links in Richtung der bewaldeten Kuppe des Tanzbodens leicht abwärts bis zu einem Bauernhaus.

Noch davor biegen wir rechts auf einen Forstweg ab, dem wir in einem Bogen rund um den **Tanzboden** zuerst auf dessen Westseite, dann nach Südosten durch den Wald folgen. Wir berühren kurz einen Güterweg, die Markierung leitet uns aber sofort wieder nach rechts und über eine Forststraße talwärts nach Süden. Ein wenig später verlassen wir die Forststraße, wenden uns nach links auf einen Waldweg und passieren eine kleine Lichtung. Der Weg bringt uns neuerlich zu einer Forststraße, der wir nach rechts folgen, bis schließlich der zurückweichende Wald den Blick auf das nun schon recht nahe unter uns liegende Haslach an der Mühl freigibt. Auf einem Güterweg geht es auf eine Siedlung zu, bei der ersten Kreuzung halten wir uns links. Vorbei an einigen Einfamilienhäusern senkt sich der Weg nun talwärts, bis wir bei einer Kreuzung geradeaus über einen Wiesenpfad kurz die Straße verlassen. Am unteren Ende des Hohlwegs folgen wir wieder einer Straße nach rechts, die uns letztlich bis zur Bundesstraße bringt. Wir überqueren diese, um auf dem bereits bekannten Fußgängerweg nach rund 3 Std. 15 Min. Gesamtgehzeit zu unserem Ausgangspunkt zurückzukehren.

Kraftplatzerfahrungen

Heilig-Wasser-Kapelle

Die Heilig-Wasser-Kapelle in Lichtenau soll schon über 500 Jahre alt sein. Eine Sage berichtet von Stimmen und Gesang, die einst rund um die Quelle zu hören waren. Nachdem bei der Quelle eine Kapelle errichtet worden war, verstummten die Gesänge. Die erste Kapelle wurde im 16. Jahrhundert gebaut, verfiel jedoch. Nach dem Zweiten Weltkrieg stellten belgische und französische Soldaten eine neue Kapelle hin, aus Dankbarkeit für ihr Überleben. Früher sprudelte die Quelle noch bei der Felsnische mit der Muttergottes, die sich am Waldrand hinter der Kapelle befindet. Heute gibt es drei Wasserstellen direkt neben der Kapelle, die munter plätschern. Zwei Holzbänke laden zum Verweilen ein, eine Andacht bei der Muttergottes in der Felsnische tut gut.

Während ich hier Zeit verbringe, raste und Wasser trinke, kommen viele Leute, um Wasser zu holen. Meist sind es Einheimische. Doch auch Fremde wie ich, großteils Wanderer, laben sich am heiligen Wasser, das aus großer Tiefe kommt und herrlich erfrischend und kühl schmeckt. Die große Beliebtheit spricht für sich.

Ich genieße meinen Aufenthalt bei der Heilig-Wasser-Kapelle, einem Ort der Ruhe und Kraft. Obwohl Betriebsamkeit bei der Quelle herrscht, ist Entspannung sehr schnell möglich. Es ist, als ob man hier auf einen inneren Ruhemodus umschaltet – wahrscheinlich hilft auch das heilige Wasser dabei. Ein Kommen und Gehen, ein Plaudern, ein zufälliger Treffpunkt für Menschen, die alle an die Heilkraft dieses Wassers glauben. Ungefähr zwei Stunden verbringe ich an einem warmen Sommertag im Schatten auf einer der Holzbänke. Und mir ist danach, als hätte ich ein Ruhepensum von mindestens drei Tagen hinter mir. Ich möchte diesen Platz als Ruheort bezeichnen. Ich habe in der Zeit, die ich hier verbracht habe, einfach nichts gemacht. Bis auf ein paar Fotos und natürlich habe ich das Wasser genüsslich getrunken. Dieses Nichts ist es wohl, das mich so schnell zur Ruhe kommen ließ. Aber auch die Gespräche mit den Leuten haben meine innere Einkehr nicht gestört. Ganz im Gegenteil, ich kam hier sehr schnell in einen

Zustand, der mich die ganze Welt umarmen ließ. Ich spürte eine Zufriedenheit, die dem Ort gerecht wird. Ein heilsamer Ort, den ich sicher bald wieder aufsuchen werde.

Die Wunschquelle

Es war einmal … eine Quelle, die sprudelte munter vor sich hin. Das Wasser war sehr heilsam und die Menschen merkten das, denn ihre körperlichen Gebrechen und geistigen Leiden wurden gelindert, wenn sie davon tranken. Einst kamen drei Brüder zu der Quelle, um sich zu laben. Sie trafen eine alte Frau, die schon recht bucklig war und sich mühte, Wasser zu schöpfen. „Warte, altes Mütterlein", sprach der Jüngere, „ich helfe dir!" Und so schöpfte er mit seinem Hut das Wasser der Quelle und ließ die Alte davon trinken. Sie bedankte sich und berührte den Jungen auf der Stirn. „Wünsch dir was, wenn du selbst trinkst!", sagte sie und wollte gehen. Doch die anderen zwei Brüder hatten gehört, was die Alte gesagt hatte, und forderten sie auf, auch ihnen dieses Zeichen auf die Stirn zu machen. „Nun gut", brummte die Alte, „weil ihr so einen gutherzigen Bruder habt, dürft auch ihr euch etwas wünschen, wenn ihr vom heiligen Wasser trinkt." Und so geschah es, dass auch die anderen zwei Burschen von der Alten das geheime Zeichen bekamen, und alle drei wünschten sich etwas, als sie von der Quelle tranken. So nahm das Leben seinen Lauf und der älteste Bruder kam schnell zu Reichtum und Ruhm. Der zweite Bruder heiratete bald eine wunderschöne Frau. Doch hatten beide kein Glück mit ihren erwünschten Träumen. Der schnelle Reichtum machte den einen Bruder noch kaltherziger und gieriger und die schöne Frau des anderen entpuppte sich als untreu und unausstehlich. Aber was war mit dem dritten und jüngsten Bruder? Was hatte er sich damals wohl bei der Quelle gewünscht? Eines Tages trafen sich die drei Brüder wieder bei der heiligen Quelle und erzählten von ihren Schicksalen. Was sie sich damals vor vielen Jahren nach der Begegnung mit der Alten gewünscht hatten, das durften sie natürlich nicht verraten, das hatten sie versprechen müssen. Doch dass der Jüngste am glücklichsten war und wohl den besten Wunsch geäußert hatte, das blieb den beiden anderen nicht verborgen. Von Kummer gebeugt saß der Zweitälteste da und nahm einen Schluck des heiligen Wassers und auch der von Gier zerfressene Älteste trank von dem heilsamen Nass. Schnell fühlten sie sich erleichtert und freuten sich immer mehr über das Wiedersehen. Plötzlich erkannten sie, wie falsch und unüberlegt ihre Wünsche von damals gewesen waren. Doch so glücklich wie der Jüngste würden sie wohl niemals mehr im Leben werden. Denn der dritte und jüngste Bruder hatte sich bei der heiligen Quelle einfach nur Zufriedenheit gewünscht und bekam alles, was dafür nötig war. Und egal, was ihm im Leben jemals widerfuhr, er blieb ein zufriedener Mensch. Die Alte wusste, was passieren würde, und hatte allen drei Brüdern ihre Wünsche erfüllt. Denn auch die Erfüllung eines Wunsches kann ein Scheitern bedeuten und dazu führen, sich selbst besser kennenzulernen.

17 Plöckenstein

● **Charakter der Wanderung:** Diese wunderschöne, aber auch an-
● spruchsvolle Rundtour bringt uns als alpinste unter den beschrie-
● benen Wanderungen mit dem Plöckenstein zum höchsten Punkt
des Mühlviertels. Der Weg zum Gipfel führt uns auch an der Teufelsschüssel vorbei. Über das Dreiländereck geht es wieder talwärts,
wobei wir mit dem Steinernen Meer auf einen weiteren landschaftlichen Höhepunkt treffen.
Bei dieser Tour sind Berg- oder Wanderschuhe ratsam. Teilweise
führt die Runde über die Grenze, weshalb ein gültiges Reisedoku-
ment mitgeführt werden sollte.

Länge	10,5 km (ca. 4 Std. 30 Min. – 5 Std. Gehzeit)
Steigung	440 hm
Markierungen	*Teufelsschüssel; Plöckenstein;*
	Nordwaldkammweg/Natura-Trail; Steinernes Meer
Weg	(teils Trittsicherheit erfordernde) Wanderwege
	und -steige, Forststraßen
Anfahrt	Mit dem PKW über Rohrbach und Aigen-Schlägl
	in die nordwestlichste Ecke Österreichs, wo wir über
	Oberschwarzenberg bis zu einem Parkplatz kurz vor
	der deutschen Grenze fahren.
	Öffentlicher Verkehr: Schwarzenberg ist mittels
	Busverbindungen erreichbar, von hier noch längerer
	Fußmarsch bis zum Ausgangspunkt.
Einkehr	• Seminargasthof Dreiländereck
	(www.gasthof-dreilaendereck.com)
	• Landhotel Mühlböck (www.hotel-muehlboeck.at)
Sehenswertes	• Dreisesselberg (www.dreisessel.com)
	• Schwarzenberger Leinölpresse
Information	Gemeinde Schwarzenberg am Böhmerwald
	Schwarzenberg 185, 4164 Schwarzenberg a. B.
	Tel.: +43 (0)7280/255-0
	gemeinde@schwarzenberg.ooe.gv.at
	www.schwarzenberg.co.at

Am Gipfel des Plöckenstein

Wegbeschreibung

Vom Parkplatz führt uns die *gelbe Wegmarkierung zur Teufelsschüssel* über eine kurze Treppe hoch zu einer Forststraße. Dieser folgen wir wenige Meter in nordöstliche Richtung bis zu einer Gabelung, wo wir uns mit der rechten Abzweigung nach Südosten wenden. Die Forststraße führt in einem leichten Bogen einen Hang entlang, bis sie auf einen von Oberschwarzenberg heraufziehenden Weg trifft. Hier leitet uns die Markierung in nördlicher Richtung steiler den Hang empor. Bei einer weiteren Gabelung verlassen wir die Forststraße über einen Waldpfad nach Westen. Der ansteigende Pfad bringt uns durchs Gehölz bis zu einer großen Lichtung, wo uns schon nach rund einer halben Stunde Gehzeit die Felstürme der **Teufelsschüssel** erwarten. Von einem der Türme, der über Leitern erklommen werden kann, grüßt ein großes Holzkreuz.

Hinter dem Naturdenkmal leitet uns der Pfad weiter Richtung Nordosten, wo wir nach Überqueren eines Forstwegs schon nach kurzer Zeit auf eine Forststraße treffen, der wir nach links folgen. Als Orientierung dienen uns nun die *Hinweisschilder des*

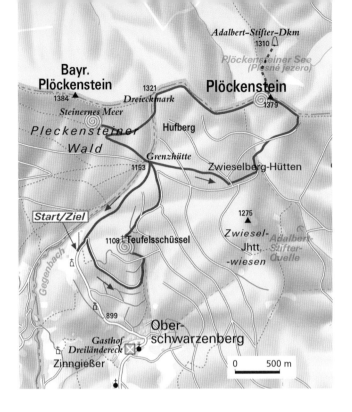

Plöckensteins. Es geht stetig leicht bergan und sobald wir eine scharfe Rechtskurve erreichen, führt uns die Markierung über einen schmalen Pfad nach links in den Wald hinein. Kurz darauf stoßen wir auf einen Bach, der die Grenze zu Bayern bildet, und wenige Meter oberhalb auf eine kleine Grenzhütte. Unter den zahlreichen Markierungen halten wir uns hier an diejenige des *blauweiß gekennzeichneten Nordwaldkammwegs,* die uns nach rechts entlang des Hanges in einem Bogen auf die Ostseite des Plöckensteins führt. Ebenfalls auf dieser Strecke verlaufen die *Markierungen E6* bzw. *105 (Natura-Trail).*

Der Wanderweg führt uns nun leicht ansteigend durch lockeren Baumbestand. Auf diesem Streckenabschnitt heißt es, die Augen offen zu halten, um die Markierung nicht aus den Augen zu verlieren. Zwei Mal passieren wir querende Forstwege, bis wir schließlich über ein Hochplateau die zwei kleinen Zwieselberg-Hütten erreichen. Hier halten wir uns wieder an die *Plöckenstein-Markierung,* die uns nordwärts hoch zu einer Forststraße leitet. Dieser folgen wir nach rechts, bis sie in einen Höhenweg übergeht, der uns schöne Ausblicke hinüber zum tschechischen Moldau-Stausee beschert.

Schließlich knickt die Route scharf nach links ab, verläuft den Hang hoch und bringt uns direkt an die von einem Grenzschild bezeichnete tschechische Grenze. Hier grüßen bereits die durch Borkenkäferbefall kahlen Stämme aus dem tschechischen Naturschutzgebiet herüber.
Immer entlang der Grenze führt uns der steinige Pfad nun nach links den Hang empor, bis wir schließlich nach rund 2 Std. 30 Min. Gehzeit den Gipfel des **Plöckenstein** (1 379 m) und damit den höchsten Punkt des Mühlviertels erreicht haben. Oben wartet eine mit einem Kreuz gekrönte Felsburg, von der aus ein weiter Rundblick für die Mühen des Anstiegs entschädigt. Wer möchte, kann von hier aus in rund 20 Min. einen Abstecher nach Norden zu dem auf tschechischer Seite gelegenen **Stifter-Denkmal** oberhalb des Plöckensteiner Sees machen.

Vom Plöckenstein aus geht es nun weiter auf dem steinigen Pfad über das kahle Plateau nach Westen, zuerst leicht abwärts, dann neuerlich auf einen Höhenrücken hin ansteigend. Von hier oben sehen wir im Westen eine weitere Senke im Kammverlauf, auf die wir immer entlang der Grenze zusteuern. Dort angelangt treffen wir auf die steinerne Säule der **Dreieckmark**, die das Zusammentreffen der Grenzen von Österreich, Deutschland und Tschechien markiert.

Wir biegen nun nach links in südliche Richtung ab und halten uns wenige Meter danach bei einer Weggabelung nach rechts in Richtung *Steinernes Meer*. Hier kommen wir nun auf deutsches Staatsgebiet. Der felsige Pfad führt schräg den Hang entlang talwärts. Schließlich zeigt uns eine Markierung an einer Abzweigung die Wegrichtung zum **Steinernen Meer**, nämlich nach rechts den Hang hoch, an. Wer noch die nötige Kondition besitzt, sollte diesen rund 15-minütigen Abstecher von ca. 500 Metern (eine Richtung) unbedingt in Angriff nehmen. Ein Stück höher wartet nämlich inmitten von Legföhren mit dem von gelbgrünen Flechten überzogenen

Im Steinernen Meer

Felstrümmerfeld des Steinernen Meers ein landschaftliches Glanzlicht, das vor allem in der Abendsonne herrlich mit der sanften Mühlviertler Landschaft kontrastiert.

Nachdem wir dieses letzte Etappenziel ausgiebig genossen haben, kehren wir zur Abzweigung zurück und wandern auf dem Pfad nach rechts abwärts in Richtung Südwesten. Schon bald wendet sich jedoch der Felspfad mit einer scharfen Kehre zurück nach Südosten. Kurz hinter dem Waldrand halten wir uns bei einer Weggabelung links und treffen schließlich wieder auf den bekannten Grenzbach. Diesen überqueren wir, um unterhalb der Grenzhütte wieder österreichischen Boden zu betreten. Nun wenden wir uns nach rechts in Richtung *Oberschwarzenberg* bzw. *Parkplatz* und steigen auf dem Waldpfad stetig tiefer, bis wir kurz oberhalb des Parkplatzes wieder auf die Forststraße treffen. Nach insgesamt rund 4 Std. 30 Min. bis 5 Std. Gehzeit beenden wir eine abwechslungs- und aussichtsreiche, aber auch anstrengende Tour.

Kraftplatzerfahrungen

Teufelsschüssel

Wieder einmal begegnen wir dem Teufel im Namen eines Kraftplatzes, der Teufelsschüssel. Die beeindruckende Felsburg bei Oberschwarzenberg ist heute leicht mit Hilfe einer Treppe zu erklimmen. Oben angekommen begrüßen mich zwei Schalen, die größere ist mit Wasser gefüllt, die kleinere dient mir als Platz für mein heutiges Mitbringsel, eine getrocknete weiße Rose, die sehr schön aussieht, wie sie in dem kleinen Schälchen liegt und von der Sonne bestrahlt wird. Ich gehe weiter bis zur höchsten Stelle. Eine wunderbare Aussicht erwartet mich hier und wieder entdecke ich eine mit Wasser gefüllte Schale. Rund um die Felsburg gibt es noch viele weitere Schalen und Steinhöhlen. Die bekannteste Höhle ist nach den Putznigln, den Waldgeistern, benannt. Schmugglern sollen die Höhlen einst als Unterschlupf gedient haben.

Neben der Teufelsschüssel befindet sich noch ein weiterer mächtiger Steinturm, den man nicht so einfach begehen kann. In der Nähe bietet sich außerdem ein Rastplatz mit Tisch und Bänken an. Auch eine gemütliche Holzliege lädt zum Verweilen ein. Doch ich entscheide mich für die Lange Bank, eine schattige Holzbank, die mir heute als Schreibplatz dient. Auch Heidelbeeren entdecke ich und nasche ausgiebig von den süß-sauren Waldfrüchten. Natürlich gibt es wieder eine Sage zur Teufelsschüssel und diese erzählt uns, dass sich am Felsen einst Hexen und Teufel getroffen und bei Vollmond gezaubert haben. Nichts Neues für uns Kraftplatzwanderer! Doch weder verhext noch teuflisch fühlt es sich hier an. Wie viele dieser exponierten Steingebilde war wohl auch dieser Platz ein Ort der Begegnung sowie ein Kultplatz, an dem auch gefeiert wurde. Ein merkwürdiger Treffpunkt, der die Jahrtausende überdauerte, ist er allemal. Und auch heute noch begegnen sich hier Gleichgesinnte: die Wanderer! Diese Wandersleute sind ein geselliges Volk, schnell kommt man ins Plaudern, meistens ist man per Du.

Auch heute vergeht die Zeit im Nu. Noch ein paar Heidelbeeren naschen und dann geht es wieder los. Lange habe ich es ausgehalten auf der Langen Bank und natürlich ist dabei ein Märchen entstanden.

Der Stein der Weisen

Es war einmal … vor langer, langer Zeit. Da hatten die Menschen noch keine Versammlungshäuser, kein Telefon und die Schrift war auch noch nicht erfunden. So kam es, dass für einen regelmäßigen Austausch untereinander Plätze ausgewählt werden mussten, die alle kannten und die leicht zu finden waren. Eine mächtige Felsburg wurde zu so einem Treffpunkt und da es auch noch keinen Kalender gab, trafen sich die Sippenführer aus der Umgebung immer rund um den Vollmond. Die Zusammenkünfte dauerten ein bis drei Tage und ein Mal im Jahr gab es ein großes Fest rund um den Stein, zu dem alle Mitglieder der Sippschaften mit Essen und Trinken sowie Zelten und Fellen hierher aufbrachen.

Die hohen Felsen waren nicht leicht zu besteigen, nur die geschicktesten und stärksten Männer konnten hinaufgelangen, und so stand bald fest, wer zu den obersten Treffen kommen durfte und wer nicht. Dass die Stärksten aber nicht gleichzeitig immer die Klügsten sind, das war auch früher schon so. Und dass die Frauen dadurch auch nicht mitreden durften, das ist auch nicht ganz neu. So beschloss eine weise Alte, die Zusammenkünfte auf den Kopf zu stellen. Eines Tages verschwand sie und niemand wusste, wo sie geblieben war. Als sich die Männer am Gipfel des Felsens zu ihren Beratungen trafen, da staunten sie nicht schlecht, als die Alte hoch oben am Stein schon auf sie wartete. „Wie hast du denn das geschafft, Mütterchen, hier heraufzukommen?" Die Alte zuckte mit den Achseln und wollte nichts dazu sagen. „Hauptsache ich bin hier!", sagte sie selbstbewusst und niemand konnte ihr die Teilnahme am Gipfelgespräch verwehren. Vieles wurde beratschlagt und besprochen. Da die Alte sehr weise war, konnte sie überall mitreden und viel zur positiven Entwicklung der Sippen beitragen. Die Männer bedankten sich für ihren guten Rat und kletterten vom Felsen. Doch die weise alte Frau blieb oben am Stein. Schnell verabschiedeten sich die Sippen-Oberhäupter und murmelten Worte der Verwunderung in ihre langen Bärte. Die Frau wollte noch ein wenig bleiben … denn die gewitzte Alte hatte auf der Rückseite des Steines eine Strickleiter angebracht, über die sie einige Zeit später auch selbst vom Felsen kletterte. Sie hatte die Seile aus Flachs gemacht und in langer Stunden Arbeit eine Leiter daraus hergestellt. Aber wer hat die Strickleiter wohl am Stein befestigt, werdet ihr euch jetzt fragen. Das war ein junger Bursch aus ihrer Sippe, der helfen wollte und dieses Geheimnis gerne für sich behielt. So kam es, dass die Alte durch ihre List von nun an bei jedem Felsenturm-Treffen dabei sein konnte. Eines Tages starb sie und gab ihr Wissen um die Strickleiter an ihre weiblichen Nachkommen weiter, die diese Tradition erfolgreich weiterführten. Der Geist der weisen Alten blieb in den alten Steinen. Hier fühlt sie sich wohl und kann weiterhin der Menschheit mit ihrem Wissen dienlich sein. Über Intuition und Träume teilt sie sich mit und hat es auch irgendwann geschafft, dass die Leute auf die Idee gekommen sind, eine bequeme Stiege auf den Felsenturm zu bauen und somit den Kultstein heute für alle Menschen erreichbar zu machen.

Plöckenstein

Der Plöckenstein wurde im Jahr 1334 erstmals urkundlich erwähnt. Mit seinen 1379 Metern ist er der höchste Punkt des österreichischen Böhmerwaldes und des ganzen Mühlviertels. Als Grenzberg zwischen Tschechien und Österreich hat er gleichzeitig eine verbindende Rolle. Denn Steinformationen lassen sich durch Landesgrenzen nicht stören. Ein mächtiger Anblick und ein kraftvoller Ort ist der Plöckenstein mit seinen vielen aufeinandergeschichteten Steinblöcken.

Eine Sage erzählt von geheimnisvollen Fischen im nahen Plöckensteiner See. Einst machten sich Männer auf, um dort zu fischen. Einen Fisch hatten sie gefangen und als sie ihn braten wollten, da brodelte der See und sie vernahmen eine Stimme: „Sind auch alle da?" Darauf wurde geantwortet: „Einer fehlt!" Als die Männer in die Pfanne blickten, da sahen sie, dass sich der Fisch immer noch bewegte und warfen ihn schnell in den See zurück. Dieser wurde daraufhin wieder ruhig und still.

Steinernes Meer

Das Steinerne Meer befindet sich ein kurzes Stück jenseits der Grenze in Bayern. Viele tausend Granitblöcke liegen hier wie durcheinandergewürfelt und bilden ein außergewöhnliches Naturschauspiel. Vor vielen Millionen Jahren haben an dieser Stelle mächtige Berggipfel gestanden, die durch Verwitterungsprozesse abgetragen wurden.

Eine Sage erzählt uns, dass das Steinerne Meer durch den Zorn des Teufels entstanden ist, da es ihm nicht gänzlich gelang, mit seiner bloßen Faust die Granitblöcke zu zerkleinern.

Teufelsschüssel

18   *Stoanaweg und Kühstein*

● ● ○ **Charakter der Wanderung:** Eine Rundwanderung, die uns von Kollerschlag aus auf dem sogenannten Stoanaweg an zahlreichen Steinformationen vorbei führt. Nach der Lourdeskapelle in Stratberg geht es zunächst über Waldhänge zum aussichtsreichen Kühstein. Ein Stück weiter passieren wir mit dem Bründlstein einen Schalenstein und wandern durch ein einsames Tal in Richtung Hüllstein. Dahinter besteht die Möglichkeit eines Abstechers zum Lochstein, bevor wir vorbei am Teufelssitz schließlich zurück nach Kollerschlag kommen.

Länge	12,5 km (ca. 4 Std. Gehzeit)
Steigung	350 hm
Markierung	*Stoanaweg (Wegnummer 11a)*
Weg	Forst- und Feldwege, Asphalt
Anfahrt	Mit dem PKW über Rohrbach nach Kollerschlag.
	Parkmöglichkeit südlich des Ortszentrums.
Einkehr	Cafè Gabriel (www.baeckerei-gabriel.at)
Sehenswertes	• Aussichtswarte Ameisberg (www.ameisberg.com)
	• Wallfahrtskirche St. Wolfgang
Information	Marktgemeinde Kollerschlag, Markt 14
	4154 Kollerschlag
	Tel.: +43 (0)7287/8155–0
	gemeinde@kollerschlag.at, www.kollerschlag.at

Wegbeschreibung

Wir beginnen unsere Wanderung im Zentrum von Kollerschlag und halten uns auf der Hauptstraße nach Süden. Dabei folgen wir – wie auch während der gesamten Runde – der *Beschilderung Stoanaweg (Wegnummer 11a)*. Bei der Straßengabelung wenden wir uns nach links und folgen ein Stück weit der Linzerstraße, bevor wir neuerlich nach links auf einen Güterweg abbiegen. Dieser leitet uns leicht fallend durch eine Siedlung und ein Wäldchen zu ein paar Häusern, zwischen denen wir nach rechts auf einen Wiesenhang

abzweigen. Der Pfad führt uns einen Feldrain entlang, die Anhöhe hinauf und durch ein weiteres Wäldchen. So gelangen wir zum Weiler Lengau, wo wir bei der Kreuzung links abbiegen und anschließend in einem Bogen zum oberen Ortsende wandern. Dahinter geht es über eine Wiese hoch zum Waldrand, wo uns ein Forstweg nach rechts in den Wald hineinführt.

Wir passieren eine etwas abseits im Wald gelegene brunnenschachtförmige **Wolfsgrube** aus früheren Tagen sowie die Abzweigung zum nahen **Hochstein** und kommen nach einem Wiesenstück zu einer Forstweggabelung, bei der wir uns rechts halten. Nun führt uns der leicht abfallende Weg aus dem Wald heraus ins Freie und bietet einen schönen Ausblick nach Süden. Es geht auf einem Güterweg neuerlich in den Wald hinein, wobei wir das sogenannte **Pfaffenhaus** passieren und nach einer Kehre die **Lourdeskapelle** am oberen Ortsrand von Stratberg erreichen. Hier macht unsere Route einen Schwenk nach links und entlang einer Wiese geht es auf einem Forstweg in östlicher Richtung neuerlich in den Wald hinein.

Es folgt ein längerer Abschnitt, auf dem wir in leichtem Auf und Ab Waldhänge entlangwandern, um schließlich einem Kamm zu folgen und nach rund 2 Std. Gehzeit den mächtigen Felsen des **Kühstein** zu erreichen. Der von mehreren Föhren bestandene Felsblock kann leicht erklommen werden und lässt den Blick weit ins nördliche Obere Mühlviertel schweifen.

Hinter dem Kühstein führt der Pfad nun etwas steiler nach Süden durch den Wald bergab und bringt uns schon nach kurzer Zeit zu dem rechts von einer Weggabelung gelegenen **Bründlstein**, einem Granitblock mit einer ständig mit Wasser gefüllten Schale. Danach kehren wir zum Pfad zurück, wobei wir uns bei der folgenden Gabelung rechts halten und so nach Süden absteigend aus dem Wald herauskommen. Über einen Güterweg halten wir nun auf die Häuser von Meisingerödt zu. Im Zentrum biegen wir zuerst rechts und hinter den Häusern sofort wieder links auf einen Feldweg ab, der uns in einem sanften Bogen in das einsame Auerbachtal hinabbringt.

Beinahe am Talende angelangt machen wir bei einem Hochstand einen Schwenk nach links hoch zum Waldrand und biegen dann scharf nach rechts in den Wald hinein ab. Nun geht es stetig ansteigend, zuletzt etwas steiler, auf einem Waldpfad in Richtung Nordwesten, bis wir am Waldrand nach rechts abbiegen und über eine Wiese zum links im Wald versteckten **Hüllstein** kommen, einem höhlenartigen Felsgebilde, vor dem eine Rastbank zu einer Pause einlädt.

Hinter dem Stein gelangen wir links zur Landstraße, die wir überqueren. Ein Schild zeigt uns an, dass von hier aus in einem rund halbstündigen Abstecher (Hin- und Rückweg) talwärts der in einem kleinen Wäldchen unterhalb des Weilers Innerödt gelegene **Lochstein**, ein großer Granitfindling mit einem runden Loch, erreicht werden kann. Gleichzeitig zweigt hier auch der Stoanaweg 11 nach Süden ab. Wir aber halten uns weiter an die *Markierung 11a* und folgen dieser über einen Feldweg talaufwärts nach Nordwesten, um neuerlich die Straße zu überqueren und zum Zentrum von

Stratberg anzusteigen. Hier biegen wir links ab und die Ortsstraße entlang geht es nach Westen, wo wir zum dritten Mal die Landstraße überqueren und auf einem Güterweg die Häuser von Stratberg endgültig hinter uns lassen.

Wir marschieren auf den Waldrand zu und steigen zuerst durch ein Wäldchen und anschließend über eine Wiese neuerlich hoch zur Landstraße. Diese berühren wir allerdings nur kurz und wenden uns dann in Richtung der Häuser des Weilers Schröck. Diese passieren wir auf der linken Seite und über einen Feldweg geht es südwärts hoch zu einer kleinen Kammhöhe, wo uns ein Schild auf die links hinter den Bäumen versteckten Felsen des **Teufelssitzes** hinweist.

Bei der folgenden Weggabelung biegen wir nach rechts ab. Der leicht fallende Forstweg führt uns in den Wald hinein und durch diesen hindurch, bis wir wieder Häuser erreichen. Wir folgen dem Güterweg nach rechts durch die Siedlung abwärts und kommen so wieder zur Landstraße, der wir nach rund 4 Std. Gesamtgehzeit die letzten Meter ins Zentrum folgen.

Kraftplatzerfahrungen

Kühstein

Wer den Kühstein besteigt, wird mit einer besonders schönen Aussicht belohnt. In Richtung Nordosten hat man eine sehr gute Sicht auf das Tal der Kleinen Mühl und auch ein Sonnenaufgang könnte hier zu einem eindrucksvollen Erlebnis werden. Der Blick geht weit übers Land. Man versteht, warum es hier früher auch um wichtige Entscheidungen ging, die am Versammlungsort hoch oben am Felsplateau getroffen wurden. Unsere Vorfahren waren noch mehr mit der Natur und ihren Gewalten verbunden und nutzten wohl die Macht des Steines, der hier so erhaben in der Landschaft thront. Energetisch soll der Kühstein mit dem nur 200 Meter entfernten Bründlstein verbunden sein, einer kleineren Felsgruppe mit einem mit Wasser gefüllten Schalenstein.

Der Kühstein bildet mit seinen 710 Metern den Gipfel eines Höhenrückens, der zwischen der Kleinen Mühl, dem Kroisbach und dem Auerbach liegt. Die geschichtete Felsgruppe fällt gegen Norden senkrecht ab und ist von der Westseite leicht zu begehen. Die außergewöhnliche Felsformation soll auch als heidnische Opferstätte gedient haben, eine längliche, schalenförmige Ausbuchtung am Steinplateau deutet heute noch darauf hin. Zwei Wälle zeugen von einer Burg, die wohl um 1300 hier stand. Um 1600 gab es eine Holzkapelle am Fuß des Kühsteins. Auch von einer ehemaligen Kirche ist die Rede, Überreste davon gibt es jedoch keine mehr.

Fünf starke Föhren zieren heute die Gipfelebene, sie sind rund 140 Jahre alt und thronen mächtig über dem Land. Die schön gezeichnete Rinde erinnert mich an die Schuppen einer Drachenhaut. Auch die Aussicht vom Kühstein ist mächtig und lässt mich daran denken, dass auf dieser besonders geformten Steingruppe schon viele Menschen vor uns zusammengekommen sind, um die Kräfte dieses Naturtempels zu nutzen.

Der Fantasie sind hier keine Grenzen gesetzt. Betrachtet man die Felsformation eine Zeit lang aufmerksam, entdeckt man spannende Gesichter, Profile und andere Gesellen. Wie so oft enthalten die alten Steine viele Bildnisse, man muss nur lange genug hinschauen, dann wird man sie entdecken!

Der Name *Kühstein* kommt von *küren*. Der Überlieferung nach wurden hier einst auch Barden gekürt. Mein folgendes Märchen handelt von einer ganz besonderen Kür und von der Liebe, die auch einen großen alten Stein weich werden lässt.

Die Hochzeit am Kürstein

Es war einmal … vor langer, langer Zeit. Da trafen sich ein Edelfräulein und ein Bauernjunge heimlich, weil ihre Liebe nicht erlaubt war. Ihr Treffpunkt war der mächtige Kühstein, der damals noch Kürstein hieß, weil an jenem Ort wichtige Entscheidungen getroffen und Leute auserkoren wurden.

Eines Tages stellte das Edelfräulein fest, dass sie ein Kindlein erwartete und lief schnell zum Vater, um den Wunsch vorzutragen, bald heiraten zu dürfen. „Ja, wen willst du denn zum Mann nehmen?", fragte der Herr Papa und die Tochter antwortete: „Lassen wir den Kürstein entscheiden, wer mein Gatte sein soll." Und so geschah es, dass sich zwei Wochen später alle heiratsfähigen Männer der Gegend am Kürstein versammelten und um das Edelfräulein freiten.

Natürlich war auch der geliebte Bauernjunge dabei und die beiden hofften von Herzen, dass sie bald in Liebe vereint ein gemeinsames Leben führen würden, wenn nur der Geliebte die Aufgaben, die zur Kür notwendig waren, besser und schneller als die vielen anderen Männer lösen konnte!

So stellte der Brautvater die erste Aufgabe: „Wer von euch mir binnen einer Stunde einen Becher voll Wasser hier auf den Kürstein bringt, der hat die erste Runde geschafft." Schnell schwärmten die Brautwerber aus und der Bauernjunge war der Erste, der mit einem Becher voll Wasser am Kürstein erschien. Ein Vögelchen hatte ihm gezwitschert, dass es ganz in der Nähe einen großen Stein mit einer Wassermulde gab, den Bründlstein, und so hatte der Bursch natürlich einen Vorsprung. Nur drei der anderen Bewerber schafften es, binnen einer Stunde die Aufgabe zu lösen. Das Edelfräulein freute sich und hoffte, dass es so gut weitergehen würde.

Die zweite Kür hatte mit dem Jagdgeschick zu tun. Oh, da tat sich unser Bauernjunge schwer, denn er hatte ein sehr mitfühlendes Herz und wollte keine Tiere töten. Doch für seine Liebe sollte er in Windeseile mit Pfeil und Bogen einen Hasen erlegen. Wieder war nur eine Stunde Zeit für diese Aufgabe, doch der Bauernbub saß verzweifelt im Wald, weil er noch nie auf der Jagd war und ihm die Häslein leidtaten. Da kam einer direkt zu ihm gehoppelt und sagte: „Lieber Bub, der Kürstein schickt mich, du brauchst unsere Hilfe, damit du dein Dirndl heiraten kannst. Ich stell mich für dich tot!" So kam der Bauernbursch schon nach einer Viertelstunde wieder auf den Kürstein zurück und gab an, er hätte den Hasen mit einem Stein erschlagen. Doch ein weiterer Brautwerber hatte wirklich einen Hasen erlegt und kam kurz vor der ausgemachten Frist auf den Kürstein zurück, um seine Beute stolz zu präsentieren. Jetzt waren es also nur noch zwei Bewerber.

Die dritte und letzte Kür bestand darin, einen verschollenen Schatz im Wald zu finden. Und wieder stand nur eine Stunde Zeit dafür zur Verfügung. Jetzt wurde dem Edelfräulein angst und bange: „Lieber Herr Vater, was soll denn diese unlösbare Aufgabe? Dieser Schatz wird doch schon seit Ewigkeiten gesucht, wie soll er nun in einer Stunde gefunden werden? Mir dünkt, ihr wollt mich gar nicht verheiraten!"

Der Vater lachte: „Ja Tochter, du bist auch noch ein bisschen jung zum Heiraten, heute schauen wir uns die Burschen erst einmal an, und in ein paar Jahren wird es dann irgendwann so weit sein."

Das Edelfräulein dachte an das Kindlein in seinem Bauch und dass dieses kleine Wesen mit seiner Geburt wohl nicht so lange warten würde. Doch es sollte sich alles noch zum Guten wenden. Denn so wie dem Bauernburschen schon bei den vergangenen zwei Aufgaben wunderbar geholfen worden war, so nahm sich auch jetzt der mächtige Kürstein seiner an. Er kannte die Liebe der beiden Menschenkinder, die sich so gern und oft bei ihm trafen, und wollte nun behilflich sein, dass diese wahre Liebe auch offiziell gelebt werden durfte.

Ein schlaues Füchslein schlich dem Bauernbub um die Beine und führte ihn durch den Wald, bis sie zu einem alten Baumstumpf kamen. „Heb' ihn auf, den Stumpf, und grab' ein wenig, dann findest du, was du suchst!", raunte der Fuchs und verschwand wieder.

Der Stumpf ließ sich ganz leicht anheben. Nun grub der junge Mann mit seinen bloßen Händen und kam gut voran. Schnell stieß er auf eine alte Holztruhe, die sich mit einem eisernen Griff herausziehen ließ. Die kleine Truhe war bis zum Rand voll mit Gold und Edelsteinen und der Bauernbursch strahlte über das ganze Gesicht. So schnell er konnte, eilte er nun damit auf den Kürstein, wo sein geliebtes Edelfräulein bereits bitterlich weinte und der Vater die Augenbrauen hochzog, als er die Holztruhe sah.

„Hier seht, edler Herr, ich bringe Euch den Schatz, den Ihr von mir gefordert habt, so gebt mir dafür Euren größten Schatz, Eure Tochter zur Frau!"

Jetzt konnte der Vater nicht mehr anders, als dem Burschen seine Bitte zu erfüllen. Die beiden freuten sich bis über die beiden verliebten Ohren und auch der Kürstein erzitterte vor Freude, sodass ein leichtes Erdbeben zu spüren war.

Bald wurde Hochzeit gefeiert und der Ort dafür war auch schnell festgelegt. Auf dem guten alten Kürstein wurde geheiratet und das Vögelchen, der Hase und der Fuchs sahen dabei zu, wie sich die Liebenden auf dem Kürstein das Jawort gaben.

19 Waldkreuzkapelle Maria Rast

- **Charakter der Wanderung:** Eine ansprechende Rundtour nördlich
- von Helfenberg, bei der wir zunächst vorbei an Schloss Helfenberg
○ durch Wälder und sanft gewellte Wiesen und Felder wandern. Von
Norden her nähern wir uns der auf einem bewaldeten Hügel gelegenen Waldkreuzkapelle Maria Rast mit ihrem Steinheiligtum
und der nicht weit entfernten Quelle. In südlicher Richtung geht es
schließlich wieder talwärts zurück nach Helfenberg.

Länge	14 km (ca. 4 Std. Gehzeit)
Steigung	260 hm
Markierung	*3 Themen Weg (Wegnummer 85)*
Weg	Forst- und Feldwege, Asphalt
Anfahrt	Mit dem PKW über Zwettl an der Rodl oder Rohr-bach nach Helfenberg. Parkmöglichkeiten im Ortszentrum.
Einkehr	• Gasthaus Frellerhof (www.gasthaus-freller.at) • Gastronomie in Helfenberg
Sehenswertes	• Jahrhundertwebstuhl im Zentrum von Helfenberg • Burg Piberstein
Information	Gemeinde Helfenberg, Leonfeldner Str. 15 4184 Helfenberg Tel.: +43 (0)7216/7013-0 gemeinde@helfenberg.ooe.gv.at, www.helfenberg.at

Wegbeschreibung

Vom Kirchenvorplatz von Helfenberg aus wenden wir uns auf der
Hauptstraße in westliche Richtung. Wir folgen dabei – wie auch
während der gesamten Tour – der *Markierung 3 Themen Weg (Wegnummer 85)*. Die Straße führt uns entlang der Steinernen Mühl
in einem Bogen südwärts. Zwischen ein paar Häusern verlassen
wir sie jedoch schon bald und wandern über einen schmalen Pfad
nach rechts einen Hang empor in ein Wäldchen. Dahinter führt
der Pfad einen Feldrain entlang bis zum Weiler Neuling, wo wir

einem Güterweg nach rechts in Richtung **Schloss Helfenberg** folgen. Gleich hinter dem Schloss zweigen wir auf einer breiten Forststraße nach links in den Wald ab. Wir folgen dieser, bis später nach links ein weiterer Pfad abzweigt, der uns abschüssig und zuletzt über den Holzmühlbach zu einer weiteren Forststraße leitet. Diese bringt uns nach rechts bis zu einer Straßengabelung im Weiler Untereben. Hier wandern wir nach links talaufwärts den Güterweg empor, bis wir einen weiteren Weiler erreichen. An der Wegkreuzung hinter einer kleinen Kapelle biegen wir rechts ab, um schon nach wenigen Metern die asphaltierte Straße wieder nach links über einen Feldweg zu verlassen. Dieser führt uns durch die herrliche Kulturlandschaft des **Himmelreichs** mit ihren sanft geschwungenen Wiesen und Feldern, kleinen Wäldchen und schönen Ausblicken ins Umland.

Langsam wandern wir in östlicher Richtung tiefer, bis wir nahe des Talgrunds von der Markierung wieder nach links über einen leicht ansteigenden Pfad in den Wald hochgeführt werden. Sobald wir

Im „Himmelreich"

einen Güterweg erreichen, folgen wir diesem nach rechts talwärts bis zu einer Straßenkreuzung außerhalb des Waldes, an der wir uns links halten. Es geht nun wenige Minuten aufwärts und bei der nächsten Weggabelung vor dem Gemeindeamt von Afiesl/Schönegg haben wir schon die *Beschilderung nach Maria Rast* vor uns, das über einen südwärts den Hang hinaufführenden Waldpfad in wenigen Minuten erreicht ist.

Oben erwartet uns – idyllisch auf einer Waldlichtung gelegen – nach rund 2 Std. 30 Min. Gehzeit die steinerne **Waldkreuzkapelle Maria Rast**. Auf ihrer Rückseite befindet sich ein kleiner Anbau, mit dem ein vorchristliches, eigentümlich geformtes Steinheiligtum umbaut wurde. Ein paar Gehminuten auf der Westseite den Hang hinab findet man in einer kleinen Hütte eine **Heilwasser-Quelle**.

Nachdem wir gerastet und die Stimmung dieses speziellen Ortes ausgekostet haben, gehen wir entlang des auf der Südostseite heraufführenden Kreuzwegs durch den Wald talwärts. Der Pfad wird rasch steiler und führt uns schließlich, nachdem wir den Kreuz-weg linkerhand verlassen haben, aus dem Wald heraus. Vorbei an ein paar Häusern gelangen wir zu einem Güterweg, den wir jedoch sofort wieder nach rechts verlassen, wobei wir über einen Feldweg einen Wiesenhang emporsteigen. Dabei halten wir auf ein kleines Wäldchen zu, das wir durchqueren, um dahinter zum **Gasthaus Frellerhof** an der Bundesstraße zu gelangen.

Vom Frellerhof geht es nach rechts entlang einer parallel zur Bun-desstraße verlaufenden Straße nach Südwesten. Noch bevor wir wieder zur Bundesstraße gelangen, führt uns die Markierung nach rechts über einen Feldweg durch eine Wiese in einen Wald hinab. Auf einer Forststraße geht es kurz nach links über die **Steinerne Mühl**, hinter der wir rechts abbiegen. So gelangen wir schließlich wieder zur Bundesstraße, der wir kurz nach Westen folgen. Dann zweigt eine Forststraße nach links in den Wald hoch ab und dieser folgen wir, bis uns die Beschilderung über einen von Steinwällen flankierten Waldpfad rechts hinabführt. So erreichen wir einen Güterweg, dem wir nach links aufwärts folgen. Bei einer Siedlung biegen wir rechts ab und hinter den Häusern geht der Weg in einen Forstweg über, der uns talwärts bringt, bis wir in einer Kehre nach links auf einen Wanderweg abbiegen. Auf diesem geht es hinab zur Bundesstraße, der wir nach rund 4 Std. Gesamtgehzeit nach links zurück ins Ortszentrum von Helfenberg folgen.

Kraftplatzerfahrungen

Waldkreuzkapelle Maria Rast

Die Waldkreuzkapelle liegt wunderschön auf einer Waldanhöhe. Sie gehört zur Gemeinde Schönegg und zur Pfarre Helfenberg. Schon lange bevor die Kapelle erbaut wurde, soll dieser Platz von Menschen als Kultstätte genutzt und verehrt worden sein. Kelti-sche Steinkreise, die zwischen 1600 und 1200 vor Christus angelegt wurden, sollen von jener Zeit zeugen.

Das Heiligtum des Ortes, der große Schalenstein, der heute einbetoniert in einem kleinen Anbau der Kapelle liegt, hat immer noch große Anziehungskraft. Einer christlichen Legende nach gaben die drei schalenförmigen Einbuchtungen in jenem Steinmonument der Kapelle ihren Namen. Auf der Flucht nach Ägypten soll die heilige Familie nach den Strapazen des unwirtlichen Weges hier auf diesem Stein gerastet haben. Aus Mitleid soll der Stein weich geworden sein und dadurch seien auch die Abdrücke im harten Fels entstanden, die bis heute sichtbar sind. Der Platz entwickelte sich schließlich zum Wallfahrtsort. Es gab wundersame Heilungen, von einer Frau wurde über den Stein schließlich ein Kreuz gesetzt. Im Volksmund wird die Waldkreuzkapelle Maria Rast heute noch *Waldkreuzl* genannt.

Um 1716 erfreuten sich die Kapelle und die in unmittelbarer Nähe gelegene Heiliges-Wasser-Quelle immer mehr an Beliebtheit. Von 1747 bis 1781 wurde die Kultstätte von Einsiedlern betreut, es gibt auch einen Einsiedlerstein auf dem Weg zum Heiligen Wasser. 1754 entstand schließlich eine kleine hölzerne Kapelle. Im Jahr 1785 wurde die Wallfahrt verboten und die Kapelle zerstört. Da sich das Volk die Wallfahrt aber nicht nehmen ließ, errichtete man die Kapelle im Jahr 1836 neu. Von 1850 bis 1863 baute man sie in der heutigen Form aus und erweiterte sie um einen Turm. Auch heute noch ist die Waldkreuzkapelle Maria Rast ein beliebter Wallfahrtsort.

Wenige Gehminuten entfernt befindet sich das Heilige Wasser. Der Legende nach wurde hier die schwer kranke Gräfin von Piberstein geheilt. Das Wasser fließt aus einer steinernen Pieta in einen Steintrog. Die Quelle ist von einer kleinen Holzhütte geschützt, viele Marienbilder, Statuen und Darstellungen entdeckt man hier.

Soweit die christliche Deutung des Ortes. Die vorchristlichen Wurzeln des Platzes können wir nur erahnen. Es geht hier wie so oft um die Fruchtbarkeit. In der Nähe der Kapelle befindet sich ein Stein, der heute noch Gebärstein genannt und von jungen Frauen aufgesucht wird, die schwanger werden wollen. Dass der – heute leider einbetonierte – Schalenstein drei Vertiefungen hat, könnte ein Hinweis auf die Dreiheit der weiblichen Urmuttersymbolik sein. Doch wir wissen es nicht. Es sind Vermutungen. Was wir heute selbst in Erfahrung bringen können, das ist die Besonderheit des Ortes. Jeder Mensch, der dazu bereit ist, kann die wunderbare Qualität hier spüren. Maria Rast – was für ein guter Hinweis darauf, hier zur Ruhe zu kommen, zu rasten. Für dieses Vorhaben bietet die Waldanhöhe rund um die Kapelle jede Menge Sitzgelegenheiten in Form von Holzbänken.

Ich verbringe hier einen ganzen Vormittag und freue mich einfach, da zu sein. Eine liebliche Qualität spüre ich hier, eine Einladung zu verweilen, die ich gerne annehme. Was diese Waldanhöhe wohl alles erzählen könnte und der Schalenstein selbst, den man auch heute noch jederzeit besuchen kann – die Tür zum Anbau der Kapelle steht jedem offen.

Die heilige Rast

Es war einmal … eine Frau, die brach zu einer Wanderung auf. Bald in der Früh machte sie sich auf den Weg, um den Tag in der freien Natur zu genießen. Da kam sie an einen Ort, der sie lieblich berührte und zum Rasten einlud. Schön war es hier auf dieser Waldanhöhe und die Rastbänke lockten zum Verweilen. „Aber ich muss doch weiter", dachte sie und wollte schon wieder gehen. Doch dann hörte sie das Zwitschern der Vögel und war wie verzaubert, die Bäume rauschten ihr zu, und so ließ sie sich nieder auf einer Holzbank gleich gegenüber der Waldkapelle.
Schnell schlief sie ein und träumte von einer längst vergangenen Zeit, die ihre Spuren an jenem Ort in Form von Steinen hinterlassen hatte. Drei Steinkreise befanden sich einst hier und in jedem davon saßen weise Frauen, die von den Menschen gerne besucht wurden. Doch bevor sie die Steinkreise betreten durften, sollten die Leute ihre negativen Emotionen ablegen und so rein wie möglich im Geiste sein. Zu diesem Zweck tranken sie vor dem Besuch das heilige Wasser einer nahe gelegenen Quelle und warteten, bis sie still wurden und sich bereit fühlten, zu den heiligen Frauen zu gehen und diese um Rat zu fragen.
So machte sich auch die Träumende auf den Weg zur Quelle, trank drei Mal von dem kostbaren Nass und begann in sich zu gehen und sich auf den Besuch bei den heiligen Frauen vorzubereiten. Als sie so weit war, betrat sie den ersten Steinkreis, verbeugte sich vor der Weisen und fragte: „Warum bin ich immer so müde und erschöpft, was kann mir helfen, wieder mehr Lebensenergie zu bekommen?"

„Sei du selbst und verstell dich nicht, das kostet sehr viel Kraft! Wenn du authentisch bist, dann kommt die Lebensenergie von selbst zurück!" Im zweiten Steinkreis angekommen stellte sie die nächste Frage: „Und wie kann ich so authentisch wie möglich werden? Wie gelingt mir das?" Die Antwort lautete: „Geh' so bewusst wie möglich durchs Leben und achte auf deine Gefühle. Sieh jeden Tag als neue Chance, so viel wie möglich über dich selbst zu lernen!"

Im dritten Steinkreis stellte sich die Frage wie von selbst: „Wer bin ich?", fragte die Träumerin und hörte nun Folgendes: „Du bist ein menschliches Wesen mit einem göttlichen Kern. Nur leider hast du darauf vergessen, welch herrliche Kräfte in dir stecken und wozu du fähig bist, wenn du dich an deine schöpferischen Fähigkeiten erinnerst! Gehe nun zum heiligen Stein und schau dir in den drei Schalen dein Spiegelbild an. Du sollst dich darin erkennen."

Die Träumende bedankte sich für die Antworten, verneigte sich und begab sich zu einem nahe gelegenen Stein, auf dessen Oberfläche drei mit Wasser gefüllte Vertiefungen zu sehen waren. Sie beugte sich über die erste Schale und sah sich selbst. Auch in der zweiten und dritten Schale spiegelte sich ihr Gesicht und nichts weiter geschah. Doch hatte sie sich zum ersten Mal bewusst in die Seele geschaut und erkannt, was da war und was fehlte. Die Gefühle waren stark und gingen von der Traumwelt mit ins Wachleben. Die Frau wachte auf und erschrak. Wie lange hatte sie wohl geschlafen? Sie sah auf die Uhr, lediglich eine Viertelstunde war vergangen. Nun fühlte sie sich erfrischt und gestärkt. Sie machte sich auf den Weg, um ihre Wanderung fortzusetzen. Während des Gehens fiel ihr der Traum wieder ein. Eine schöne Erinnerung und es fühlte sich an, als hätte sie wirklich die weisen Frauen in den Steinkreisen besucht. Ab diesem Zeitpunkt ging die Frau bewusster durchs Leben, versuchte sich selbst, ihre Gefühle und Handlungen besser zu verstehen und ging liebevoller mit sich selbst um.

Noch oft wanderte sie zu der Waldkapelle, um zu meditieren und den heiligen Stein zu sehen, der auch ohne Wasser in seinen Schalen immer wieder einen Besuch wert war. Die Stunden hier waren besonders heilsam und manchmal besuchte sie im Traum auch wieder die weisen Frauen, die sich über ihre Fortschritte freuten und immer wieder Hinweise gaben, wie es sich leichter leben lässt und wie man sich selbst immer besser kennenlernt.

20 Wendenstein

- **Charakter der Wanderung:** Eine abwechslungsreiche Rundwanderung, die uns zunächst von St. Stefan am Walde zu den Steinformationen von Wendenstein, Drudenstein und Stefanstritt führt. Weiter geht es durch Wälder, Wiesen und Felder, immer wieder begleitet von weiten Ausblicken ins Umland. Schließlich durchwandern wir die Grenzlandschaft zu Tschechien, um zuletzt wieder talwärts nach St. Stefan zurückzukehren.

Möglich ist auch eine abgekürzte Variante (ca. 3 Std. Gehzeit).

Länge	13 km (ca. 4 Std. 15 Min. Gehzeit)
Steigung	370 hm
Markierungen	*Kraft-Quelle-Baum (Eichenblatt);*
	Musikweg (Roter Kreis);
	Stifter-Grenzsteig (Turmsymbol) in umgekehrter
	Pfeilrichtung
Weg	Forst- und Feldwege, Asphalt, Wanderwege
Anfahrt	Mit dem PKW über Bad Leonfelden oder Rohrbach
	nach St. Stefan am Walde. Parkmöglichkeiten oberhalb
	des Gemeindeamts.
Einkehr	Mayrwirt (www.mayrwirt.at), Helfenberger Hütte,
	AVIVA-Alm (www.aviva-alm.at)
Sehenswertes	• Burgruine Wittinghausen (Tschechien)
	• Moldau-Stausee (Tschechien)
Information	Gemeinde St. Stefan am Walde, St. Stefan 65
	4170 St. Stefan am Walde
	Tel.: +43 (0)7216/7010
	gemeinde@st-stefan.ooe.gv.at, www.st-stefan.at

Wegbeschreibung

Wir beginnen unsere Runde beim Mayrwirt etwas oberhalb des Gemeindeamts von St. Stefan am Walde. Anfangs folgen wir dabei der *Markierung des Weitwanderwegs Kraft-Quelle-Baum* (Eichenblattlogo auf gelbem Grund).

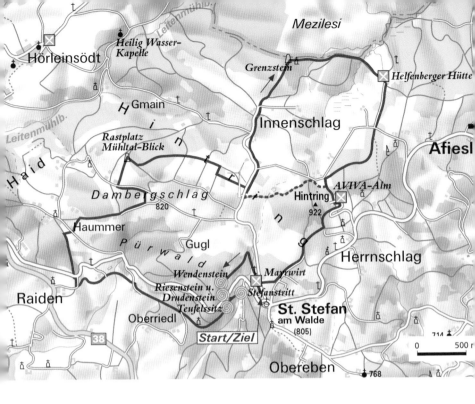

Direkt hinter dem Gasthaus führt uns ein Pfad vom Parkplatz aus in den Wald. Der Weg steigt bald an und bringt uns über ein Bächlein hinweg hoch zum Waldrand. Hier biegen wir links ab und steigen in leichtem Gefälle über einen Forstweg nach Südwesten hin abwärts, wobei sich Wald- und Wiesenstücke abwechseln. Den Forstweg verlassen wir schließlich nach links über einen schmalen Pfad in Jungwald hinein und erreichen so nach rund 15 Min. Gehzeit das von einem Holzgeländer gesicherte Felsplateau des **Wendensteins**.

Vom Wendenstein geht es zunächst steiler abwärts durch den Wald, wobei wir mit dem **Riesenstein** und dem **Drudenstein** zwei weitere Felsformationen passieren. Nun überqueren wir eine Straße und steigen noch ein Stück durch den Wald ab, bis wir auf einen querenden Forstweg treffen. Hier bietet sich die Gelegenheit, in wenigen Minuten nach links einen Abstecher zum **Stefanstritt** zu unternehmen.

Zurück bei der Abzweigung setzen wir den Weg nunmehr nach Südwesten fort. Schon nach kurzer Zeit passieren wir den **Teufelssitz** und halten uns bei den beiden folgenden Weggabelungen an die bekannte Markierung. Wir queren einen Güterweg und sobald wir den Wald hinter uns gelassen haben, folgen wir einer Trockenmauer bis zu einem kleinen Weiler. Danach geht es einen Wiesenhang hinab und in einem Bogen den Hang entlang zu einem Bauernhaus. Auch dieses lassen wir hinter uns und über einen Feldweg wandern wir nun in einem neuerlichen Bogen auf ein letztes Bauerngut zu. Dort lassen wir die Markierung Kraft-Quelle-Baum hinter uns und orientieren uns ab nun an der *roten Markierung des Musikwegs*, die uns schon eine Weile auf unserem Weg begleitet hat.

Die neue Markierung führt uns zuerst nach rechts die Zufahrt hoch zu einer Straße, die wir überqueren. Wir folgen einem steilen

Forstweg in den Wald, gehen dann am Waldrand hoch und biegen schließlich nach rechts zu einem Güterweg ab. Wenige Meter abwärts verlassen wir diesen auch schon nach links und wandern einen Hang hoch auf ein Wäldchen zu. Am Waldrand biegen wir rechts ab, queren den Wald, wobei wir uns bei einer Gabelung links halten, und gelangen zu einem leicht ansteigenden Güterweg, dem wir nach links in östliche Richtung folgen. Von hier bietet sich ein weiter Panoramablick bis hin zu den Alpen. Über ein Wiesenstück zweigen wir nach links ab und marschieren entlang eines Feldrains hoch zu einem Güterweg, dem wir wiederum nach links folgen. Vor einem Bauernhaus geht es nach rechts auf einen Feldweg, der uns zu einem Rastplatz am Waldrand mit schönem Ausblick auf das Tal der Großen Mühl bringt.

Nun biegt der Weg nach rechts in den Wald ab, bei der anschließenden Gabelung halten wir uns links und wandern durch den Wald höher, um anschließend einem Feldweg ostwärts zu folgen. Neuerlich passieren wir ein Wäldchen und gelangen so oberhalb eines Anwesens mit einem Windrad zu einem Güterweg. Hier verlassen wir auch die Markierung des Musikwegs und folgen ab nun – uns auf dem Güterweg links haltend – dem auf kleinen Holzpfeilen angebrachten *Symbol eines Turms mit drei Zinnen*, der den *Stifter-Grenzsteig* bezeichnet (Hinweis: Die Richtung der Pfeile ist dabei unserer Gehrichtung entgegengesetzt). Wer möchte, kann den landschaftlich sehr schönen Umweg über den Grenzsteig aber auch abkürzen und folgt dazu – am Güterweg rechts abbiegend – weiter den Musikweg-Markierungen.

Die *Grenzsteig-Markierung* bringt uns auf dem Güterweg nordwärts, wobei wir uns bei der bald auftauchenden Gabelung links halten und dahinter vor einer Kurve den Weg zum Weiler Innenschlag über ein Wiesenstück abkürzen. Wir durchqueren Innenschlag in nördlicher Richtung und gelangen so auf einen Feldweg, dem wir – uns bei drei Gabelungen erst links, dann rechts, dann wieder links haltend – weiter nach Nordosten auf den Waldrand zu folgen. Im Wald geht es leicht fallend über einen Forstweg weiter, bis uns schließlich bei einem Rastplatz ein paar Schilder und ein Grenzstein anzeigen, dass wir die Grenze zu Tschechien erreicht haben.

Vorbei an einem Marterl wenden wir uns – immer entlang des markierten Grenzverlaufs – über einen idyllischen schmalen Waldpfad nach rechts in Richtung Osten, bis wir schließlich auf einen breiteren Forstweg und die *Markierungen des Nordwaldkammwegs* treffen. Auf dem Forstweg geht es aus dem Wald heraus und einen Wiesenhang hoch bis zur **Helfenberger Hütte**. Hier weist uns die *Markierung des Grenzsteigs*, der wir nach wie vor folgen, den Weg nach Süden über die Zufahrtsstraße der Hütte. Wir überqueren eine Kreuzung und wandern auf einem Forstweg neuerlich in den Wald hinein. Bei den folgenden Gabelungen halten wir uns jeweils rechts und folgen dem Pfad, der etwas später in einen Hohlweg übergeht, in Richtung Südwesten. Hinter dem Waldrand geht es über ein kurzes Wiesenstück zu einer Güterwegkreuzung bei ein paar Häusern, wo wir nach links über einen Schotterweg auf den Wald zuhalten. Am Waldrand sehen wir dann erstmals wieder die *Beschilderung des Musikwegs*, der wir nun wieder für den Rest der Strecke folgen.

Zuerst geht es durch das Waldstück zum großen Komplex des **AVIVA-Hotels**, das wir auf der linken Seite umrunden. Unterhalb des Hotels verlassen wir die Straße in einer Kehre über einen schmalen Waldpfad, der uns nach Süden aus dem Wald herausbringt. Wir folgen einem Feldweg nach rechts durch Wiesen und Felder und bewegen uns dabei talwärts auf St. Stefan zu. Bei einem Bauernhaus haben wir dann wieder Asphalt unter den Füßen und gelangen so in das aufgelockerte Ortsgebiet, wo wir noch einmal nach rechts über eine Wiese abbiegen, um schließlich nach rund 4 Std. 15 Min. Gesamtgehzeit wieder unseren Ausgangspunkt zu erreichen.

Kraftplatzerfahrungen

Wendenstein

Der Wendenstein ist ein schöner Aussichtsfelsen, der vermutlich in vergangenen Zeiten als strategischer Treffpunkt diente. Auch Handel soll hier betrieben worden sein und das Wetter wurde beobachtet. Das Volk, das rund um den Wendenstein gelebt hat, wurde die *Wenden* genannt. Der Wendenstein hatte für die Menschen große Bedeutung. Auch in jüngerer Zeit zeigte sich das noch, da der Stein sogar als Motiv für das Notgeld der Gemeinde St. Stefan am Walde aus dem Jahr 1920 diente.

Ein besonderer Ort – das spürt man, wenn man den Wendenstein erklimmt. Er ist gut erreichbar und mit einem Holzgeländer abgesichert. Der Name liegt auf der Hand, hier kann sich das Blatt wenden. Das wussten auch schon unsere Vorfahren. Meine Erfahrung an diesem Kraftplatz ist einfach und schön. Der Weg hierher kann uns darauf vorbereiten, eine Wende in unserem Leben einzuleiten. Das muss jetzt gar keine große Sache sein, sondern kann einfach bedeuten, dass wir uns bewusst machen, was wir gerne wenden – sprich ändern – möchten. Auf der Wendensteinrunde kommen vielleicht Ideen dazu oder man macht sich schon vor der Wanderung Gedanken. Oft kommen einem die Wendungen dann spontan in den Sinn, weil der Ort hier einfach dafür geeignet ist. Mit meinem kleinen Änderungswunsch stehe ich hoch oben am Wendenstein und blicke in die Ferne. Ein schöner Gedanke, dass mir die Energie des Ortes dabei helfen kann, eine Wende herbeizuführen, die praktische Umsetzung muss aber immer von einem selbst kommen.

Die Wenderin

Es war einmal … vor langer, langer Zeit. Da suchten die Leute aus der Umgebung gerne den Wendenstein auf, wenn sie eine Änderung in ihrem Leben vornehmen wollten. Oft ging es um Krankheit und wenn die Menschen zu schwach waren, um selbst zu kommen, dann nahmen Angehörige ein Haar oder ein Kleidungsstück der Kranken mit, um auf dem heiligen Stein um Wendung zu bitten. Es gab Zeremonien und

Rituale, die halfen, die Wendungen einzuleiten, und es stellte sich bald heraus, dass eine Frau aus der Umgebung besonders begabt war, auch Wendungen für andere durchzuführen. Sie konnte sich vor Bitten kaum retten und da sie ein guter Mensch war, wollte sie so vielen wie möglich helfen. Doch nicht alle Mitmenschen waren der Frau wohlgesinnt. Sie hatte viele Neider und bald wurde ihr unterstellt, sie hätte einen Pakt mit dem Teufel geschlossen. Da wurde die Frau traurig und verlor ihre heilende Gabe, weil sie sich so kränkte über die bösen Worte der anderen. Doch gab es da einen jungen Mann im Dorf, der war dafür bekannt, dass er sich für andere einsetzte und für Gerechtigkeit sorgte. Auch ihm hatte die weise Frau schon geholfen und eine Wunde zum Heilen gebracht, die sich entzündet hatte und sehr böse aussah. Der junge Mann wusste um die wertvolle Kraft, die vom Wendenstein ausging, und dass diese Frau der Kanal war, diese Kraft auch für andere nutzbar zu machen. Den Bauern hatte sie einmal die Heuernte gerettet, weil das Wetter gewendet wurde und als die Hebamme nicht kommen konnte, wendete sie die Lage des Babys im Bauch einer Schwangeren einfach vom Stein aus. Statt der komplizierten Steißlage gab es dann eine einfache Hausgeburt mit glücklicher Mutter und gesundem Kind. So war das damals. Aber wie gesagt, die Neider saßen ihr im Nacken und machten die Wenderin auch für allerlei Unheil verantwortlich. Einmal schmierten sie ihr frisches Rinderblut an die Haustür und bezichtigten sie des Blutkults. Eine Henne ohne Kopf lag plötzlich in ihrem Garten und natürlich war das wieder ein Hinweis darauf, dass der Teufel im Spiel war. Doch der junge Mann, dem die Gerechtigkeit am Herzen lag und der wusste, dass die Frau einfach nur Gutes tat, wollte das ändern. So ging er eines Tages selbst auf den Wendenstein mit seinem Anliegen, die böse Hetzerei gegen die Wenderin zum Guten zu wenden. Lange saß er oben am Stein und sah in die Ferne. Er bat um eine Wende und sprach mit dem Stein. Als Dank für die Hilfe hinterließ er frischen Tabak und ein Stück Brot. Und die gute Wendung sollte nicht lange auf sich warten lassen. Allen bösartigen Dorfbewohner, die in der Vergangenheit gemein und ungerecht mit der Wenderin umgegangen waren, wurde jetzt geholfen. Am nächsten Morgen wachten sie mit einem giftgelben Neidgesicht auf, das nicht zu verbergen war. Sogar die Frau des Bürgermeisters war gelb angelaufen und viele weitere angesehene Damen und Herren auch. Bald bemerkten die Gelben, dass es einen Zusammenhang zwischen ihren Neidhandlungen und ihrer neuen Gesichtsfarbe gab. Endlich kam jemand auf die Idee, die Wenderin zu beauftragen, etwas dagegen zu unternehmen. Oh, da taten sich die neidischen Leute jetzt aber schwer. Doch der gute Mann, der für die gelben Gesichter verantwortlich war, wollte wieder den Stein ins Rollen bringen. So überredete er eines der Gelbgesichter, die Wenderin aufzusuchen. Diese war noch immer sehr traurig und hatte auch Angst, als Hexe bezichtigt zu werden. Doch als einer ihrer schärfsten Kritiker zu ihr kam und sie um Hilfe bat, da fasste sie neuen Mut. Wie schon so oft bestieg sie den Wendenstein bei Sonnenuntergang und schlug hier ihr Lager auf. Die Sonnenauf- und -untergänge eigneten sich besonders gut zum Wenden, da sie ja selbst eine große Wende im Tageskreis darstellen. Die wirklich großen Wenden konnten dann natürlich zur Sommer- und Wintersonnenwende erfolgreich durchgeführt werden, aber dieses Wissen behielt die Wenderin stets für sich. Nun galt es die gelben Gesichter im Dorf zu wenden – ob sich mit der Gesichtsfarbe auch die Einstellung der Leute ändern würde? Die Frau bat darum und ihre Bitten wurden erhört. Bereits am nächsten Tag hatten die Gewendeten wieder rosige Bäckchen und ein normales Aussehen. Und auch ihre Gemüter hatten sich gewendet, und so wurde die weise Frau von nun an nie mehr der Hexerei bezichtigt und durfte sich über Ehre und Wertschätzung im Dorf freuen. Nie wieder wollte ihr jemand etwas Böses antun und alle waren froh, dass sie wieder zur Wenderin geworden war und damit der gesamten Dorfgemeinschaft helfen konnte. Der junge Bursche war natürlich schon lange verliebt in die Wenderin und bat eines Tages den Wendenstein darum, diese seine Liebe sichtbar zu machen. Er war nämlich auch sehr schüchtern. Von diesem Tag an hatte er Herzerl in den Augen, wenn er die Wenderin ansah, und es brauchte keiner vielen Worte mehr, um die beiden in Liebe zu vereinen. Wende gut, alles gut!

Riesenstein und Drudenstein

Am Riesenstein soll einst ein einsamer Riese gehaust haben, der vom Felsen begraben wurde, als er auf ihm schaukelte und damit umfiel. So nennt man den Stein heute auch Grabstein.

Der Drudenstein ist ebenfalls eine markante Steingruppe am Wendensteinweg. Er soll einst als öffentlicher Treffpunkt und Kultplatz gedient haben.

Stefanstritt

In St. Stefan am Walde sieht man am Ortsplatz eine riesige Axt, die in einer mächtigen Platte steckt. Diese künstlerische Darstellung symbolisiert die Gründungslegende der Mühlviertler Gemeinde. Nach einer Sage war es der heilige Stefan, der einst seine Axt schleuderte, um festzustellen, wo sich der beste Platz für einen Kirchenbau befände. Nicht weit vom Ortszentrum entfernt findet man den Stefanstritt, einen Spurstein, der die Abdrücke des Heiligen zeigen soll. Von hier aus schleuderte er die Axt. Ursprünglich sollte die Kirche nämlich beim heutigen Stefanstritt erbaut werden, doch das gelang nicht, weil der Teufel das Tagwerk in der Nacht immer wieder zerstörte und der Kirchenbau somit nicht vorankam. Eines Tages kam den Bauleuten dann der heilige Stefan zu Hilfe und schleuderte die Zimmermannsaxt weit über die Baumwipfel hinweg … an jenen Ort, an dem heute in St. Stefan die Kirche steht. Sagen über einen verhinderten Kirchenbau gibt es sehr viele. Und meist waren es alte Kultplätze, an denen die Kirchen NICHT entstehen sollten. Eine Interpretation dieser teuflischen Verhinderung könnte es sein, dass sich damals Anhänger der alten Kulte und Plätze darum bemühten, dass auf ihren Heiligtümern keine christlichen Kirchen gebaut wurden. Die nächtliche Zerstörung der Baufortschritte und die Vertragung des Baumaterials durch Menschenhand könnte des Rätsels Lösung sein.

Teufelssitz

Nicht weit entfernt vom Stefanstritt befindet sich der Teufelssitz. Eine steinerne Sitzgelegenheit, die recht bequem aussieht und zu der es natürlich auch Sagen gibt: Nachdem der Bau der Kirche in St. Stefan nicht ganz verhindert werden konnte, wollte der Teufel am Teufelssitz wenigstens die Leute vom Kirchgang abhalten. Eine weitere Sage erzählt von einem Fuhrmann, der den Teufel gerufen hatte, damit er ihm helfe, mit seinem Pferdegespann den steilen Weg zu bewältigen. Der Teufel wartete vergeblich am Teufelssitz, dass der Fuhrmann denselben Weg noch einmal nehmen würde, denn dieser wusste genau, dass er dann seine Seele verlieren würde.

Bezirk Urfahr–Umgebung

21 Heidenstein und 10-Mühlen-Weg

- **Charakter der Wanderung:** Eine herrliche, aber auch lange Rundtour, bei der wir teilweise dem Reichenthaler 10-Mühlen-Weg entlang der Grenze zu Tschechien und durch idyllische Bachtäler folgen. Im zweiten Teil der Runde geht es hoch zum nahen Heidenstein, den wir über den Chakra-Wanderweg erklimmen und der uns einen weiten Ausblick über die Hochflächen des nördlichen Mühlviertels bietet. Vorbei an Schloss Waldenfels kehren wir schließlich zurück nach Reichenthal.

Länge	15,5 km (ca. 5 Std. 30 Min. Gehzeit)
Steigung	240 hm
Markierungen	*Müllerrundweg (Wegnummer 51);*
	10-Mühlen-Wanderweg (Wegnummer 154);
	Wanderweg R2; Chakra-Wanderweg;
	teilweise unmarkiert
Weg	Forst- und Feldwege, Asphalt, Wanderwege
Anfahrt	Mit dem PKW über Bad Leonfelden oder via Freistadt nach Reichenthal. Parkmöglichkeiten am Marktplatz oder hinter der Pfarrkirche.
Einkehr	• Gasthaus Lorenzmühle (www.lorenzmuehle.at)
	• Gasthaus Kreuzer (www.gh-kreuzer.at)
	• Gasthof Preinfalk (www.gasthofpreinfalk.at)
Sehenswertes	• Museums- und Mühlendorf Hayrl (www.muehlenverein.at/museums-und-muehlendorf-hayrl)
	• 7 Todsünden-Kanzel in der Pfarrkirche von Reichenthal
Information	Marktgemeinde Reichenthal, Oberer Markt 11
	4193 Reichenthal
	Tel.: +43 (0)7214/7007
	gemeinde@reichenthal.at, www.reichenthal.at

Wegbeschreibung

Vom Marktplatz in Reichenthal aus wenden wir uns – im ersten Teil der Strecke noch ohne einer Markierung zu folgen – links an der Kirche vorbei nach Osten, um gleich bei der ersten Kreuzung nach links nordwestlich in eine Senke abzubiegen. Vorbei an einer Siedlung geht es einen Gegenhang empor, bis wir über den Güterweg *Liebenthal* die Straße nach links verlassen. Wir folgen dem Güterweg vorbei an den Häusern von Liebenthal durch eine Kurve nach Nordosten, bis dieser erneut auf die Straße trifft. Hier geht es auf einem Feldweg links zwischen den Häusern hangaufwärts nach Norden auf unser erstes Etappenziel – die **Waldkapelle** – zu.

Links von der Kapelle folgen wir einem Pfad nach Nordwesten bis an den Waldrand. Bei der Kreuzung mit einem Feldweg wenden wir uns nach rechts und wandern entlang eines leicht abfallenden Feldrains auf ein kleines Wäldchen im Talgrund zu. Ab hier folgen wir dem

Schild Müllerrundweg 51, zuerst geradeaus durch das Wäldchen und anschließend entlang einer Talsenke weiter nach Nordwesten. Beim nächsten Waldrand angelangt geht es zuerst nach rechts in den Wald und dann bei einem Wildzaun linkerhand weiter. In leichtem Auf und Ab wandern wir nun parallel zum Waldrand in einem sanften Bogen nach Nordosten. Kurz nach der Überquerung einer asphaltierten Straße führt von links der *10-Mühlen-Wanderweg* heran, dem wir ab nun für einen großen Teil der Strecke folgen werden. Der Weg leitet uns aus dem Wald heraus bis zu einem Unterstand an der grünen Grenze zu Tschechien.

Ab hier geht es ostwärts auf einem Feldweg immer direkt die Grenze entlang. Ein Stück weiter verlässt uns die Markierung des

Heidenstein

Müllerrundwegs nach Süden. Wir aber halten uns weiter entlang des *10-Mühlen-Wanderwegs* nach Nordosten, bis wir auf einen asphaltierten Güterweg treffen. Diesem folgen wir nach rechts durch eine Kurve hinunter ins Tal des Kettenbachs, auf den wir ein Stück unterhalb der **Süßmühle** treffen. Den Bach entlang geht es auf der Straße nach Süden, hinter ein paar Fischteichen verlassen wir diese schon bald wieder nach links. Wir folgen auf einem Forstweg weiter dem Bach, den wir schließlich auf Höhe der **Holzmühle** überqueren, um nun auf dessen östlicher Seite weiter nach Süden zu wandern.

Hinter einer Wiesenlichtung treffen wir schließlich auf die *Markierung R2* nach Eibenstein, der wir scharf nach links hangaufwärts zuerst durch Wald, später durch Felder folgen. Der Feldweg geht schließlich in eine asphaltierte Straße über, die uns in einer Rechtskurve in das Zentrum von Eibenstein bringt. Schon nach wenigen Metern auf der Ortsstraße sehen wir auf der rechten Seite einen Granitfindling mit der *bunten Markierung des Chakra-Wanderwegs*. Wir folgen dem Zeigefinger zwischen den Häusern leicht bergan auf den Waldrand zu und in einem Bogen geht es nun weiter entlang der insgesamt sieben Stationen des *Chakra-Wanderwegs*. Nach dem ersten Waldstück leitet uns die Markierung kurz rechts abwärts und anschließend nach links über ein Feld auf die benachbarte Anhöhe zu. Diese umrunden wir auf der Westseite, um danach in mehreren Kehren von Süden her die Höhe zu erklimmen. Am höchsten Punkt haben wir schließlich nach rund 3 Std. 30 Min. Gehzeit mit dem **Heidenstein** (738 m) das Hauptziel unserer Tour erreicht. Die großen Felsen mit Schalensteinen auf der Spitze können über breite, in den Fels gehaue Stufen erklommen werden. Vom Gipfel bietet sich zudem eine weite Aussicht über die östliche Hochebene bis zum Viehberg.

Nach einer wohlverdienten Rast geht es über einen Feldweg rechts entlang der Häuser nach Osten zur Straße. Auf dieser wenden wir uns kurz nach rechts, um sofort wieder zwischen den Häusern entlang der *Markierung R2* auf einen sanft abfallenden Feldweg nach Westen einzuschwenken. Sobald wir bei ein paar Häusern eine Gabelung erreichen, wenden wir uns wiederum nach rechts in Richtung des *Mühlenwegs*. Der Feldweg leitet uns talwärts auf den Waldrand zu, wo wir bei einer Gabelung neuerlich rechts abbiegen. Kurz darauf weist uns ein Schild auf die Einkehrmöglichkeit bei der **Lorenzmühle** hin.

Von hier geht es nun weiter nach Süden zur **Adammühle**, wobei wir für den Rest der Tour nun wieder den *Schildern des 10-Mühlen-Wanderwegs* folgen. Vorbei an der Adammühle wandern wir – immer entlang des hier einsamen Kettenbach-Tals – auf einem Forstweg südwärts, wobei uns die Markierung an Abzweigungen jeweils links abbiegen lässt. Schließlich lassen wir den Wald hinter uns und können nun bereits wieder den Kirchturm von Reichenthal sehen. Der Weg leitet uns durch die Felder bis zu einer Straße, der wir kurz nach rechts zu einer Kreuzung folgen. Wir überqueren diese und folgen dem Feldweg nach links auf die schon sichtbare **Hammermühle** zu.

Hinter der Mühle nehmen wir den Pfad nach rechts entlang einer Böschung, passieren eine Kläranlage und gelangen schließlich über eine Brücke in den Ortsteil Hayrl. Vor uns sehen wir nun bereits **Schloss Waldenfels** auf dem Hang oberhalb des Kettenbachs thronen. Auf der Straße geht es vorbei an der **Hofmühle** bis zum Schlossteich, hinter dem die beiden letzten Mühlen unserer Runde, die **Herrenmühle** und die **Hausmühle**, in wenigen Minuten erreicht sind. Darüber hinaus lohnt sich der kurze Abstecher auch wegen des hier angesiedelten Freilichtmuseums **Mühlendorf Hayrl**, das neben einigen schön restaurierten Bauten auch eine bunte Sammlung von alten Fundstücken und Kuriositäten zu bieten hat.

Von hier aus geht es schließlich vorbei am Schlossteich und in einem letzten Anstieg nach Norden zurück zum Marktplatz von Reichenthal, den wir nach rund 5 Std. 30 Min. Gesamtgehzeit erreichen.

Kraftplatzerfahrungen

Heidenstein

Einen Kraftplatz zu besuchen ist für mich immer spannend, weil ich nie weiß, was mich dort erwartet. An diesem frühlingshaften Freitagnachmittag entdecke ich den Heidenstein, den ich über den Chakra-Weg erreiche. Der 2,2 Kilometer lange Weg wurde 2008 mit dem österreichischen Wanderweggütesiegel ausgezeichnet und ist einfach zu begehen. Der Rundweg beinhaltet sieben Stationen, die sich – beginnend mit dem Wurzelchakra bis hinauf zum Scheitelchakra – mit den Chakren des menschlichen Körpers befassen. Als Höhepunkt und Abschluss wartet der beeindruckende Heidenstein auf die Besucher. Auf dem Chakra-Wanderweg sollen sich die

Chakren harmonisieren. Der Themenwanderweg vermittelt anhand von Schautafeln und Installationen Wissenswertes über die sieben Chakren und bietet Möglichkeiten zur inneren Einkehr. Den Weg ins Leben gerufen hat der Verein Heidenstein (www.heidenstein. at). Der Weg erlaubt es den Kraftplatzbesuchern, sich dem Heiligtum des Ortes, dem Heidenstein, besonders harmonisch zu nähern.

Wie alt dieses Steinmonument ist, weiß niemand, doch steht fest, dass es sich hier um einen wichtigen Begegnungsort aus längst vergangener Zeit handelt. Die Felsformation aus grobem Weinsberger Granit soll schon vor Tausenden von Jahren als Treffpunkt für Menschen aus nah und fern gedient haben. Jahreskreisfeste, Handelspunkt, Gerichtsort – vieles hat sich hier abgespielt. Und noch heute findet rund um den Heidenstein jedes Jahr ein beliebter Adventmarkt statt. Auch zur Sonnen- und Sternenbeobachtung ging man früher zum Stein und der Ausblick kann sich heute noch sehen lassen. Der Heidenstein diente auch als Kalenderstein, von hier aus war es möglich, die Sommer- und Wintersonnenwende exakt zu bestimmen. Und noch etwas bietet uns dieser mystische Stein: drei große mit Wasser gefüllte Schalen. Die drei Vertiefungen am rechten Felsplateau erreicht man über grob behauene Steinstufen, die einst durch menschliche Kraft geschaffen wurden. Spannend ist auch, dass sich in den Schalen immer Wasser befindet. Eine der Schalen zählt zu den größten ihrer Art in ganz Oberösterreich.

Wie der Eibenstein schließlich zum Heidenstein wurde, kann man sich gut vorstellen. Wohl haben die Kirchenväter einst den Menschen verboten, diesen heidnischen Ort weiterhin aufzusuchen. Bald kamen Geschichten auf, die wir heute noch als Sagen kennen und die davon erzählen, dass sich hier Hexen tummelten. Sogar als Sammelpunkt der Wilden Jagd wurde der Heidenstein schließlich bekannt. Die Menschen, die weiterhin zum heiligen Stein gingen und ihren Kult pflegten, wurden als Heiden verteufelt, und so kam der Stein wohl zu seinem Namen.

Nun aber zu den Eiben. Diese besonderen Bäume dienten einst dazu, Heiligtümer zu säumen und sie zu beschützen. Noch heute deuten Plätze und Orte mit dem Wort *Eiben* im Namen auf etwas Heiliges hin. Leider sind Eiben heute selten geworden und stehen mittlerweile unter Naturschutz. Die Eibe ist die älteste Baumart in Europa, bereits Dinosaurier erlebten diesen Baum. Die Eibe wächst sehr langsam, ihr Holz ist biegsam und hart zugleich und sie hat die seltene Fähigkeit der inneren Regeneration. Wer nach Jahrhunderten die abgestorbene Außenrinde einer Eibe sieht, irrt, wenn er glaubt, der Baum wäre tot. Im Inneren entstand bereits wieder ein junger Eibenbaum. Diese Fähigkeit zur Wiedergeburt aus eigener Kraft brachte der Eibe wohl auch die Bezeichnung *Baum des Lebens* ein und machte sie für viele Kulturen heilig.

Ich besteige den Heidenstein (der für mich insgeheim Eibenstein heißt) und suche mir ein Plätzchen zum Rasten. Ich finde es auf der Rückseite des dreigeteilten Steins. Der Fels ist an dieser Stelle bemoost und eine schöne schlanke Föhre bietet mir mit ihrem Stamm die ideale Rückenlehne. Auch mein Sitzpolster leistet mir wieder gute Dienste und so döse ich vor mich hin auf diesem Naturheiligtum im schönen Mühlviertel. Schnell komme ich zur Ruhe, lasse alles hinter mir und vergesse die Zeit.

Es ist ein zeitloser Ort. Das unfassbare Alter dieser Steine spüre ich als Gefühl der Zeitlosigkeit. Ein gutes Gefühl. Natürlich brauchen wir im Alltag unsere Zeitrechnung, sonst würde das Leben nicht mehr so funktionieren, wie wir es uns ausgedacht haben. Aber hier am Heidenstein gehen die Uhren anders, besser gesagt, es gibt keine Uhren. Und das wirkt sich auch auf die eigene innere Uhr aus. Keine Hektik, alles gut. Manchmal höre ich die Klangorgel vom siebten Chakra-Platz zu mir heraufschwingen, wenn ein Besucher diese anstimmt. Zur Ruhe kommen – hier ist das sehr gut möglich.

Nach zweieinhalb Stunden blicke ich auf die Uhr. Es ist Zeit zu gehen. Doch eines weiß ich: Ich komme wieder. Denn ein solcher Kraftplatz wie der Heidenstein gibt uns auch heute noch das, was viele tausend Jahre vor uns die Menschen hier wohl auch schon gesucht haben: innere Ruhe, Harmonie und Frieden.

Der gestohlene Krug

Es war einmal … vor langer, langer Zeit. Da hieß der Heidenstein noch Eibenstein und war ein beliebter Treffpunkt für die Menschen der damaligen Zeit. Märkte wurden hier abgehalten, Jahreskreisfeste gefeiert, Recht gesprochen und die Sterne beobachtet. Die drei Schalen am Steinplateau dienten der Sterndeutung und der Wahrheitsfindung. Eine Priesterin las aus den Schalen die Zukunft und war bekannt für ihre Weisheit. Wer sie darum bat, dem gab sie Rat.

Eines Tages besuchte ein junges Mädchen die Seherin. Natürlich ging es um die Liebe, doch die weise Alte winkte ab. „Husch, husch, dein junger Geist ist zu verwirrt, komm' wieder, wenn du einen klaren Kopf hast, dann lese ich dir aus den Schalen." Und so geschah es auch. Nach fünf Jahren kam das Mädchen, das nun zu einer jungen Frau geworden war, wieder. Und diesmal wurde sie von der Priesterin angehört. Nicht mehr um Liebesdinge ging es, nein, sondern um Schimpf und Schande. Jemand hatte die Frau verleumdet und schon bald sollte Gericht über sie gehalten werden. Es hieß, sie hätte den tönernen Krug der Nachbarin gestohlen. Doch das stimmte nicht. Diese war neidisch auf ihre Schönheit und hatte den Krug in der eigenen Hütte versteckt, um die Nachbarin als Diebin zu bezichtigen. Die Weise blickte in die Schalen und sah, wie es sich zugetragen hatte. Dann nickte sie und sagte: „Geh nach Hause und baue aus Lehm eine Nase, die der deiner Nachbarin ähnelt. In die Lehmnase steckst du eine rote Eibenfrucht und über Nacht wird der Nachbarsfrau eine Warze wachsen. Diese Warze wird wachsen und wachsen und irgendwann so groß werden, wie die Nase selbst und noch viel größer. Dann wird die Frau zu mir kommen und mich fragen, was sie gegen die Warze tun kann, und ich werde ihr den Rat geben, dass sie sich bei dir entschuldigen und ihre eigene Schuld beim Dorfrichter eingestehen soll."

Ein weiser Plan. Die Frau bedankte sich und ging nach Hause. Sofort begann sie damit, aus Lehm eine Nase zu formen, die jener der Nachbarin sehr ähnlich sah. Diese hatte eine große, grobe Kartoffelnase und es war nicht schwer, sie nachzubauen. Zuletzt setzte die Frau noch die rote Eibenfrucht darauf und war guter Dinge, dass der Plan funktionieren würde. Tags darauf war ein großes Geschrei aus der Nachbarhütte zu hören. Die Warze hatte zu wachsen begonnen und hörte nicht mehr auf damit. Drei Tage später pilgerte die Geplagte zum Eibenstein und klagte der Weisen ihr Leid. Diese sprach die Wahrheit aus und gab ihr den Rat mit auf den Weg, sich zu entschuldigen sowie die eigene Schuld einzugestehen. Das wollte die Frau aber gar nicht hören! Sie beschimpfte die Priesterin und lief davon. Alles Mögliche versuchte sie nun, um die Warze loszuwerden, aber nichts half. Nun war das Gewächs schon so groß geworden, dass es ihr die Sicht nahm, und schön langsam dämmerte es ihr, dass nichts anderes helfen würde, als die Wahrheit zu sagen. So schickte sie nach der Nachbarin. Schnell hatte sie sich bei ihr entschuldigt, doch die Warze blieb so groß wie sie war. „Hast du nicht noch etwas vergessen?", fragte die Nachbarin. Nun schickte sie auch noch nach dem Dorfrichter, der natürlich nicht kam, sondern sie musste zu ihm gehen. Ein hochnotpeinlicher Gang wurde das, aber die Wahrheit ist nun einmal das einzige Mittel, das wirklich hilft. So ging sie und klärte den Vorfall mit dem gestohlenen Krug noch am selben Tag auf. Der Dorfrichter staunte nicht schlecht, als er die riesige Warze in ihrem Gesicht sah, die nun schon so groß war, dass es der Frau schwer fiel, den Kopf gerade zu halten.

Als es sich im Dorf herumgesprochen hatte, wer die wirklich Schuldige war, zog die Nachbarin die Eibenfrucht aus der Lehmnase und einem Heilungsprozess stand nichts mehr im Wege. Über Nacht verschwand das schlimme Gewächs. Zu einem Gericht am Eibenstein kam es aber trotzdem. Die hinterlistige Nachbarin wurde dazu verurteilt, der anderen den Krug zu schenken. So ein Tonkrug war damals sehr wertvoll und wirklich von großem Nutzen. Und die weise Alte nickte zum Richterspruch und war zufrieden, weil nun alles wieder in Ordnung war.

22 Kopfwehstein und Lichtenberg

- **Charakter der Wanderung:** Eine leichte Rundtour, die uns von
○ der Eidenberger Alm durch Waldlandschaft zum wenig bekannten
○ Kopfwehstein und zur Wolfgangkapelle führt. Anschließend lädt
der nahe Lichtenberg-Gipfel mit der Giselawarte zu einer Verlängerung der Runde ein. Vom Lichtenberg lässt sich ein weiter Ausblick ins südliche Tiefland bis hin zu den Alpen genießen, bevor es
wieder zurück zur Eidenberger Alm geht.

Länge	9,5 km (ca. 3 Std. 30 Min. Gehzeit)
Steigung	230 hm
Markierungen	*Wegnummer 16; Gemeinderundweg (Wegnummer E 2, lila-rot); Wegnummer 15; Wegnummer 26; Almweg (Wegnummer E 4, orange-rot)*
Weg	Forststraßen, Asphalt, Wanderwege
Anfahrt	Von Linz vorbei am Pöstlingberg hoch nach Eiden-berg. Parkmöglichkeiten bei der Eidenberger Alm. Öffentlicher Verkehr: Eidenberg ist mittels Busverbin-dungen erreichbar, von hier noch Fußmarsch bis zur Eidenberger Alm.
Einkehr	• Gasthof Eidenberger Alm (www.eidenberger-alm.at) • Gasthaus zur GIS (www.gisaustria.com)
Sehenswertes	• Burgruine Lobenstein • Burgruine Lichtenhag (burg-lichtenhag.at)
Information	Gemeinde Eidenberg, Stiftsstraße 2, 4201 Eidenberg Tel.: +43 (0)7239/5279 gemeinde@eidenberg.ooe.gv.at, www.eidenberg.at

Wegbeschreibung

Die Wanderung beginnt bei der **Eidenberger Alm** und führt direkt
vom Parkplatz in nordöstlicher Richtung entlang eines Wildgeheges einen Wiesenhang empor *(Wegnummer 16)*. Bei ein paar Häusern überqueren wir eine Straße und setzen den leicht ansteigenden
Weg in gleicher Richtung in den Wald hinein fort. Wir folgen der

Markierung weiter nach Nordosten, bis wir bei einer Kreuzung mehrerer Forststraßen auf die **Schönangerkapelle** treffen. Hier biegen wir nach links in nördliche Richtung auf einen Forstweg ab (*lila-rote Markierung* in Richtung Staubgasse). Bei einer auf halber Strecke auftauchenden Weggabelung folgen wir der rechten Abzweigung.

Am Ende des Forstwegs treffen wir beim **Sportlerkreuz** auf eine Straße, der wir nach rechts bis zum Weiler Haldseppn folgen. Hinter den Häusern wenden wir uns bei einer Gabelung nach links und biegen bei der dahinterliegenden Kreuzung weiter der *lila-roten Markierung* folgend scharf nach rechts in den Wald hinein ab. Der Pfad führt nun neuerlich in nördlicher Richtung leicht abwärts durch ein Waldstück, bevor wir schließlich auf die asphaltierte Staubgasse treffen. Nach rechts geht es nun bis zu einer Kehre, bei der wir zwischen den Gebäuden eines Bauernguts die Straße verlassen und der Forststraße geradeaus in östlicher Richtung in den Wald hinein folgen. Schon nach kurzer Zeit haben wir mit dem

unmittelbar rechts des Weges liegenden **Kopfwehstein** nach rund 45 Min. Gehzeit unser erstes Ziel erreicht. Nur wenige Meter weiter befindet sich – nun links des Weges – die **Wolfgangkapelle**.

Hinter der Kapelle folgen wir der Forststraße in den Wald hinein. Sie führt in einem Bogen zuerst weiter nach Südosten und schwenkt später nach Süden, wobei wir hier nicht mehr der lila-roten Markierung folgen, sondern uns bei den folgenden Abzweigungen entlang der *rotweißroten Markierung Nummer 15* jeweils rechts halten. Der Weg steigt nun leicht an. Schließlich erreichen wir eine Stelle, an der sich die Forststraße zu einem kleinen Platz weitet. Hier führt uns das *Schild der Eidenberger Alm* einen schmalen Pfad nach rechts in den Wald hoch, bis wir wieder auf die bereits bekannte **Schönangerkapelle** treffen. Von hier besteht entweder die Möglichkeit, auf dem bekannten Weg nach rund 1 Std. 30 Min. Gesamtgehzeit zurück zur Eidenberger Alm zu spazieren oder aber die Wanderung nach Süden in Richtung Lichtenberg fortzusetzen. Bei einer Fortsetzung der Tour biegen wir bei der Kapelle nach

links ab und folgen dem leicht ansteigenden Forstweg durch den Wald, wobei wir uns ab der folgenden Gabelung an der *rotweißroten Markierung* orientieren und eine Kreuzung geradeaus passieren. Bei der nächsten Abzweigung halten wir uns links und folgen der nun breiteren, leicht fallenden Forststraße südlich durch den Wald. Vor den schließlich auftauchenden Häusern halten wir uns an die Markierungen, wenden uns – weiterhin im Wald bleibend – nach links und erreichen so nach kurzer Zeit an einer asphaltierten Straße das sogenannte **Rote Kreuz**.

Wir überqueren nun die Straße und folgen dem Hinweisschild zur **Giselawarte** entlang einer ebenfalls asphaltierten ansteigenden Straße weiter nach Süden. Bei Erreichen der Kuppe biegt ein beschilderter Pfad nach rechts zwischen die Bäume ab und schon nach wenigen Metern haben wir nach rund 45 Min. Gehzeit ab der Schönangerkapelle mit 927 Metern den höchsten Punkt des Lichtenbergs erreicht. Rechterhand erwartet uns ein Gipfelkreuz, in der Mitte die in mehreren Bauetappen errichtete Giselawarte und etwas abseits dahinter der hoch aufragende Sendemast.

Die denkmalgeschützte Giselawarte wurde 1856 zu Ehren der Erzherzogin Gisela – einer Tochter von Kaiser Franz Joseph und dessen Gattin Elisabeth – erbaut. Sie wurde später im Rahmen zweier Erhöhungen auf ihre heutige Höhe von 19 Metern aufgestockt. An den mutmaßlichen Bauinitiator, den Linzer Kaufmann Johann Pollack, erinnert eine unweit gelegene Quelle.

Nachdem wir den Ausblick von der Warte genossen haben, setzen wir unseren Weg links am Sender vorbei talwärts fort, bis wir nach wenigen Metern eine Wiese erreichen, die uns rechts den Hang hinunter zum **Gasthaus zur GIS** leitet. Westlich von diesem führt der Weg vorbei an einer kleinen Kapelle wieder zurück nach Nordwesten, wobei wir schon kurz nach Erreichen des Waldrands den *Schildern in Richtung Eidenberg (Wegnummer 26)* rechts über einen Pfad in den Wald hoch folgen. Unterhalb des **Brennerhauses** und des Senders geht es nun flach bis zum oberen Ende einer Straße.

Wir queren diese und folgen neuerlich einem Waldweg, der uns leicht fallend zu einer Höhenstraße leitet, der wir nach rechts in nördliche Richtung folgen.

Sobald die Straße eine Kreuzung erreicht, wenden wir uns neuerlich nach rechts, um schon nach wenigen Metern hinter einer Rechtskurve die Straße auf der linken Seite zu verlassen. Ein Waldpfad *(orange-rote Markierung)* zweigt hier scharf nach links talwärts ab. Bald treffen wir in einer Kehre auf eine Straße – wir biegen jedoch sofort wieder nach rechts von dieser ab (weiterhin *orange-rote Markierung*) und folgen dem leicht fallenden Weg nach Nordwesten. Nach rund 3 Std. 30 Min. Gesamtgehzeit bringt uns der Forstweg zur Straße kurz unterhalb des Parkplatzes der Eidenberger Alm und damit zu unserem Ausgangspunkt zurück.

Kraftplatzerfahrungen

Kopfwehstein

Beim Kopfwehstein handelt es sich um einen sogenannten Spurstein. Diese Steine zeugen von Spuren, die Heilige durch ihr Verweilen an jenem Ort einst hinterlassen haben sollen. In diesem Fall war es der heilige Wolfgang, der für die besondere Form des Kopfwehsteins verantwortlich sein soll. Der Sage nach hat der Heilige jenen Stein als Kopfpolster benutzt. Ein hartes Lager, könnte man meinen, aber in früheren Zeiten war es oftmals verpönt, sich dem Schlaf genussvoll hinzugeben. Asketen benutzten vielfach Steine statt Kopfkissen und wer weiß, vielleicht war es ja auch beim heiligen Wolfgang so?

Höchstwahrscheinlich existiert dieser Kultstein schon viel länger, als es das Christentum gibt. Aber so ist es bei den meisten Kraftorten, dass es sie seit Menschengedenken gibt und jede Kultur etwas Heiliges damit anzufangen wusste. Das Wichtigste ist, dass dieser Ort positiv empfunden wird, und auch das wird von Mensch zu Mensch unterschiedlich sein. Doch wenn ein Ort beziehungsweise ein Stein sich über die Jahrhunderte die Eigenschaft, Kopfschmerzen zu lindern, sogar im Namen bewahrt hat, dann stehen die Chancen gut, dass es hilft, sich hierherzubegeben und die Kraft des Platzes auf sich wirken zu lassen.

Wer also heute seinen Kopf in diese Steinmulde legt, soll von Kopfschmerzen befreit werden. So kam der Stein zu seinem Namen. Einen Versuch ist es wert. Und ich finde es schön, wenn wir modernen Menschen auf diese Weise Kontakt mit einem uralten Stein aufnehmen. Mittlerweile wurde neben dem Spurstein eine Pritsche aus Holz angebracht, damit man bequemer in den Genuss des steinernen Kopfkissens kommen kann. Mein Tipp: Wer vorhat, den Kopfwehstein zu besuchen, kann sich zum gemütlicheren Hinlegen auch noch eine Yogamatte und eine Decke mitbringen.

An diesem Ort lasse ich mich bewusst auf den Gedanken ein, was mir im Alltag am meisten Kopfweh bereitet, also auch im übertragenen Sinn, Seelenkopfweh sozusagen. Vielleicht kann auch hier der Kopfwehstein helfen?

Von einer, die auszog, die Kopfschmerzen zu heilen

Es war einmal … eine Frau, die hatte ständig Kopfweh. Eines Tages erfuhr sie, dass es in einem Wald im Mühlviertel einen Stein gab, der die Menschen von ihren Kopfschmerzen befreien sollte. Schon am nächsten Wochenende machte sie sich auf den Weg, um den Stein aufzusuchen. Doch leider fand sie den Weg nicht sofort und landete erst einmal in einem Gasthaus. Beim zweiten Versuch klappte es schließlich. Feierlich stand die Frau nun vor dem Stein und wollte sich schon auf die Holzpritsche und ihr Haupt in die Mulde des Heilsteins legen … doch noch bevor ihr Kopf den Stein berührte, waren ihre Kopfschmerzen bereits wie weggeblasen. Ein Wunder? Die Frau richtete sich auf und spürte in sich hinein. Nichts. Keine Kopfschmerzen mehr! Zur Sicherheit verweilte sie noch eine Weile in der Steinmulde und freute sich über ihre spontane Heilung. Doch kaum war sie wieder zu Hause, fingen die Kopfschmerzen erneut an. Enttäuscht schluckte sie wieder eine Tablette und beschloss, sich am nächsten Wochenende erneut zum

Kopfwehstein zu begeben. Und wieder dasselbe Spiel. Beim Stein an-
gekommen waren die Kopfschmerzen sofort weg. Und zu Hause kamen
sie wieder, wie auf Knopfdruck. Beim dritten Besuch, da war der Frau,
als hörte sie eine innere Stimme zu ihr sprechen. War es der heilige
Wolfgang, der sich ihr mitteilte? „Frau, deine Kopfschmerzen machst
du dir selber, kaum bist du zu Hause, fängt deine Sorgenmacherei wie-
der an. Da kann auch der beste Heilstein nicht helfen, wenn du dir
immer wieder selbst Steine in den Weg legst!"
Bumm, das hatte gesessen! Und die innere Stimme hatte vollkommen
recht! Wenn die Frau zum Stein kam, dann hörte sie sofort damit auf,
sich Sorgen zu machen, denn jetzt stand ja die Heilung im Vorder-
grund. Doch kaum hatte sie den schönen Wald und den heilsamen Stein
verlassen und war in ihrer gewohnten Umgebung angekommen, be-
gannen sich ihre schmerzhaften Gehirnräder von Neuem zu drehen.
Die Sorgenmacherei konnte die Frau nicht von heute auf morgen ab-
stellen, aber ihr wurde bewusst, dass sie für ihre Kopfschmerzen selbst
verantwortlich war und die negativen Gedankenspiralen viel Energie
und Kraft kosteten. Immer wieder fuhr sie zum Kopfwehstein, weil
sie nun verstand, dass es gut war, ihrem Alltag auf diese Weise zu ent-
fliehen. Im Wald flogen die Sorgen davon wie die Schmetterlinge und
wenn sie am Kopfwehstein lag, war ihr oft so wohl zumute, als könnte
sie sich nie wieder grämen. Übung macht den Meister oder in unserem
Fall die Meisterin. Die Kopfschmerzen wurden mit der Zeit immer
weniger und die Sorgen auch. Die Frau hatte gelernt, mit ihren Sorgen
so sparsam wie möglich umzugehen. Und wenn sie sich dabei ertappte,
wieder in eine sinnlose Gedankenspirale geraten zu sein, dann dachte
sie sich im Geiste zum Kopfwehstein nach Eidenberg zurück.

Wolfgangkapelle

Die Wolfgangkapelle befindet sich ganz in der Nähe des Kopfwehsteins. Sie wurde rund um einen Schalenstein errichtet, der durch
sein besonderes Aussehen auffällt. Der Stein enthält eine ringför-
mige Ausnehmung und mehrere kleinere ähnliche Aushöhlungen.
Der heilige Wolfgang soll einst hier seine Andacht verrichtet und
sein abgelegter Hut für die Spuren im Stein gesorgt haben.

Tagpfauenauge

23 Pesenbachtal und Kerzenstein

● Charakter der Wanderung: Eine abwechslungsreiche Rundwan-
○ derung vom Kurort Bad Mühllacken aus durch das naturbelasse-
○ ne Pesenbachtal. Heilkräftige Quellen, idyllische Haine, ruhige
Tümpel und schäumende Strudel begleiten uns auf unserem Weg
entlang des seit 1963 als Naturschutzgebiet ausgewiesenen Tals.
Beim Aufstieg aus dem Talgrund erwartet uns schließlich mit
dem Kerzenstein ein besonders imposantes Naturdenkmal, bevor
wir uns – zuerst durch die Kulturlandschaft oberhalb des Tals,
später auf der anderen Bachseite – auf den Rückweg machen.

Länge	8 km (ca. 3 Std. Gehzeit)
Steigung	190 hm
Markierung	*Kraftplatzwanderung*
Weg	Wanderwege, Forstwege, Asphalt
Beste Jahreszeit	Außerhalb des Hochwinters ganzjährig für Wanderungen geeignet, besonders schön von Frühling bis Herbst.
Anfahrt	Mit dem PKW über Ottensheim oder Aschach an der Donau nach Bad Mühllacken. Parkmöglichkeit beim Waldbad hinter dem Kurhaus.
Einkehr	Jausenstation Fürstberger, Gasthof Schlagerwirt, Gastronomie in Bad Mühllacken und Feldkirchen an der Donau
Sehenswertes	• Kräutergarten Bad Mühllacken beim Kneipp-Kurhaus der Marienschwestern (www.tem-zentrum.at) • Burgruine Schaunberg (Schaumburg)
Information	Tourismusverband, Hauptstraße 1 4101 Feldkirchen an der Donau Tel.: +43 (0)7233/7190 info@feldkirchenanderdonau.at www.feldkirchenanderdonau.at

Wegbeschreibung

Wir beginnen unsere Wanderung beim Waldbad von Bad Mühllacken und überqueren gleich am vorderen Ende des Parkplatzes bzw. des Badesees über eine Fußgängerbrücke den Abfluss des Pesenbachs. Auf der anderen Seite wenden wir uns entlang des kleinen Badesees nach rechts. Wir folgen dem Wanderpfad bachaufwärts und treffen so bald auf das in Stein gefasste **Juliusbründl**. So wie hier werden wir immer wieder entlang unserer Route nummerierten Hinweistafeln begegnen, die uns auf besondere Plätze hinweisen. Hinter dem Juliusbründl geht es auf der gleichen Bachseite den Pfad entlang, der bei einer weiteren Brücke in eine Forststraße übergeht. Wir bleiben auf der von uns aus gesehen linken Seite des Bachs und folgen dem sanft ansteigenden Weg bis zur **Brunoquelle** samt der danebengelegenen Kapelle.

Hinter der Kapelle bleiben wir bei einer Weggabelung auf der am Bach entlang verlaufenden Route und wechseln dann über eine Brucke auf dessen rechte Seite. Hier führt uns die Forststraße weiter nach Nordwesten bis zur hölzernen Schlagerhütte. Hinter dieser führt ein schmaler Pfad seitwärts nach links hinab zum **Feen- und Nymphenhain**.

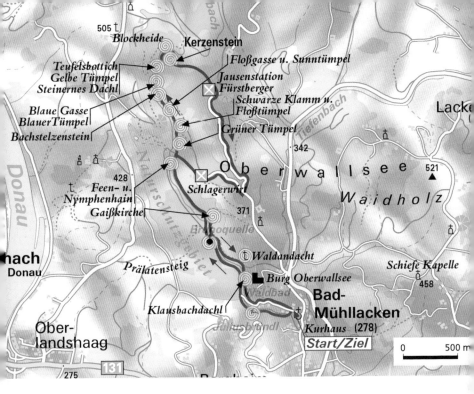

Sobald wir nach diesem kurzen Abstecher wieder zurück am Hauptweg sind, steigt dieser nun steiler an und führt uns weiter bis zu einer Weggabelung. Hier folgen wir der *Markierung mit der Wegnummer 63* entlang des Bachtals nach Norden in Richtung *Kerzenstein*. Der nun öfter auf und ab verlaufende Wanderpfad wird jetzt deutlich schmäler und zeitweise auch steiniger. Es zeigt sich mehr und mehr die urwüchsige Schönheit des Pesenbachtals. Hier finden noch der Zaunkönig, die Smaragdeidechse oder sogar die Äskulapnatter einen natürlichen Lebensraum. Während wir an manchen Stellen hoch über dem rauschenden Bach dahinwandern, führt uns der Weg an anderen Stellen wiederum direkt an das Wasser heran. Zwei im Verlauf unseres Anstiegs abzweigende Wanderwege lassen wir jeweils rechts liegen und folgen weiter dem Pfad entlang des Bachverlaufs. Auf diese Weise passieren wir in einem steten Auf und Ab mit Schildern gekennzeichnete Plätze wie **Grüner Tümpel, Schwarze Klamm, Floßtümpel, Floßgasse, Sunntümpel, Bachstelzenstein** und **Blauer Tümpel.**

Schließlich erreichen wir die **Blaue Gasse**. Hier strömte vor rund 300 Millionen Jahren flüssige Lava durch Gesteinsrisse und erstarrte zu blauschwarzem Porphyrit. In dieses weichere Gestein konnte sich der Pesenbach später schneller eingraben und formte so die Rinnen der Blauen Gasse. Vorbei am **Steinernen Dachl** windet sich der Weg nun weiter empor und führt uns um einen Felsvorsprung herum zu den **Gelben Tümpeln**. Danach gelangen wir auf dem schmalen Pfad zu einer Stelle, an welcher uns der Pesenbach seine wilde Seite zeigt. Hier haben Wasserwirbel im Lauf der Zeit ein ovales Strudelloch in den Fels geschliffen – das so entstandene schäumende Wasserbecken wurde vom Volksmund **Teufelsbottich** getauft.

Nun wird der Bach wieder ruhiger und der Anstieg ein wenig flacher. Bei der **Blockheide** finden sich im und um den Wasserlauf etliche kleinere und größere Felsblöcke. Ein kurzes Stück dahinter wandern wir über den Pfad nach rechts den Hang empor in den Fichtenwald. Wir überqueren einen Forstweg und folgen der Markierung durch mehrere Serpentinen ein letztes Steilstück hoch zum krönenden Abschluss unserer Talwanderung. Nach rund 1 Std. 30 Min. Gehzeit haben wir die zwölf Meter hohe Granitsäule des **Kerzensteins** erreicht. Daneben befindet sich ein weiterer, allerdings kleinerer Steinpfeiler von ähnlicher Gestalt.

Beim Kerzenstein bietet sich eine Rast an, bevor wir unsere Wanderung über den Pfad in Richtung Jausenstation Fürstberger/Bad Mühllacken *(Wegnummer 66)* den Hang hoch fortsetzen. Wenige Meter weiter zweigt ein Forstweg nach links ab und wir folgen diesem in einem Bogen nach Südosten aus dem Wald heraus. Über eine Streuobstwiese erreichen wir so den Bauernhof mit der Jausenstation. Hier zeigt uns die Markierung an, dass dem asphaltierten Güterweg nach rechts zu folgen ist. Dieser leitet uns zuerst in ein Waldstück hinein, um dahinter stetig abzufallen. Hinter einer Kehre in einem neuerlichen Waldstück kommen wir schließlich zu einer Abzweigung, bei der uns ein großes Hinweisschild scharf nach rechts über eine Zufahrtsstraße zum **Schlagerwirt** abzweigen lässt.

Hinter dem Gasthaus führt uns der – anfangs noch asphaltierte – *Schuhplattlersteig* über ein Wiesenstück steil einen Hang hinunter und zurück in das Pesenbachtal. Wir erreichen dieses ein Stück oberhalb des **Feen- und Nymphenhains.** Ab hier geht es eine Weile auf der von uns aus gesehen linken Bachseite auf bekanntem Weg talauswärts, bis wir zur Brücke vor der Brunokapelle kommen. Hier blieben wir weiter auf der linken Bachseite und nehmen den nach links abzweigenden Wanderpfad. Wir passieren die Felsformation der **Gaißkirche** und die – nun auf der gegenüberliegenden Bachseite gelegene – Brunokapelle. Danach gelangen wir neuerlich zu einer Brücke, bleiben jedoch weiterhin auf der linken Talseite und erreichen schließlich das Holzkreuz der **Waldandacht.** Dahinter überqueren wir auf einer Brücke einen Seitenbach und nähern uns auf dem nun breiter werdenden Weg vorbei am **Klausbachdachl** wieder unserem Ausgangspunkt. Bald geht der Weg in eine asphaltierte Straße über und vorbei an den ersten Häusern gelangen wir schließlich nach rund 3 Std. Gesamtgehzeit wieder zum Parkplatz beim Waldbad zurück.

Kraftplatzerfahrungen

Kraftplätze im Pesenbachtal

Das Pesenbachtal empfinde ich als Ganzes als einen Kraftort an sich. Und es ist eine der bestbeschilderten Kraftplatzwanderungen, die ich kenne. Seit dem Jahr 2014 lädt ein speziell markierter Weg dazu ein, das Tal und seine Kraftplätze zu erkunden. Die Runde zwischen Kurpark und Kerzenstein führt zu über 20 gut beschriebenen Kraftplätzen. Manche davon sind etwas abseits des Pfads, was die Suche spannend macht. Es gibt Übungsanleitungen und Vorschläge, wie man sich auf die Naturkräfte einstimmen kann. Die Standorte dieser Plätze sind gut markiert, quadratische Granitsteine mit einer Äskulapnatter weisen darauf hin. Ich habe bei meiner Wanderung weitere Plätze für mich gefunden, an denen ich gut still werden, mich sammeln und Kraft tanken konnte. Es ist wohl so, dass das ganze Gebiet diese kräftigen Schwingungen in sich trägt, ebenso wie das Heilwasser selbst, das aus zwei Quellen entlang des Weges sprudelt.

So wandere ich an einem sonnigen Septembertag los und trinke zu Beginn meiner Kraftplatztour gleich einmal von der Juliusquelle. Für die Augen soll es gut sein, dieses Wasser, und es schmeckt so ähnlich wie das kühle Nass der Brunoquelle, die ich ein paar hundert Meter weiter am Weg entdecke. Erwähnenswert sind hier die schöne Marienkapelle und natürlich die Brunosage. Diese Heilquelle ist seit dem Jahr 1364 urkundlich beschrieben. Die Heilwirkung des Wassers wird auf seinen hohen Mangan- und Eisenanteil zurückgeführt und natürlich auf die Gottesmutter Maria selbst. Denn diese erschien dem Knappen Bruno, der nach einem Kreuzzug zurück in seine Heimat kam und durch seine Verwundungen und Krankheiten dem Tode bereits näher war als dem Leben. Sein Herr, der Ritter Siegmund von Schaunburg, war von den Sarazenen gefangen genommen worden, und so musste Bruno alleine heimkehren. Der todkranke Knappe lag vielleicht im Fieber, als ihm kurz vor seinem Ziel – der Schaunburg – die heilige Maria im Traum erschien und ihn auf die Quelle im Pesenbachtal hinwies: „Sei unverzagt! Dieses Wasser wird dich von deiner Krankheit heilen!" Und so war es dann auch. Bruno fand die Quelle und wurde geheilt. Seit dieser Zeit wussten die Menschen aus der Gegend, wo sie hingehen mussten, um Heilung zu erfahren.

Bei der heutigen Brunoquelle steht ein Ziehbrunnen, der ordentlich Wasser transportiert. Im Gegensatz zur Juliusquelle, die nur ein kleines Rinnsal führt, kann man hier nach Herzenslust Wasser trinken und abfüllen. Natürlich habe ich eine Wasserflasche mitgebracht, damit mich das heilsame Wasser den ganzen Weg über begleiten kann. Neben der Brunoquelle entdecke ich einen mächtigen Steinblock, der den Pesenbach säumt und der mich zu sich einlädt. Ein bisschen klettern muss ich dabei schon, aber es ist nicht gefährlich und die gegebene Sorgfalt und Achtsamkeit sollte bei jeder Wanderung immer mit dabei sein, da man auch auf dem ebensten Waldweg über eine Wurzel stolpern kann.

Ich erklimme also den Brunofelsen – wie ich ihn für mich nenne – und genieße den wunderschönen Ausblick in das Bett des Pesenbaches. Am Vormittag wird dieser flache Stein herrlich von der Sonne beschienen, und so genieße ich hier ein rauschendes Sonnenbad. Der Bach plätschert melodisch und die Sonne strahlt ihm dabei mitten ins Bett. Es ist eine Freude, die flirrenden Sonnenstrahlen im fließenden Wasser zu beobachten, und schon bin ich eingetaucht in diese magische Stein- und Wasserwelt. Natürlich habe ich auch etwas mitgebracht, die Kraftplätze spenden uns Energie und auch wir dürfen danke sagen. Diesmal sind es getrocknete weiße Orchideenblüten, die ich über das Jahr zu Hause gesammelt und aufbewahrt habe.

Ich sitze also am Brunofelsen und genieße das Rauschen des Baches, die Sonne, den warmen bemoosten Stein und fühle mich wohl. Die Naturkräfte sind im Pesenbachtal sehr stark spürbar, es ist ein mächtiger Ort, an dem ich mich befinde. Vielleicht diente dieser Stein früher als Kultplatz, als Opferstein oder einfach nur als herrlicher Aussichtspunkt, so wie ich ihn heute genieße. Mein Blick fällt bachabwärts und ich entdecke eine kleine Insel mitten im Wasser. Sie ist so lieblich begrünt, dass man glauben könnte, es ist ein eigener kleiner Miniaturwald, der darauf wächst. Ein Elfenwald vielleicht? Und ja, hier kommt mein Märchen dazu.

Die Elfeninsel

Es war einmal … in einem herrlichen Bachbett, da hatte sich ein Elfenvolk niedergelassen, da die Wasser- und Erdkräfte dort so gut waren und es sich um einen magischen Ort handelte. Eines Tages verirrte sich ein trauriger Bursch in diese Gegend, er wollte sich das Leben nehmen, weil ihm seine Liebste den Laufpass gegeben hatte. Der Verlust brach ihm das Herz und deswegen hatte er beschlossen, nicht mehr leben zu wollen. Der Pesenbach war jedoch zu dieser Jahreszeit zu seicht, um sich zu ertränken, und so wollte er weiterwandern, um einen Felsen zu finden, von dem er sich stürzen konnte. Es war schon finster geworden, aber da der Vollmond schien, kam der Bursch gut voran. Auf Höhe der Brunoquelle entdeckte er einen flachen Felsblock und machte dort eine Rast, um sich weiter in seinen traurigen Gedanken zu verfangen. „Das Leben hat keinen Sinn mehr ohne mein Mädl!", das war schon seit ein paar Tagen seine gedankliche Einbahnstraße, aus der er nicht mehr herausfand. Leider sprach er auch mit niemandem über seine Qualen, vielleicht wäre er sonst auf andere Gedanken gekommen, aber nein, er konnte über seinen Schmerz nicht reden, zu sehr war er verletzt worden, zu sehr schämte er sich für seine Gefühle. „Ein Mann muss hart sein!" hieß es damals und auch heute noch oft. So saß der verzweifelte Bursch auf dem schönen Felsen und der Mond spiegelte sich im Bett des Pesenbachs. Das Elfenvolk war gerade aufgewacht, in der Nacht werden die Elfigen immer sehr aktiv, und noch dazu in einer Vollmondnacht! Der Bursch rieb sich die Augen, was war das, was da mitten im Bach plötzlich so leuchtete und glitzerte? Viele kleine helle Lichtpunkte flogen von der Feeninsel fort und in das Pesenbachtal hinein. Einige nahmen den Weg über ihn hinweg, und so streckte er geistesgegenwärtig die Hand aus, um nach einem dieser Lichtpunkte zu fassen. Jetzt hatte er etwas Klitzekleines in seiner großen Menschenhand gefangen, und es leuchtete mondfarben hell heraus. War es ein Glühwürmchen? Als der Bursch seine Hand öffnete, sah er eine kleine weiße Elfe und sie lächelte ihn an. "Du hast einen Wunsch frei!", sagte die Elfe. Der Bursch wusste nicht, wie ihm geschah, es gab immer wieder Geschichten über geheimnisvolle Erscheinungen im Pesenbachtal, von Elfen und Feen war die Rede, genauso wie von Hexen und dem Teufel. Es gab sie also wirklich! Dieses kleine zarte weiß leuchtende Wesen rührte ihm jetzt so sehr das traurige Herz, dass er für den Bruchteil einer Sekunde auf seinen Liebeskummer vergaß. Doch schnell fiel ihm sein großes Leid wieder ein: "Ja, bitte, dann wünsche ich mir, dass meine Liebste zu mir zurückkommt!" Die Elfe lächelte noch immer: "Weißt du, ich kann DIR einen Wunsch erfüllen, aber ich werde nicht eine andere Person auf deinen Wunsch verzaubern, das ist gegen die Regeln." Der Bursch machte ein langes Gesicht. "Nein danke, dann habe ich keinen Wunsch!", sagte er und wollte die Elfe wieder freilassen. Diese war jedoch gar nicht zufrieden mit der Reaktion dieses seltsamen Menschen. Normalerweise wünschten sich die Leute immer etwas, so konnte das nicht gehen! "Darf ich dir vorschlagen, was du dir wünschen könntest?", fragte die Elfe jetzt. "Hmm?", meinte der wortkarge Bursch. "Du wünschst dir einfach, dass du auch ohne deine Liebste glücklich sein kannst! Ist das nicht ein guter Vorschlag?" Der Bursch dachte nach. Ob das funktionieren könnte? In seiner Vorstellung war ein glückliches Leben ohne seine Angebetete einfach nicht möglich. "Versuche es einfach!", rief die Elfe nun schon etwas ungeduldig, denn sie wollte zum großen Elfenfest, das weiter oben im Pesenbachtal auf einem besonders heiligen Stein stattfand. "Also gut, dann wünsche ich mir, dass ich auch ohne meine große Liebe glücklich sein kann!" Kaum hatte der Bursch diesen Satz ausgesprochen, klatschte die Elfe drei Mal in ihre zarten Händchen und er fiel sogleich in einen tiefen Schlaf. Und ja, es musste schnell gehen, sonst würde sie noch die ganze Zeremonie am heiligen Stein verpassen!

So schlief der Bursch tief und fest wie ein Stein und als er am nächsten Morgen von den ersten Sonnenstrahlen geweckt wurde, da war ihm, als wäre ihm über Nacht ein Stein vom Herzen gefallen. So leicht fühlte er sich plötzlich, war nicht mehr lebensmüde, sondern fröhlich und heiter, wie früher, bevor ihn der große Liebeskummer so sehr grämte. Der Liebeskummer? Wo war er geblieben? Er dachte an seine Liebste und fühlte nichts mehr, kein Schmerz war mehr da, kein imaginäres Schwert, das ihm bei jedem Gedanken an sie das Herz durchbohrte. Die Begegnung mit der Elfe fiel ihm wieder ein! Sie hatte ihn verzaubert! Doch auf diese Art und Weise war es wirklich heilsam und gut gewesen. Der Bursch stand auf und fühlte sich wie neu geboren. Die Elfe hatte ihn von seinem Liebeskummer befreit, und so wollte er sein Leben neu beginnen und nicht mehr Trübsal blasen.

Beim nächsten Vollmond kam er wieder zum Felsen bei der Brunoquelle, um sich bei der Elfe zu bedanken. Und wirklich, sie kam zu ihm geflogen, weil sie ja wusste, dass er da war und auf sie wartete. „Danke, kleine Elfe, dass du mir das Leben gerettet hast und dass du mir geholfen hast, mein Glück wiederzufinden!"

Die Elfe lächelte: „Ja weißt du, wer hier auf diesem Felsen bei Vollmond eine Nacht verbringt, dem spült der Pesenbach seine ganzen Sorgen und Nöte fort. Ein bisschen Elfenstaub dazu und die Sache geht noch schneller!"

Der Bursch kam noch oft zum Felsen bei der Brunoquelle, um seine kleine Freundin, die Elfe, zu treffen. Es entwickelte sich eine Freundschaft zwischen Mensch und Elfenwesen, wie sie vorher noch nicht dagewesen war. Nie vergaß der Bursch die lebensrettende Nacht auf dem Felsen im Pesenbach und ein Leben lang war er der kleinen Elfe dankbar, die ihm immer wieder behilflich war, wenn ihm seine Sorgen zu sehr auf das Herz drückten.

Oh, wie herrlich ist es hier am Brunofelsen! Ich kann mich kaum losreißen, weiß aber, dass ich wiederkommen werde an diesen magischen Ort. Doch die ganze Kerzensteinrunde wartet noch auf mich, und so breche ich auf und wandere weiter. Der Feen- und Nymphenhain ist es, der mich nun magisch anzieht, ich verlasse den markierten Weg und betrete die Blockheide entlang des Pesenbachs. Hier herrschen eine heilige Ruhe und Kraft. Jeder Felsen ist besonders, ich entscheide mich für eine bemooste Felsgruppe, um so richtig anzukommen, und habe das Gefühl, hier nicht alleine zu sein. Die Naturkräfte begleiten und geben Halt, bringen Ideen und Gedanken zum Vorschein, die schon lange da waren und sich nun melden dürfen, an diesem Ort der Besinnung. Ganz anders spürt es sich hier an als noch kurz zuvor am Brunofelsen. Schattiger, dunkler, noch mystischer. Aber was sollte man in einem Feen- und Nymphenhain auch anderes erwarten?

Der Besuch bei den Feen und Nymphen

Es war einmal … vor langer, langer Zeit. Da sprach es sich herum unter den Feenvölkern, dass im Pesenbachtal gute Bedingungen für Feen- und Elfenwesen und auch für die Nymphen im Wasser vorherrschten. So geschah es, dass immer häufiger Wesen dieser Art das Pesenbachtal zu ihrer Heimat erkoren und es dort immer magischer und mystischer zuging.

Eines schönen Tages begab sich ein junges Mädchen in den Feen- und Nymphenhain, denn es hatte gehört, dass sich an jenem Ort Dinge zutrugen, die nicht mit Naturgesetzen erklärbar waren. Einer Bäuerin sei hier einst ein Heilkraut entgegengewachsen, das ihr schwer krankes Kind heilte, und auch anderen Leuten war hier schon geholfen worden, wenn sie nur herzlich darum gebeten hatten. Es hieß auch, dass man den Feen und Nymphen etwas mitbringen solle als Dank für die Hilfe. So ging das Mädchen an einem schönen Sommertag gleich in der Früh zu dem beschriebenen Platz am Pesenbach.

Leicht fand sie den Hain, denn die wunderschön bemooste Blockheide war nicht zu übersehen. Das Mädchen setzte sich auf einen der großen Steine und bevor es seine Bitte im Geiste vortrug, legte es frische Blumen nieder und streute etwas Mehl auf die Erde und in das Wasser. Nun sprach es zuerst ganz leise und dann doch etwas lauter: „Ihr lieben und gütigen Wesen, was soll ich tun? Die Mutter ist krank und einen Doktor können wir uns nicht leisten, jetzt komme ich zu euch und bitte um eure Hilfe!" Im selben Moment rutschte das Mädchen vom Stein, auf dem es saß und als es sich abstützen wollte, da griff es direkt in eine

Staude Brennnesseln. Doch nicht das schmerzhafte Brennen war es, das nun im Vordergrund stand, sondern ein Gefühl der Erleichterung und dieses galt der Mutter. „Danke!", rief das Mädchen voller Freude aus und lief schnell nach Hause, um hinter dem Haus die mannshohen Brennnesseln zu ernten und der Mutter daraus einen Tee zu bereiten.

Eine Besserung stellte sich schnell ein, die Brennnesseln leisteten der Kranken gute Dienste. Aus getrockneten Brennnesselsamen bereitete das Mädchen einen stärkenden Trunk mit Wein und Honig zu, der die Mutter nach der Genesung wieder zu Kräften kommen ließ. Als Dank für die hilfreiche Eingebung brachte das Mädchen immer wieder Blumen zum Feen- und Nymphenhain und die Wesen dort freuten sich, weil dieses Menschenkind ihre Botschaft verstanden hatte und ihre Hilfe so sehr zu schätzen wusste.

Ich wandere weiter und entdecke immer wieder neue Kraftplätze, die gut beschrieben sind und zum Verweilen einladen. Mehr Zeit verbringe ich dann beim Blauen Tümpel, hier zieht es mich hin. Ich kraxle über die Steine in den Mittelpunkt des Kraftortes und lasse die Energien auf mich wirken. Vor mir rauscht der Pesenbach herab und neben mir sehe ich die anderen Wanderer, die kurz verweilen und dann weitergehen, nicht ohne einen freundlichen Gruß, wie es beim Wandern so üblich ist. Man wechselt ein paar Worte und ein Lächeln. So freundlich wie beim Wandern sollten die Menschen immer und überall sein! Alle haben eine Freude an den schönen Orten hier, das merkt man. Nun sitze ich mitten am Kraftplatz und es ist mir, als ob der Bach durch mich hindurchrausche. Ein belebendes Gefühl, so nahe am Wasser zu sitzen. Die Blocksteine sind mächtig und ich fühle mich beschützt und sicher. Natürlich habe ich immer eine weiche Sitzunterlage dabei, die mich vor den oft kalten Oberflächen beim längeren Verweilen schützt. Richtig gemütlich ist es hier, der Weg herauf war schon etwas steil, und so freue ich mich über ein Päuschen zum Verschnaufen. Ein fröhlicher Hund besucht mich zwischen den Steinen, darf aber nicht lange bleiben – das Herrchen will weitergehen. In den Steinformationen entdecke ich immer wieder Gestalten, Gesichter, Gebilde und Tiere. Meine Fantasie wird durch die Formationen angeregt, ich sehe einen

Stein, der von hinten vom Wasser umspült wird und dadurch aussieht, als hätte er weiße Haare. So wie das Wasser sprudeln hier auch meine Ideen aus mir heraus. Ich lasse meine Blicke schweifen und meiner Fantasie freien Lauf. Gehirnchillen nenne ich das, ungefähr das Gegenteil von Gehirnjogging! Meine Augen sehen die Bilder und meine Intuition gibt mir die Antwort darauf. Das ist spannend und funktioniert an diesem Ort besonders gut! Aus den vielen Ideen die mir hier zufallen, könnte ein eigenes Märchenbuch entstehen!

Ich wandere weiter und erklimme die Anhöhe, die mich zum Kerzenstein führt. Wer diesen Stein zum ersten Mal sieht, kommt aus dem Staunen nicht heraus. Plötzlich steht er da, wie aus dem Nichts, und gleich neben ihm ein zweiter, etwas kleinerer Stein. Beide sehen aus wie ein in Stein gemeißelter Phallus. Ich kann nicht glauben, dass diese Gebilde durch Winderosion entstanden sind, oder vielleicht doch? Ich klettere zu den Steinmonumenten hinunter und bin begeistert. Ein kleiner Weg führt hinter den Kerzenstein und hier schlage ich mein Lager auf, um zu verweilen und mich auf diesen mächtigen Platz einzulassen. Es gibt viele Bedeutungen, die dem Kerzenstein zugeschrieben werden: ein Opferplatz, ein Initiationsort … Kultische Handlungen seien hier einst durchgeführt worden. Doch was will uns dieser Stein beziehungsweise wollen uns diese Steine heute sagen? Felsen altern nicht oder nur ganz langsam, sie speichern Energie und Geschichten und freuen sich vielleicht über freundliche Besucher. Eine wissende Kraft herrscht hier und sie verschenkt sich gerne. Klare Gedanken kommen zum Vorschein, ich verspüre eine große Freude, hier zu sein, bin dankbar für diese schöne Erfahrung und genieße die Intensität des Kerzensteins. Es ist wirklich ein magischer Ort. Wieder hinterlasse ich Orchideenblüten als Dank für den Energieaustausch. Ich bleibe lange und möchte am liebsten hier übernachten.

Eine Nacht am Kerzenstein

Es war einmal … vor langer, langer Zeit. Da entdeckte ein Bursch den Kerzenstein für sich. Von seiner Urgroßmutter hatte er erfahren, dass oben beim großen Stein schon viel geschehen sei. Als sie noch jung war, habe sie einmal als Mutprobe mit ihrer Schwester eine Nacht am

Kerzenstein verbracht, und seit dieser Nacht war dann auf einmal alles anders gewesen. Bei der harten Feldarbeit mussten sich die beiden Mädchen fortan nicht mehr so plagen und wenn Burschen lästig wurden, dann gab es eine Watsch'n, dass die Schwerenöter bis zum Misthaufen flogen. Ein Leben lang bewahrten die Minni und die Maridl ihr Geheimnis, denn sie wussten, dass man über Magisches nicht sprechen sollte – schnell konnte es sonst wieder verloren gehen. Ein langes, starkes Leben war ihr beschert, der Maridl, und kurz vor ihrem Tod war es dann so weit, dass sie ihren Urenkel, den Ferdl, in ihr magisches Wissen über den Kerzenstein einweihen wollte. Der Junge war nicht recht groß gewachsen und schwächlich noch dazu. Zeit seines Lebens war er gehänselt worden und konnte sich körperlich nur schlecht zur Wehr setzen, wenn die anderen wieder einmal gemein zu ihm waren und ihn verdroschen. Als Ferdinand von der Macht des magischen Ortes erfuhr, da schöpfte er neue Hoffnung. Er war gerade 14 Jahre alt geworden, als er sich an einem schönen Sommertag aufmachte, um beim Kerzenstein zu übernachten. Etwas mulmig war ihm schon zumute, als er die mächtigen Steinformationen vor sich auftauchen sah. Er hatte eine Decke mitgebracht und eine Strohmatte, auf die er sich betten wollte. Sobald es dunkel geworden war, legte er sich zum Schlafen nieder. Im Halbschlaf durchzuckte es ihn plötzlich wie ein Blitz und als er die Augen aufschlug, befand er sich im Inneren des Kerzensteins. Er fühlte sich so stark mit dem Stein verbunden, als wäre er selbst ein Teil davon. Diese überirdische Erfahrung nahm er mit ins Leben, denn als er am nächsten Tag erwachte, da war ihm, als wäre er selbst zu einem mächtigen Stein geworden. Doch bald schon spürte er seine Knochen, die ihm weh taten vom harten Nachtlager, und noch etwas anderes spürte er. Eine große Kraft und Energie, die es ihm erlaubte, den Heimweg im Laufschritt anzutreten. Zuhause half er wie immer am Hof mit und die anderen staunten, was der Schwächling Ferdl heute alles schaffte. „Was ist denn mit dir passiert?", fragte die Mutter, die zuerst bemerkte, dass sich ihr Sohn verändert hatte. „Ich weiß nicht, vielleicht habe ich einfach nur einen guten Tag?", meinte Ferdl und lächelte. So kam es, dass die Leute bald vergaßen, dass der Ferdinand einst so schwächlich gewesen war, denn mit seinen Kerzensteinkräften konnte er nun Bäume ausreißen und drei Mädchen gleichzeitig auf seinen Schultern tragen. Die Großmutter lächelte vom Himmel herab und der starke Ferdl hütete sein magisches Geheimnis bis zu seinem Tod.

24 Roadlberg und Teufelsstein

- **Charakter der Wanderung:** Eine Rundtour, bei der wir vom außergewöhnlichen Steinbloß-Ort Ottenschlag über schattige Forstwege südwärts zum Roadlberg mit seiner Aussichtswarte wandern. Danach wenden wir uns wieder in nördliche Richtung und steigen hinab in ein Bachtal zum Teufelsstein. Von hier aus führen uns abgeschiedene, langsam ansteigende Forst- und Feldwege zurück zu unserem Ausgangspunkt.

Länge	15,5 km (ca. 4 Std. 15 Min. Gehzeit)
Steigung	440 hm
Markierung	*Ottenschlag – Roadlberg (Wegnummer O1)*
Weg	Forstwege und -straßen, Asphalt, Feldwege
Anfahrt	Mit dem PKW über Gallneukirchen oder Hellmonsödt nach Ottenschlag. Parkmöglichkeit beim Feuerwehrhaus östlich des Ortszentrums.
Einkehr	• Roadlhof in Wintersdorf (www.roadlhof.at)
	• Landgasthaus Bergerwirt in Ottenschlag (www.bergerwirt.at)
Sehenswertes	• Bodenlehrpfad Ottenschlag
	• Burgruine Reichenau
Information	Gemeinde Ottenschlag im Mühlkreis, Marktplatz 2 4204 Reichenau im Mühlkreis Tel.: +43 (0)7264/4655-18 info@naturpark-muehlviertel.at, www.ottenschlag.at

Wegbeschreibung

Wir beginnen unsere Wanderung bei der kleinen Kapelle am östlichen Ende des Zentrums von Ottenschlag und orientieren uns – wie auch während der gesamten Tour – am quadratischen gelben Schild mit dem Gemeindewappen (zwei Äxte und ein Heidelbeerzweig) und der *Wegnummer O1*. Die Markierung führt uns auf der Ausfahrtsstraße in südöstlicher Richtung aus dem Ortskern hinaus und bei der ersten Gabelung biegen wir nach links auf den

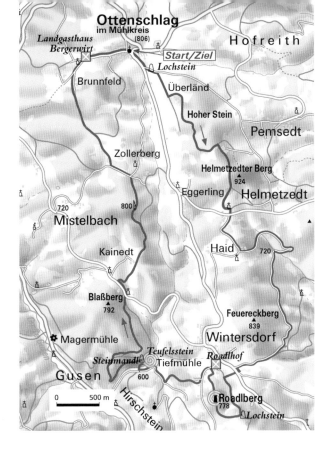

Güterweg *Helmezedt* ab. Wenig später erreichen wir ein Marterl, bei dem wir nach rechts auf einen Feldweg einschwenken. Dieser bringt uns südwärts bis zu ein paar Wochenendhäusern, an deren linker Seite wir uns in Richtung Wald orientieren. Direkt hinter der zweiten Hütte biegen wir – ohne Markierung – nach rechts ab und wandern entlang des Waldrands weiter nach Süden.

Der Forstweg verlässt schließlich den Waldrand und bringt uns höher in den Wald, wobei wir an einer Gabelung kurz vor einer Lichtung der *rotweißen Markierung* folgend nach links abbiegen. Entlang der Lichtung geht es den Waldhang empor, bis wir schließlich auf einem Wiesenkamm oberhalb eines Hauses nach rechts über die Wiese neuerlich auf den Wald zuwandern. Hier geht es noch einmal etwas steiler bergan, bis sich der Waldweg nach Erreichen eines Jungwalds endlich wieder absenkt. Wir kommen zu einer Gabelung, bei der wir rechts zum Waldrand hin abbiegen, und diesen entlang geht es nun langsam tiefer. Nach Überqueren eines weiteren Forstwegs wandern wir schließlich hinaus auf freies Gelände. Der Feldweg senkt sich weiter ab und hinter einem kleinen Waldstück erreichen wir den Weiler Haid. Hier halten wir uns auf dem Güterweg geradeaus und gelangen nach Passieren eines Waldstücks schließlich bei einem Bauerngut zu einer Gabelung.

Der Pfeil auf dem quadratischen gelben Schild weist uns die Richtung nach links, und so folgen wir einer Forststraße talwärts, die auf ein Wäldchen zugeht, das wir durchqueren. In einem lang gestreckten Rechtsbogen wandern wir tiefer, wobei wir uns bei der nächsten Gabelung rechts halten. Bevor es neuerlich in den Wald hineingeht, passieren wir einen rotweiß gestreiften Schranken. Hinter einer Kehre fällt der Weg noch ein Stück weiter ab, bevor die Forststraße in einen lang gezogenen Anstieg übergeht. So wandern wir den **Feuereckberg** entlang durch den Wald, bis wir schließlich auf dessen Südseite wieder offenes Gelände erreichen. Durch leicht ansteigende Wiesen halten wir nun auf die Häuser von Wintersdorf zu.

Beim Feuerwehrhaus treffen wir auf die Straße und folgen dieser kurz nach links, um sie dann zu überqueren und über einen Feldweg direkt auf die vor uns befindliche bewaldete Kuppe des **Roadlbergs** zuzugehen. Sobald wir den Zaun eines Wildgeheges erreichen, biegen wir auf dem Feldweg nach links ab und gelangen so bei einem Lochstein und einer Rastbank zu den südlichen Ausläufern des Roadlbergs. Hier biegen wir scharf nach rechts ab und gehen in den Wald hinein. Über eine kleine Kuppe kommen wir zu einer Senke und halten uns hier ausnahmsweise nicht an die Markierung, sondern steigen über einen schmalen Pfad geradeaus etwas steiler in Richtung Gipfel hoch. Den von einer hölzernen Aussichtswarte gekrönten höchsten Punkt erreichen wir nach rund 2 Std. Gehzeit. Von der Plattform bietet sich ein schöner Ausblick ins Umland.

Vom Gipfel aus halten wir uns nun entlang eines Pfads nach Norden und auf der Rückseite des Wildgeheges geht es in einem Rechtsbogen zum **Roadlhof**. Hier halten wir uns nach links und kommen so zu einem Güterweg, dem wir wiederum nach links in südwestlicher

Richtung folgen. Er bringt uns zu ein paar Häusern auf einer Kuppe, hinter der wir bei der folgenden Gabelung die mittlere Abzweigung nehmen. Sobald die asphaltierte Straße endet, wandern wir geradeaus auf einem Forstweg abwärts in den Wald, biegen auf einem Wiesenhang nach rechts ab und steigen hinab zum Bachtal bei der Tiefmühle. Die hier gelegenen Häuser lassen wir hinter uns und wandern nach links über die Zufahrtsstraße das Bachtal hinab.

Hinter einer quer verlaufenden Baumreihe weist uns ein Schild auf den nun nicht mehr weit entfernten Teufelsstein hin. Wir überqueren den Bach auf einer kleinen Holzbrücke und wenden uns auf der anderen Seite wieder nach rechts bachaufwärts. Schließlich sehen wir links oberhalb des Pfades die Felsmauer des **Teufelssteins** und steigen links davon in Serpentinen zu dessen Spitze hoch.

Hinter dem Teufelsstein geht es noch ein Stück den Hang hoch, bevor der Pfad nach links schwenkt und an einer – auffällig einem **Steinmandl** ähnelnden – Felsformation vorbeiführt. So wandern wir oberhalb des Bachlaufs bis zu einer Weggabelung, an der wir nach rechts abbiegen und den Hang hoch wandern. Der Forstweg bringt uns bis zu einer großen Wiesenlichtung, wo wir auf zwei als Naturdenkmal gekennzeichnete Linden zuhalten. Zwischen diesen ziehen wir den Wiesenhang empor auf den Waldrand zu und – nun etwas steiler – noch ein Stück bis zu einer Forststraße hoch, der wir nach rechts folgen.

Nordwärts gelangen wir so zum Weiler Blaßberg und einem Güterweg, auf dem wir nach links bis hinter die Häuser wandern. Dort biegen wir nach rechts auf einen Feldweg ab, der uns zuerst entlang einer Baumreihe, dann jedoch nach links durch die Wiesen auf ein altes Gehöft zuführt. Rechts von diesem wandern wir den Waldrand entlang höher und schließlich in den Wald hinein, wo uns ein Forstweg weiter bergan bringt. Bei einer Gabelung biegen wir links ab und gelangen noch einmal höher, um anschließend flacher bis zum Waldrand weiterzumarschieren. Dort treffen wir bei einem Anwesen wieder auf einen Güterweg, dem wir ein Stück nach links folgen, um bald über eine Forststraße nach rechts abzubiegen. Nach einem kleinen Waldstück geht es so ein Stück durch Felder, bevor wir uns ein letztes Mal durch ein größeres Waldstück bewegen.

Am Waldrand haben wir dann die Häuser des Ortsteils Brunnfeld vor uns, die wir passieren, um bei der dahinterliegenden Gabelung nach rechts auf die Häuser von Ottenschlag zuzusteuern. Gleich am Ortseingang kommen wir am beliebten **Landgasthaus Bergerwirt** vorbei und können anschließend beim Weiterwandern die liebevoll restaurierten und in ihrer Anzahl und Dichte wohl einzigartigen Steinbloßgebäude links und rechts der Straße bewundern. Mit diesem Anblick gelangen wir schließlich nach rund 4 Std. 15 Min. Gesamtgehzeit zu unserem Ausgangspunkt zurück.

Kraftplatzerfahrungen

Rund um den Roadlberg

Der Roadlberg diente möglicherweise einst zur Beobachtung der Sonnenwenden. Das Wort Roadl kann mit dem Wort Wende in Verbindung gebracht werden und sich ebenso auf die Wenden im Jahreskreis beziehen. Auf dem Roadlberg selbst befindet sich heute eine aus Holz gebaute Aussichtswarte, die einen schönen Ausblick bietet.

Teufelsstein

Auf unserer Runde kommen wir auch zum Teufelsstein am Halberbach im Tal der Großen Gusen. Eine Holztafel gibt Auskunft über die Bedeutung des Ortes. Die Felsformation liegt am ehemaligen Salz- und Goldsteig, der nach Böhmen führte, und galt als bedeutsames Weg- und Wasserzeichen der keltischen Naturreligion. Dieser Stein soll auch ein zentraler Teil einer Jahrtausende alten prähistorischen Kultstätte gewesen sein. Um 800 nach Christus erließ Karl der Große schließlich das Verbot der altindoeuropäischen Urreligionen. Viele der Kultstätten wurden danach sprichwörtlich verteufelt. Nicht zum ersten Mal begegnen uns diese Verteufelungen, kaum ein Kultplatz blieb davon verschont. Die Namensgebung des Teufelssteins könnte aber auch auf einer Sage beruhen. So soll hier einst ein Wilderer namens Toiflmüller seine verkaufte Seele vom Teufel zurückgewonnen haben.

Viele Kulturen vor uns pflegten eine sehr enge Beziehung zur Natur. Waren es heilige Steine, heilige Bäume oder heilige Haine, Wiesen oder Wälder – die Natur galt als beseelt, und so können wir auch heute noch mit diesen Vorstellungen von damals durch die Gegend streifen und das Leben rund um uns in Form von Pflanzen, Tieren und Steinen bewusst wahrnehmen. Eine besondere Gelegenheit dazu bietet uns ein fröhlicher Stein, dem wir auf der Roadlberg-Runde begegnen. Seine Geschichte möchte ich euch gerne erzählen.

Der fröhliche Stein

Es war einmal … vor langer, langer Zeit. Da stand der Stein, dem wir noch heute auf der Roadlberg-Runde begegnen, auch schon auf seinem Platz. Der Geist dieses Steines war stets neugierig und gut gelaunt. Er freute sich, wenn er Menschen zu Gesicht bekam, denn dann erfuhr er meistens etwas Neues.

Da verirrte sich eines Tages ein kleiner Junge in der Wildnis des Waldes und suchte Schutz am Fuße jenes Steins. Er fürchtete sich sehr und wusste nicht, ob er jemals wieder nach Hause finden würde. Der Steingeist konnte die Ängste des Buben spüren und wollte helfen. So strahlte er seine ganze Wärme, die er jemals im Sommer gefühlt hatte, nach außen und dem Kind wurde ganz wohlig zumute. Da fasste der Kleine mit seinen Kinderhänden den warmen Stein an, um sich zu wärmen, und der Stein freute sich über die menschliche Berührung. „Fürchte dich nicht!", sprach der Stein nun und der Junge erschrak. „Ich wärme dich und gebe dir Schutz heute Nacht. Morgen in der Früh rufe ich nach meinem Freund, dem Hasen, der wird dir den Weg nach Hause zeigen!" Der Bub war erleichtert und schlief selig ein.

Am nächsten Morgen kam wirklich ein Hase dahergehoppelt, um das Kind nach Hause zu geleiten. „Danke lieber Herr Stein, dass du so gut zu mir warst! Aber was erwartest du als Gegenleistung von mir?", fragte der Junge nun. Der Stein freute sich über die Dankbarkeit des Buben und antwortete: „Kleiner Mann, dein Leben gerettet zu haben ist mir schon Dank genug, aber wenn du mir eine Freude machen möchtest, dann kommst du bald wieder einmal zu mir und erzählst mir lustige Geschichten aus eurem Dorf!" Der Junge versprach es und machte sich gemeinsam mit dem Hasen auf den Heimweg.

Die Freude war groß, als der Bub zu Hause ankam. Die Familie hatte sich schon große Sorgen gemacht. Damals waren die Wälder im Mühlviertel noch richtige Urwälder und es kam nicht selten vor, dass sich darin jemand verirrte. Der Junge dachte an sein Versprechen, den guten Stein zu besuchen. Aber wie sollte er jemals wieder jenen Platz im Wald finden? Im selben Moment sah er einen Hasen am Waldrand und verstand den Hinweis.

So holte der Hasenfreund den Bauernbub einmal in der Woche ab, um mit ihm zum guten Stein zu hoppeln. Und der Stein amüsierte sich köstlich über die lustigen Geschichten aus dem Dorf. Wie zum Beispiel einmal der Hund vom Huberbauern mit in die Schule kam, weil ihn der kleine Fritzi mit einem Wurstbrot lockte. Und weil er so ein braver Hund war, setzte er sich auch noch auf die Schulbank und wartete geduldig, bis die Schulstunde begann. Aber leider hatte der Herr Lehrer etwas dagegen und der Hund musste wieder heimgehen. Oder der Wirt, wie er wieder einmal einen Gast über's Ohr hauen wollte und ihm eine so kleine Essensportion servierte, dass dieser in schallendes Gelächter ausbrach und seine mitgebrachte Jause auspackte, um satt zu werden.

Für einen Stein mitten im Wald waren diese Geschichten einfach herrlich anzuhören. Er glaubte bald den ganzen Ort zu kennen und wurde immer fröhlicher in seinem Steingemüt. Mit der Zeit fand der Junge schon alleine zu seinem Steinfreund, aber der Hase war auch immer da, weil er die Erzählungen so liebte. Und die Geschichten des Bauernbuben wurden vom Stein gerne an seine vielen Bewohner, die Ameisen, Käfer und Vögel, weitererzählt. Und wenn ihr heute diesem Stein begegnet, dann könnt ihr sehen, wie fröhlich und lustig er noch immer ist. Vielleicht erzählt auch ihr ihm eine lustige Geschichte, er freut sich ganz bestimmt darüber!

25 Sternstein

- **Charakter der Wanderung:** Eine grenznahe Tour nördlich von Bad
- Leonfelden, die uns zu Beginn zum eigenwillig geformten Pilzstein
- führt. Durch Waldgebiete steigen wir langsam höher zum Gipfel des Sternstein, von dessen Warte aus wir herrliche Rundblicke nach Tschechien, ins nördliche Mühlviertel und nach Süden bis zum Alpenkamm genießen können. Vorbei am Berggasthof Waldschenke steigen wir wieder tiefer und besuchen die Reste alter Glasöfen, bevor wir zu unserem Ausgangspunkt zurückkehren.

Länge	9 km (ca. 4 Std. Gehzeit)
Steigung	290 hm
Markierungen	*Sternsteinrunde (roter Punkt); Wegnummer 15*
Weg	Forststraßen, Wanderwege, Asphalt
Beste Jahreszeit	Aufgrund der Nutzung des Gebiets für Alpinski- und Langlauf vor allem außerhalb der Wintersaison für Wanderungen geeignet.
Anfahrt	Mit dem PKW via Bad Leonfelden in Richtung Grenzübergang Weigetschlag. Hinter Bad Leonfelden Zufahrtsstraße zu den Sternsteinliften. **Öffentlicher Verkehr:** Erreichbarkeit von Bad Leonfelden mittels Busverbindungen, von hier noch längerer Fußmarsch bis zum Ausgangspunkt.
Einkehr	• Berggasthof Waldschenke (www.waldschenke.at) • Gastronomie in Bad Leonfelden
Sehenswertes	• Kastner's Lebzeltarium (www.lebzeltarium.at) • Stift Hohenfurth (Vyšší Brod, Tschechien)
Information	Stadtgemeinde Bad Leonfelden, Hauptplatz 19 4190 Bad Leonfelden Tel.: +43 (0)7213/6397 kurverband@badleonfelden.at, www.badleonfelden.at

Wegbeschreibung

Die Wanderung beginnt beim Parkplatz der Sternsteinlifte und führt zu Beginn rechts des Sternsteinhofs auf asphaltierter Straße

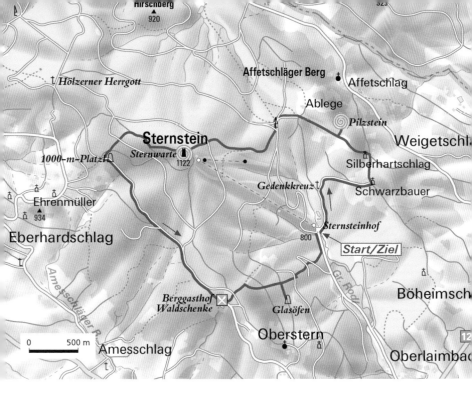

in nördliche Richtung durch den Fichtenwald. Dabei folgen wir über den größten Teil der Strecke der in Form eines *großen roten Punktes* gekennzeichneten *Sternstein-Runde*.

Kurz nachdem wir zwei kleine Staubecken passiert haben, folgen wir bei einem Gedenkkreuz an einer Gabelung der rechten Abzweigung und wandern auf leicht ansteigendem Weg durch den Wald hoch. Nach Verlassen des Waldes können wir den Blick erstmals über die bewaldeten Hänge und zum Sternstein schweifen lassen. Hinter dem Schwarzbauerngut wird der nun als Feldweg in nördliche Richtung verlaufende Pfad von Wiesen gesäumt, bevor er sich hinter einem Bildstock an einer Weggabelung nach links in den Wald hinauf wendet. Nach einer neuerlichen Freifläche lädt bei einem kleinen Wäldchen eine Bank zu einer Rast ein. Direkt daneben führt eine Abzweigung in wenigen Minuten zu unserem ersten Etappenziel in den Wald hinein. Bereits nach wenigen Metern tauchen Steinblöcke im dämmrigen Zwielicht des Waldes auf und nach einem Linksbogen stehen wir nach rund 45 Min. Gehzeit vor dem **Pilzstein**. Die Steinskulptur erinnert – wie der Name schon sagt – sehr stark an die in den Wäldern des Mühlviertels sehr zahlreich anzutreffenden Schwammerl.

Nachdem wir die Ruhe dieses abgelegenen Fleckchens genossen haben, kehren wir zur Abzweigung zurück, wo wir uns nun in Richtung Nordwesten wenden. Der Weg führt an einem Bauernhaus vorbei zu einer Kreuzung mehrerer Forststraßen auf einer größeren Waldlichtung, wo wir neuerlich der bekannten *Markierung mit dem roten Punkt* folgen. Der Weg erreicht nun seine größte Steilheit und führt durch den Hochwald in Richtung des Sternsteingipfels. Nachdem der Anstieg geschafft ist, treffen wir nach rund 1 Std. 45 Min. Gehzeit am Gipfel des **Sternstein** (1 122 m) auf eine kleine Lichtung mit der 1898 zu Ehren von Kaiser Franz Josef errichteten runden Aussichtswarte. Rundum bieten mehrere Sitzbänke Gelegenheit zu einer Rast.

Die Warte ist außerhalb der Wintermonate frei zugänglich, wobei sich der Linzer Alpenverein über einen kleinen Erhaltungsbeitrag freut. Von der Turmspitze bietet sich ein herrlicher Rundblick über die zu unseren Füßen liegenden Wälder des nördlichen Mühlviertels, ins nahe Tschechien sowie zu den weiter entfernten Kuppen des Böhmerwalds, des Freiwalds und den fernen Alpengipfeln im Süden.

Nachdem wir die Aussicht genossen haben, setzen wir unsere Runde fort und folgen dazu auf der rechten Seite der Warte dem markierten Weg zwischen Steinblöcken hindurch in Richtung Westen. Der Pfad fällt bald ab und mehrfach queren wir beim Abstieg Forstwege, bevor wir schließlich wieder auf eine breitere Forststraße treffen. Die *Markierung der Sternstein-Runde* führt uns auf dieser nach links zum nahen **1000-m-Platzl**, das seinen Namen der hier verlaufenden Höhenlinie verdankt. Bänke und eine gefasste Quelle laden zu einer neuerlichen Rast ein. Ab hier verläuft der Weg entlang der Forststraße recht flach nach Südosten. Kurz vor Erreichen des **Berggasthofs Waldschenke** führt uns die Markierung auf einem von der Forststraße rechts abzweigenden Pfad leicht abschüssig durch den Wald.

Hinter der Waldschenke folgen wir der Markierung ein kurzes Stück nach Osten einen Wiesenhang empor, überqueren die bereits bekannte Forststraße und folgen dem Pfad auf der gegenüberliegenden Seite hangabwärts in den Wald. Nachdem wir in der Mitte des Hangs rechts abgebogen sind, heißt es gut auf den *roten Punkt der Markierung* zu achten, da sich hier etliche Wege durch das Unterholz schlängeln. Sobald wir tiefer am Hang eine Kreuzung mit einer breiteren Forststraße erreicht haben, zeigt ein ca. 20 Meter rechts der Wegkreuzung angebrachtes Hinweisschild die Möglichkeit zu einem kurzen Abstecher zu den Resten alter **Glasöfen** an. Obwohl die drei ehemaligen, rund 600 Jahre alten Öfen nur mehr anhand kleiner Steinmauern in ihren Grundrissen erkennbar sind, wird mit Hilfe einer Schautafel das hier im Spätmittelalter – wie an vielen anderen Orten des Mühlviertels – ausgeübte Glashandwerk wieder lebendig.

Von den Glasofen kehren wir zur Kreuzung zurück und wenden uns nun nach rechts. An der nächsten Gabelung halten wir uns erstmals nicht mehr an den roten Punkt der Sternstein-Runde, sondern biegen auf der Forststraße in nördliche Richtung nach links ab. Schon nach ca. 100 Metern verlassen wir die Forststraße jedoch wieder, wenden uns nach rechts und folgen dem *Schild Zur Talstation Sessellift* uns rechts haltend auf einem Waldpfad abwärts. Für den Rest der Wegstrecke orientieren wir uns nun an einer Markierung mit einem *roten Punkt innerhalb eines weißen Rings*. Der schmale Pfad mit der *Wegnummer 15* führt uns abwärts durch den Wald, quert mehrere andere Wege und leitet uns schließlich parallel zur Sternsteinlift-Zufahrtsstraße nach rund 4 Std. Gesamtgehzeit zu unserem Ausgangspunkt zurück.

Kraftplatzerfahrungen

Pilzstein

Dieses besondere Naturdenkmal ist nicht zu übersehen und lädt zu einer gemütlichen Rast ein. Ein verzauberter Ort, könnte man meinen, und der steinerne Riesen-Herrenpilz ist das sichtbare Zeichen dafür. So soll es hier in der Gegend früher noch Erdmandln und Zwerge gegeben haben – oder gibt es sie vielleicht heute noch? Diese kleinen Wichte waren den Menschen immer wohlgesonnen, solange man sie nicht ausnutzen wollte oder mit einer falschen Absicht zu ihnen kam. Sagen aus der Gegend zeugen vom Zusammentreffen von Menschen und Zwergen und gute Leute wurden meist von den kleinen Waldbewohnern beschenkt oder mit Geheimnissen betraut, die ihnen dienlich waren.

Der Platz hier ist wie jeder Kraftplatz für mich einzigartig. Im Schutz des steinernen Pilzhutes kann man gut rasten und vielleicht sogar ein Nickerchen machen. Die Felsblöcke neben dem Pilzstein beherbergen steinerne Höhlen, vielleicht ein Eingang zum Zwergenreich? Im Traum finden wir wieder hinein in den Zwergenberg und erfahren von den Schätzen im Inneren, die uns auf nichts anderes hinweisen möchten als auf unseren eigenen inneren Reichtum.

Die Zwerge vom Pilzstein

Es war einmal … in der Nähe von Bad Leonfelden. Da gab es einen Stein, der sah aus wie ein schöner Herrenpilz. Nur größer war er, dieser Pilzstein, viel größer, und niemand wusste, wie er entstanden war. Da gab es ein kleines Mädchen im Ort, das war sehr naturverbunden. Am liebsten spielte es im Wald und jeden Tag musste es versprechen, vor Einbruch der Dunkelheit wieder zu Hause zu sein.

Eines schönen Tages war das Mädchen so vertieft ins Spielen mit den Tannenzapfen, die es im Wald gefunden hatte, dass es ganz auf das Heimgehen vergaß. Ui, die Mutter würde schimpfen und da es nun schon stockdunkel war, verlief sich das gute Kind und fand den Weg nicht mehr.

Doch war das Mädchen nicht alleine im Wald. Rund um den Sternstein lebten Zwerge, die auf die Natur achteten und Mensch und Tier nur Gutes wollten. Sie hatten das Mädchen schon oft beim Spielen beobachtet und es immer wieder vor wilden Tieren beschützt. Doch heute wollten sie sich dem Kind zum ersten Mal zeigen. Das Mädchen empfand keine Angst, denn es hatte schon eine Ahnung davon, dass es im Wald Zwerge gab, und nun freute es sich, dass es endlich welche zu Gesicht bekam.

Die Zwerge luden das Mädchen ein in ihr Reich. Gleich neben dem Pilzstein gibt es einige Höhlen und Verwinkelungen, hier befand sich auch der Eingang in das Reich der Zwerge. Das Menschenkind bekam zu essen und zu trinken und ein feines Bettchen wurde ihm bereitet. Schnell schlief es ein, doch schon nach einer Stunde weckte es einer der Zwerge auf und sprach: „Kleine Maid, du musst aufstehen, sonst bist du gleich erwachsen, wenn du nach Hause gehst!"

Im Zwergenreich gehen die Uhren anders als bei uns und als das Mädchen aus dem Zwergenreich herauskam, da war es schon um drei Jahre älter geworden und hätte fast nicht mehr durch den Eingang gepasst. „Da, nimm dir noch ein paar von den Tannenzapfen mit, damit du zu Hause auch etwas zum Spielen hast!", sagte einer der Zwerge und reichte dem Mädchen einen Korb voller Zapfen.

Schnell ging das Mädchen heim, wo man schon nicht mehr geglaubt hatte, das Kind jemals wieder zu sehen. Im Alter von fünf Jahren war das Mädchen in den Wald gegangen und als Achtjährige kam es nun wieder heim. Natürlich glaubte niemand die Zwergengeschichte, doch waren alle froh, dass die Tochter wieder heimgekehrt war.

Die Zapfen hatten sich mittlerweile verwandelt und waren alle zu Gold geworden. Niemals mehr brauchte die Familie Not leiden und das Mädchen freute sich über das wertvolle Geschenk der Zwerge.

Sternstein

Der Sternstein ist ein weiterer heiliger Berg im Mühlviertel und liegt jeweils zur Hälfte im Gemeindegebiet von Bad Leonfelden und Vorderweißenbach. Der oberösterreichische Geomant Günter Kantilli beschreibt den Sternstein als weiblichen Kraftort früherer Kulturen. Ein guter Platz – vor allem für Frauen – um das Selbstbewusstsein zu stärken und die weibliche (Heil)Kraft wieder neu zu spüren. Eine Idee für Freundinnen und Frauengruppen, hier gemeinsam herzukommen, einerseits die Wanderung zu genießen und andererseits am Sternstein bewusst innezuhalten, um die unterstützenden Energien aufzunehmen.

Die Sternstein-Aussichtswarte ist für mich auch eine schöne Metapher dafür, sich hier oben einen Überblick verschaffen zu können. Ein ganz neuer Ausblick in die Umgebung wird möglich. Vielleicht auch ein neuer Ausblick auf das eigene Leben? Die bunt gefärbten Fenster versinnbildlichen für mich die verschiedenen Sichtweisen, die man sich erlauben darf. Ein schönes Erlebnis, so hoch oben zu sein und noch weiter blicken zu können durch das Erklimmen der Warte. Sie sieht aus wie der Turm, in dem einst Rapunzel eingesperrt war, und ist einfach märchenhaft schön. Die schneckenförmigen Stiegen führen hinauf zu einer zinnenbewehrten Plattform. Im Sommer ist die Warte durchgehend geöffnet, im Winter aus Sicherheitsgründen geschlossen. Eröffnet wurde die Sternstein-Aussichtswarte bereits im Jahr 1899.

Die Schlange vom Sternstein

Es war einmal … eine Schlange, die wurde von den Menschen verteufelt und gejagt. Nicht nur ihr wurde nach dem Leben getrachtet, sondern auch allen ihren Artgenossen. Denn seit die Menschen glaubten, dass die Schlange einst Adam und Eva im Paradies dazu verführt hatte, von der verbotenen Frucht zu kosten, war sie grundsätzlich an allem schuld. Dabei waren die Schlangen ebenso Gottes Geschöpfe, die ihre Berechtigung hatten und ihre Aufgaben im Kreislauf der Natur. Und wer einen Sinn dafür entwickelte, der konnte ihre Schönheit und Eleganz entdecken. Doch die meisten Leute fürchteten sich vor Schlangen und töteten sie. Und so flüchtete sich jene Schlange auf den Sternstein und verkroch sich in einer Felsritze.

Doch es geschah, dass sich am Sternstein immer wieder weise Frauen trafen und Dinge besprachen, die sich zwischen Himmel und Erde abspielten. Es waren weiße Hexen, die in den Wäldern ringsum lebten und sich gerne bei Vollmond am Sternstein trafen, weil es dann schön hell war und die Energien gar so fein.

Neugierig war die Schlange und wollte wissen, was sich da abspielte. So kroch sie eines Vollmonds aus ihrem Versteck, um die Frauen zu beobachten. Es waren drei. Eine Junge, eine Mittlere und eine Alte.

Sie hatten ein Feuer entzündet und darüber hing ein Kessel, in dem es blubberte und brodelte.

„Wie können wir die fehlende Zutat nur finden?", hörte die Schlange nun die jüngere der Frauen sagen. „Sie wird zu uns kommen!", meinte die Mittlere und die Alte nickte. „Da, schau!", rief nun die Jüngere aus, „eine Schlange!" Die Schlange erschrak und versteckte sich schnell hinter einem Baumstamm.

„Komm zu uns! Wir tun dir nichts!", riefen die Frauen im Chor. Die Schlange nahm nun ihren ganzen Mut zusammen und zeigte sich. Sie hatte große Angst, denn bis jetzt waren die Begegnungen mit den Menschen immer lebensbedrohlich für sie gewesen.

Die Alte ging einen Schritt auf die Schlange zu und sagte: „Willst du uns helfen?" „Ja, wie kann ich das denn?", fragte die Schlange erstaunt. „Wir brauchen dein Gift, um unseren Zaubertrank zu vollenden!" „Mein Gift?", die Schlange wusste nicht, was das heißen sollte. „Dein Gift ist tödlich, wenn du uns beißt, aber in kleinen Mengen ist es heilsam und kann Menschen das Leben retten!", erklärte nun eine der weisen Frauen.

Die Schlange verstand und sie wollte helfen. So biss sie ganz sanft und leicht in einen Baumschwamm, um nur eine ganz kleine Menge ihres Gifts darin zu hinterlassen. Diesen Schwamm verkochten die Frauen nun in ihrem Zaubertrank und freuten sich, dass die fehlende Zutat wirklich zu ihnen gefunden hatte.

Noch viel und oft wurde gezaubert am Sternstein. Und die Schlange wurde zur Verbündeten der weisen Frauen. Und je mehr heilsame Tränke da oben gebraut wurden, desto kräftiger und heilsamer wurde auch der Platz selbst. Und noch heute sieht man in manchen Steinformationen Schlangenköpfe, die daran erinnern, dass sich hier einst Mensch und Tier zu Heilzwecken verbündeten und in Eintracht gemeinsam für Heilung sorgten.

Wissenswertes rund um die Kraftplätze

Was ist ein Kraftplatz?
Diese Frage wird jeder Mensch anders beantworten, denn sowohl die Couch zu Hause im Wohnzimmer kann ein Kraftplatz sein, als auch der Apfelbaum im eigenen Garten. Die Kraftplätze, die in diesem Buch beschrieben werden, befinden sich an besonderen Orten im Mühlviertel, haben meist eine bewegte Geschichte und wirken oft schon alleine durch ihr Aussehen besonders kraftvoll. Jeder Mensch sollte die beschriebenen Kraftplätze auf seine ganz persönliche Art und Weise entdecken und genießen. Die Beschreibungen im Buch dienen als Anregung dazu. Von Vorteil ist es sicherlich, diesen Plätzen in der Natur mit Achtsamkeit und Dankbarkeit zu begegnen.

Durchschlupfsteine
Die Qualität von Durchschlupfsteinen soll es sein, dass man beim Durchschlupfen oder Durchkriechen etwas abstreifen oder loswerden kann. Das mag ein körperliches Leiden sein oder vielleicht auch eine seelische Pein. Die Tradition von solchen Steinen ist uralt und wurde von den Menschen überliefert. Auch die Themen Initiation und Wiedergeburt sind mit den Schlupfsteinen verbunden und diesbezüglich stellte das Durchschlupfen in früheren Kulturen wohl eine rituelle Handlung dar. Der Steinkult wird auch heute noch praktiziert, zum Beispiel in St. Thomas am Blasenstein, wo sowohl Touristen als auch Einheimische regelmäßig durch die Bucklwehluck'n schlupfen.

Heilige Berge, heilige Hügel
Auch heilige Berge und Hügel gibt es im Mühlviertel. Meist ranken sich Sagen rund um diese Landschaftselemente, die berichten, dass im Inneren des Berges eine Wunderwelt wartet. Diese Anderswelt ist für Menschen nicht sichtbar, aber vielleicht spürbar. Die Magie, die von ganzen Landstrichen, Bergen und Hügeln ausgeht, kann beim Wandern ein Stück weit erfahren werden und die Vorstellungskraft hilft dabei, sich in diese fabelhafte magische Welt der Kraftorte hineinzuträumen.

Heilige Quellen

Im Mühlviertel gibt es eine Reihe von Heilquellen. Die meisten der heiligen Wasser sollen für die Augen gut sein. Die Bezeichnung *Augenbründl* kommt oft vor und hat sich bis heute gehalten. Die Reinheit und Klarheit des Quellwassers hat einen ganz besonderen Einfluss auf uns. Meist sind es Orte der Ruhe, wo sich die Heilquellen dem Licht der Welt präsentieren mit ihrem Plätschern und Glucksen. Es ist eine heilsame Erfahrung, zur Quelle zu finden und durch ihr ursprüngliches Wasser körperliche und geistige Frische zu erlangen.

Kalendersteine

Viele der Steinmonumente dienten früher zur Himmelsbeobachtung. Durch ihre besondere Stellung oder auch durch ihre Spalten wurden sie von den Menschen dazu verwendet den Lauf der Gestirne zu bestimmen und dienten als frühe Kalender. Der Lauf der Sterne, des Mondes und der Sonne wurden verfolgt und auch die Bestimmung der Winter- und Sommersonnenwende spielte eine bedeutende Rolle.

Pechölsteine

Diese flachen, leicht nach Süden geneigten Steine mit Einkerbungen in Form eines Blattes dienten zur Gewinnung von Baumpech, das früher für Heilzwecke eingesetzt wurde. Zur Herstellung von Pechöl fanden vor allem Kiengallen (harzreiche Auswüchse von kranken Föhren) sowie zerkleinerte Wurzelstöcke und harzreiches Föhrenholz Verwendung. Durch die Vertiefungen im Stein konnte das Harz nach dem Abbrennen des Holzes gut abfließen. Es wurde in Gefäßen aufgefangen und mit Schweineschmalz vermischt zum Beispiel auch zu Wagenschmiere weiterverarbeitet. Gebräuchlich war das Pechöl auch für Heilzwecke bei Mensch und Tier. Rindern, die sich überfressen hatten, wurde es ums Maul geschmiert oder auch vorbeugend gegeben. Es sollte Hufverletzungen heilen und wurde gegen die Maul- und Klauenseuche eingesetzt. Verwendung fand es auch bei wunden Beinen und Abszessen, Gicht oder Verstauchungen.

Phallussteine

Phallussteine ähneln im Aussehen dem männlichen Geschlechtsteil und wurden früher ob ihres Aussehens als Orte der Stärke und

Kraft verehrt. Ob es eine Laune der Natur war, diese Steine genau so zu formen? Oder wurden manche dieser Steine doch durch Menschenhand bearbeitet? Wir wissen es nicht und staunen auch heute noch über die Steindenkmäler mit dem einprägsamen Aussehen.

Schalensteine

Im Mühlviertel gibt es zahlreiche Schalensteine. Diese Steine mit ihren runden Vertiefungen gaben immer wieder Anlass zu Spekulationen bezüglich ihrer Entstehung und Verwendung. Die Felsformationen heißen oft Teufelssteine, Teufelsschüsseln, Opfersteine und so weiter. Die Schalen sind meist kreis- oder ellipsenförmig und weisen einen Durchmesser von bis zu 100 Zentimetern auf. Manche davon sind mit Wasser gefüllt, vor allem die tieferen. Eine Besonderheit der mit Wasser gefüllten Schalen ist es, dass auch bei größter Trockenheit das Wasser darin niemals versiegt. Erklärbar wird dieses Phänomen durch die Kapillarwirkung, aufgrund derer die Feuchtigkeit im Fels aufsteigt. Naturwissenschaftlich erklärt man sich die Vertiefungen selbst durch Verwitterung über einen langen Zeitraum. Doch auch die künstliche Nachbearbeitung der Schalen durch Menschenhand scheint gut vorstellbar.

Spursteine

Auch bei den Spursteinen treffen wir auf die Christianisierung von alten Kultsteinen, denn Spursteine stehen in ihren Legenden immer mit christlichen Heiligen oder der Gottesmutter Maria selbst in Verbindung. Die Abdrücke und Vertiefungen in den Steinen werden als Fußspuren gedeutet und in größeren Schalen badete einst sogar das Jesuskind, heißt es. Man stellte sich vor, die Steine wären weich geworden durch die Berührung von Heiligen. Doch die christlichen Legenden sind meistens relativ neu im Vergleich zum Alter der Steine, die schon vielen Kulturen vor uns als heilige Kultstätten dienten.

Teufelssteine

Immer wieder tragen besondere Steinformationen im Mühlviertel den Teufel im Namen. Und natürlich gibt es zu diesen Plätzen dann auch passende Teufelssagen. Meist spüren sich die Orte alles andere als teuflisch an. Oft wird es so gewesen sein, dass mit dem Einzug des Christentums alte Kulte und ihre Stätten verteufelt wurden, damit die Leute diese nicht mehr aufsuchten. Andererseits wurden die vorchristlichen Kultplätze oftmals auch mit Kreuzen, Kapellen und Kirchen überbaut, denn meistens ließen sich die Menschen ihre Heiligtümer nicht nehmen und die Verteufelung gelang auch nicht immer. So wurden diese Orte der Zeit entsprechend umfunktioniert und blieben als Begegnungsstätten erhalten.

Wackelsteine

Diese Steine entstanden durch Verwitterung. Ihre Eigenschaft ist es, dass sie oft von Menschenhand zum Wackeln gebracht werden können. Meist handelt es sich um Restlinge, die als Späterscheinung der Wollsackverwitterung die Landschaft prägen. Ein besonders markantes Beispiel ist der Schwammerling in Rechberg.

Wollsackverwitterung

Viele der beschriebenen Kraftplätze in diesem Buch entstanden durch sogenannte Wollsackverwitterung. Der Name ergibt sich daraus, dass die übereinandergeschichteten Steinblöcke an das Aussehen von Wollsäcken erinnern. Sie sind das Ergebnis von Verwitterung unter heißfeuchten Klimaverhältnissen, denn auch in Oberösterreich gab es vor den Eiszeiten ein Tropenklima. Die wollsackverwitterten Steine werden als Reste von Verwitterungsvorgängen auch oft als Restlinge bezeichnet. Zur Wollsackverwitterung kommt es durch chemisch aggressive Lösungen, die in das Gestein eindringen. Das führt zur Zersetzung der Steine entlang der Ecken und Kanten, wodurch das typische runde Aussehen der Felsformationen entsteht. Die landschaftsprägenden Steingebilde sind zudem ein wichtiger Lebensraum für Flechten und Moose.

Literaturverzeichnis

Atteneder, Helmut: Sagen aus Liebenau, Liebenau 2000

Ecker, Vitus: Naturdenkmäler im Oberen Mühlviertel, Niederranna 1990

Hilpert, Max: Sagenreiches Windhaag, in: Mühlviertler Heimatblätter 1967

Hirsch, Siegrid/Ruzicka, Wolf: Heilige Quellen in Oberösterreich,
    freya verlag 2002

Hirsch, Siegrid/Ruzicka, Wolf: Kultplätze in Oberösterreich, freya verlag 2015

Jahn, Friedrich: Erholungsdorf Rechberg, Rechberg 1991

Kaftan, Erika: Wanderungen in der Sagenwelt des Mühlviertels,
    Landesverlag Linz 1991

Kantilli, Günter: Naturheiligtümer im Mühlviertel, styria regional 2013

Milfait, Otto: Vergessene Zeugen der Vorzeit, Gallneukirchen 1994

Mehr von der Märchenfee Nina Stögmüller:

Schäfchen (er)zählen
Ein traumhaftes Lese- und
Märchenbuch

Wertvolle Einblicke in Schlaf-
forschung, Schlafmythen und
-mythologie sowie Schlafge-
schichte (die gibt es wirklich!),
ebenso wie rund 50 Märchen für
Jung und Alt zum Vor- oder
Selberlesen – Also gute Entspannung und süßes Einschlummern!

192 S., Hardcover beflockt
13,5 x 21,5 cm
978-3-7025-0804-3, € 19,95
eBook: 978-3-7025-8000-1

Mein Raunächtetagebuch
Ein kreatives Begleitbuch zu den
zwölf heiligen Nächten im Jahr

Charmante und lehrreiche
Märchen regen zum Nachdenken
und -spüren an. Der Tagebuchteil
sowie stimmungsvolle Illustrationen zum Ausmalen und Weiter-
zeichnen bieten viel Raum zur
freien Gestaltung – für die ganz
persönliche kleine Auszeit!

160 S., Hardcover
Illustrationen von Nicoletta Edwards
13,5 x 21,5 cm
978-3-7025-0843-2, € 19,95

Raunächte erzählen
Ein Lese- und Märchenbuch
zu den zwölf heiligen Nächten
im Jahr

Mondnächte erzählen
Ein Lese- und Märchenbuch
zu den vielen Gesichtern des
Mondes

Die zwölf Raunächte zwischen
Weihnachten und Dreikönigs-
tag sind heilig, geheimnisvoll,
traumhaft oder gar gefährlich!?
Mit Raunachtsmärchen, Infor-
mationen zu den Raunächten
und Anregungen dazu, von der
besonderen Zeitqualität dieser
Nächte zu profitieren.

Ein Lese- und Märchenbuch
für Erwachsene, das viele
Geschichten enthält, die sich
wunderbar zum Vorlesen für
Kinder eignen. Jede Menge
„Mondwissen", geschichtliche,
mythologische und wissenschaft-
liche „Mondaspekte" erlauben
einen liebevollen Blick „nach
oben".

156 S., französische Broschur
Illustrationen von S. Kahlhammer
21 x 21 cm
978-3-7025-0867-8, € 19,95
eBook: 978-3-7025-8004-9

168 S., Hardcover
Illustrationen von S. Kahlhammer
21 x 21 cm
978-3-7025-0732-9, € 22,–
eBook: 978-3-7025-8005-6

Adventkalender erzählen
Ein Lese- und Märchenbuch

Walter Lanz, Stephen Sokoloff
**33 Wanderungen
im Herzen Oberösterreichs**

24 Geschichten zum Vor- und
Selberlesen, ein Wissensteil, der
Traditionen wie den Adventkranz
erklärt. Das Buch – für Jung
und Alt – vereint Brauchtum
und Moderne. Weihnachtliche
Glücksgefühle garantiert!

Beschauliche, erlebnisreiche
Touren im Zentralraum Ober-
österreichs unter dem Motto
„Wandern und Genießen". Die
Wanderungen eignen sich für
Jung und Alt, für Familien, aber
auch für geeichte Wanderfans.
Ein Buch, das einlädt, das
Schöne, oft Unbekannte und
Überraschende zu entdecken.

156 S., Hardcover, wattiert
21 x 21 cm
978-3-7025-0764-0, € 22,–
eBook: 978-3-7025-8006-3

224 S., französische Broschur
durchgehend farbig bebildert
11,5 x 18 cm
978-3-7025-0842-5, € 22,–